Elias Basilio / Die ersehnte Freiheit

Elias Basilio

Die ersehnte Freiheit

Die Vertreibung des Griechentums im 20. Jahrhundert
Erinnerungen von Zeitzeugen
Ein historischer Rückblick

1. Auflage 2012

Gerhard Hess Verlag, 88427 Bad Schussenried
KN Digital Printforce GmbH, Schockenriedstr. 37, 70565 Stuttgart
www.gerhard-hess-verlag.de

ISBN 978-3-87336-411-0

ELIAS BASILIO

Die ersehnte Freiheit

Die Vertreibungen des Griechentums im 20. Jahrhundert

Erinnerungen von Zeitzeugen

Ein historischer Rückblick

In Erinnerung an alle
vertriebenen Griechen
aus der Türkei
im 20. Jahrhundert

WER DIE VERGANGENHEIT NICHT EHRT,
VERLIERT DIE ZUKUNFT.
WER SEINE WURZELN VERNICHTET,
KANN NICHT WACHSEN.

Hundertwasser

Inhaltsverzeichnis

Prolog

Die Infrastruktur und das Sozialleben der griechischen Minderheit wurden während des Osmanischen Reiches und später in der türkischen Republik häufig zerstört. Die angewandten Methoden bedeuteten Repressalien, Terror und Unterdrückung. Besonders die Jahre 1922, 1942, 1955 und 1964 waren für die Minderheit unvergesslich, grausam und bitter. Dabei wurden unschuldige Griechen vertrieben, verfolgt, ermordet und deportiert. In den späteren Jahren wurden diese ethnische Minderheit und ihre Religion erneut terrorisiert und entwürdigt. Das Ziel hieß, „Die ethnische Säuberung der griechischen Minderheit in der Türkei".

Während der verschiedenen Vernichtungsepochen, die alle Minderheiten (Armenier, Assyrer, Griechen) betrafen, ertrug die griechische Ethnie großes Leid. Sie erlebte wiederholt Ängste, psychische und physische Belastungen, Überfälle und Mord. Mehrfach verlor sie ihr finanzielles und materielles Vermögen, welches durch den türkischen Staat geraubt wurde. Eine Folge dieser Vernichtungspolitik war auch die unfreiwillige und gewaltsame Trennung von Familien.

Bedauerlicherweise hat bisher keine türkische Regierung diese bewiesenen Gräueltaten an der griechischen Minderheit anerkannt. Die Türkei zeigt immer noch bis heute kein Zeichen des Mitleids, der Reue und der Versöhnung. Geschweige denn erklärte sich die Türkei bereit, diesen Opfern der türkischen Staatsideologie und Politik für ihre materiellen und finanziellen Verluste eine angemessene Entschädigung zu gewähren. Im Gegenteil ignoriert, leugnet und tabuisiert die Türkei immer wieder diesen Genozid. Die offizielle Türkei ignoriert diese Verbrechen, was wiederum den Aufarbeitungsprozess ihrer Geschichte enorm verzögert. Zudem werden türkische Journalisten, Schriftsteller und Zeitzeugen, die über diese Gräueltaten berichten, schreiben oder referieren, verfolgt, in zahlreichen Fällen wegen Staatsverrats bestraft oder des Landes verwiesen.

Hinsichtlich dieser Gräueltaten schwiegen auch die Großmächte und die Alliierten. Diese einseitige Haltung und Solidarität stärkte die Türkei ethisch und moralisch und unterstützte sie wesentlich in der Ausführung ihres strategischen Vernichtungsplanes. Die Gründe für die Solidarität der Großmächte sind einleuchtend. So verfügen die griechische Minderheit und das Ökumenische Patriarchat von Konstantinopel über keine Lobby, sodass sie dem Ausland uninteressant erscheinen. Hätten sich die Großmächte in die Angelegenheit der Minderheiten in der Türkei eingemischt, bekämen sie zwangsläufig mit dem türkischen Staat Schwierigkeiten. Bekanntlich verfolgen die Großmächte in der Türkei große wirtschaftliche, politische und militärische Interessen. Gewaltige finanzielle Investitionen würden gefährdet sein. Aus diesen Gründen ignorierten die Großmächte die Ausrottung einer Kultur und Zivilisation. Sogar das Verschwinden des Christentums wird eigenen profitablen Interessen hintangestellt. Denn die materiellen und strategischen Interessen erscheinen mächtiger als Wahrheit und Humanität. Man könnte dem Ausland berechtigterweise Versagen und Verrat an der Menschlichkeit zum Vorwurf machen.

Der Autor dieses Buches beschreibt die schicksalhafte Tragödie der griechischen Ethnie anhand der authentischen Biografie eines griechischen Studenten aus Istanbul. Dieser junge Grieche emigrierte zwangsweise aus seiner „Heimat“ Istanbul Anfang der sechziger Jahre. Zu dieser Zeit wurde wieder einmal die griechische Minderheit aus der Türkei vertrieben, verfolgt und terrorisiert. Darüber hinaus schildert er den Mechanismus der Vernichtungspolitik des türkischen Staates gegen die griechische Minderheit im Laufe der Jahrhunderte bis zu unseren heutigen Zeiten.

Ursprünglich wollte der Autor über das Leben dieses Studenten vor und nach seiner Auswanderung aus Istanbul schreiben sowie seine Erfahrungen und Eindrücke im Ausland schildern. Dabei wollte er die historischen, politischen und die religiösen Hintergründe, die zur Auswanderung führten, zunächst nicht berücksichtigen. Später entschloss er sich jedoch, bestimmte Episoden ausführlicher zu erläutern, damit sie vom Leser besser verstanden werden. So stellt er wichtige historische, soziale, politische und religiöse Ereignisse zur Diskussion. Denn sowohl die Gründe der Migration dieses Griechen und vieler tausend anderer Griechen aus Istanbul, als auch die Tatsache, dass die Großmächte die griechische Minderheit und diese Weltreligion im Stich gelassen haben, hängen sehr eng zusammen.

Der Autor versucht die historischen Ereignisse, aus den verschiedenen Vernichtungsepochen in der Türkei, in einer kurz gefassten, verständlichen und sachlichen Form zu schildern. Darüber hinaus schildert er neben den persönlichen Erlebnissen des jungen Griechen auch Erlebnisse von Zeitzeugen aus den Vertreibungsjahren in der Türkei, die dem jungen Migranten bekannt waren.

Alle diese Schilderungen stehen gleichzeitig im Zusammenhang mit der Tragödie der etwa drei Millionen Griechen aus Kleinasien, aus Thrakien und aus der Region des Schwarzen Meeres. Diese Menschen lebten seit Jahrhunderten in diesen Orten. Infolgedessen will der Autor neben diesen biografischen Erzählungen auch an das Elend und an das Leid des gesamten Griechentums in der Türkei erinnern. Denn diese Minderheit verlor während der Vernichtungszeit in der Türkei auf ungerechte und brutale Weise ihre Existenz und Lebensgrundlage.

In diesem Zusammenhang werden auch Schicksale anderer Minderheiten berührt, die ebenso von dem gleichen Wahnsinn der Verfolgung, Vernichtung und Vertreibung betroffen waren.

1

Das Verlassen des Elternhauses

Als Elefterios aus seinem Tiefschlaf durch einen beängstigenden und unheimlichen Traum gerissen wurde, war es gegen halb vier in den frühen Stunden eines warmen und stark bewölkten Julitages. Er blieb einige Minuten mit geschlossenen Augen liegen. Denn er fühlte sich noch müde und unausgeschlafen. Nachdem er am Abend zuvor sehr spät ins Bett gegangen war, wurde es eine kurze Nacht. Diese Nacht war die letzte, die er in seinem Elternhaus und unter dem „heimatlichen" Himmel verbrachte.

Wegen seiner Reisevorbereitungen nach Deutschland hatten ihn die letzten Wochen und Tage sehr viel Zeit und Nerven gekostet. Zahlreiche Formalitäten für seinen Reisepass waren zu erledigen. Die türkischen Behörden waren unfreundlich und verlangten von ihm ständig völlig unnötige Papiere. Dann sollte er seine Zeugnisse bei der Universität in Istanbul anfordern und sie zusammen mit seinem Abiturzeugnis ins Deutsche übersetzen und beglaubigen lassen. Gleichzeitig musste er bereits einige Wochen vor der Reise sein Zugticket kaufen und einen Sitzplatz reservieren.

Kurz vor seiner Abreise wollte er für das Geschäft seines Vaters wichtige Besorgungen machen. Dazu kamen die Abschiedsbesuche bei Verwandten, Freunden und Bekannten.

In den fünfziger Jahren waren die Menschen in der Türkei weder reiselustig noch gewohnt, Fernreisen zu unternehmen. Früher reiste man hauptsächlich aus geschäftlichen oder familiären Gründen. Entweder bestanden geschäftliche Verbindungen zu Kunden in Anatolien oder man besuchte seine Angehörigen oder

Freunde. Solche Reisen unternahm hauptsächlich die türkische Bevölkerung. Viele von ihnen hatten in Anatolien Verwandte, Bekannte, Freunde oder Geschäftspartner, sodass sie einen Anlass hatten, dorthin zu verreisen. Es gab natürlich auch Türken, die nach Europa, in die Vereinigten Staaten oder in die arabischen Länder aus geschäftlichen oder privaten Gründen reisten.

Bei den Minderheiten, vor allem bei den Griechen, war die Situation anders. Ihre Verwandten, Freunde und Bekannten wohnten überwiegend in Istanbul und in dessen Umkreis. Insofern brauchten sie nicht in die Ferne fahren. Viele Griechen, die in Griechenland Verwandte und Freunde hatten, besuchten diese gelegentlich.

Größere Reisen der Ethnien führten entweder nach Europa oder nach Übersee. Selbstverständlich bestanden zwischen griechischen Geschäftsleuten und anatolischen Partnern Geschäftsverbindungen, die entsprechende Reisen erforderlich machten.

Damals kannten die Menschen den Massentourismus noch nicht. Aus diesem Grund hatten nur wenige Erfahrungen mit Reisen. Als Reisemittel dienten Eisenbahn, das Schiff, der Bus oder der PKW. Allerdings konnten sich nur wenig Menschen einen privaten PKW leisten.

In der damaligen Zeit schienen sämtliche Reisemöglichkeiten innerhalb der Türkei umständlich, langweilig, nicht schnell genug und natürlich teuer. In den Fünfzigern und in den Jahren davor, wurden die Lokomotiven mit Kohle und Dampf angetrieben. Deshalb fuhren die Züge relativ langsam und boten den Reisenden keinen sonderlichen Komfort. Abgesehen davon, dass dieser Antriebsstoff umweltfeindlich war, verschmutzten je nach der Windrichtung die ausgestoßenen Kohlepartikel sowohl Kleidung wie auch Körper der Passagiere. Der Dampfbetrieb wurde offi-

ziell Ende der achtziger Jahre eingestellt und durch den Dieselbetrieb ersetzt. Selbstverständlich gab es auch schon in früheren Jahren Diesellokomotiven.

Aber auch Autoreisen bereiteten den Menschen, bedingt durch schlechte Straßenverhältnisse, enorme Anstrengungen. Die Verkehrsschilder, falls es überhaupt welche gab, waren oft unleserlich und erschwerten eher die Orientierung.

Damals fehlte den Menschen jedes Umweltbewusstsein. Das Wort „Abgase" war ein Fremdwort. Die Geburt des Katalysators stand noch in den Sternen. Deshalb hatte man durch Unwissenheit keine Angst und keine Bedenken vor Abgasen. Die Abgase und die Umweltverschmutzung – damals ein Fremdwort – gehörten unfreiwillig zum Alltag. Leider ist die Einstellung der Menschen zur Umwelt in dieser Region auch heute noch rückständig.

Der Schwager von Elefterios war aus geschäftlichen Gründen häufig in Anatolien. Er bereiste mit seinem kleinen Dienstlastwagen die östlichen Teile des Landes. Elefterios interessierte immer schon das Leben und die Traditionen der Türken in Anatolien. Er wollte die osmanische Kultur, von der er in der Schule mit großem Interesse hörte, aus nächster Nähe kennen lernen. Aus diesem Grund durfte er in den Schulferien gelegentlich seinen Schwager bei dessen Fahrten begleiten.

In diesem Zusammenhang erinnert er sich jetzt an seine erste Flugreise nach Bursa.

Bursa liegt in Nordwest-Anatolien und hatte in den fünfziger Jahren etwa 300.000 bis 350.000 Einwohner. Der Bade- und Kurort ist für seine Seidenraupenzucht bekannt, für die Seidenwarenherstellung, die Zementindustrie und eine Seilbahn auf den Berg Uludag (ca. 2493 m hoch). In Bursa findet man Thermalquellen (schwefel- und eisenhaltig), die zum Kuren einladen.

Diese byzantinische Stadt wurde im Jahre 1326 durch die Osmanen erobert. Die Osmanen hatten später Bursa zu ihrer Hauptstadt erklärt. In dieser Stadt findet man mehrere bekannte Moscheen, wie die Moschee von Sultan Murad I. (1359-1389), von Yildirim Bayazid I. (1389-1402), die grüne Moschee von Sultan Mehmet I. (1413-1421), den Stiftungskomplex der Muradiye von Sultan Murad II. (1421-1451) und viele andere bedeutende historische Bauten des Osmanischen Reiches.

Das Flugzeug war eine kleine, zweimotorige, in die Jahre gekommene Maschine. Die 20-minütige Flugstrecke empfand Elefterios wie eine Flugreise von etwa zwei Stunden. Höchst dramatisch gestalteten sich Start und Landung des windempfindlichen Flugzeuges. Die Maschine wurde kräftig durchgeschüttelt, bis sie in der Luft oder am Boden ankam. Obwohl das Wetter sehr schön und kaum windig war, konnte die Maschine keine konstante Geschwindigkeit halten.

Die Stadt Bursa gefiel Elefterios ausgesprochen gut. Er erfuhr Wichtiges über die osmanischen Kultur und gewann aus dem Verhalten der Menschen in der kurzen Zeit seines Aufenthaltes entsprechende Eindrücke. Natürlich hatte er die grüne Moschee von Sultan Mehmet dem Ersten besucht und sich mit der Architektur und Kunst dieses Gebäudes befasst.

Er stellte deutliche Unterschiede zu seiner Heimatstadt Istanbul fest. Die Bekleidung der Menschen, der Straßenbau, die Architektur der Häuser, die Gestaltung der Geschäfte, der Umgang der Bevölkerung, und vieles mehr erinnerten ihn an eine typisch orientalische Stadt. Der junge Grieche bewunderte alles, was er sah. Gleichzeitig bedauerte er, dass ihm kaum Zeit für weitere Erkundungen blieb. Er sog gierig die Bilder der Stadt in sich auf und amüsierte sich immer wieder bei seinen spontanen Gesprächen mit der freundlichen Bevölkerung.

Elefterios wollte eigentlich weiterschlafen. Sein Adrenalinspiegel begann allmählich zu steigen und erste Vorboten eines Reisefiebers meldeten sich, sodass er sich entschloss, aufzustehen. Mit müden und schweren Schritten verließ er sein warmes Bett und ging zum Fenster seines Zimmers, um einen Blick in die schwindende Nacht zu werfen. Vorsichtig zog er den Vorhang zur Seite. Er sah, dass die Fensterscheibe noch leicht beschlagen war. Mit einem Wisch befreite er die Scheibe von dem Kondenswasser, um sich eine klare Sicht zu verschaffen. Als er durch die Fensterscheibe blickte, empfand er eine bedrückende Atmosphäre, die ihm ein leichtes Frösteln abverlangte. Die Nacht hielt immer noch den Tag ganz fest in ihrer Hand, sodass ihm eine seltsame schwarze Mischung begegnete. Halb wach versenkte er sich für einige Sekunden gedanklich in die unendliche Dunkelheit des Universums. Doch spürte er gleichzeitig, wie lebhaft und kräftig seine Gedanken, seine Fantasie ihn bereits beschäftigten und wie sie rasch und kontinuierlich anwuchsen. In diesem Augenblick schien es ihm, als dass er seinen Verstand verlöre. Nur schwerlich gelang es ihm, seine Gefühle zu bändigen. Sie schienen sich gleich einer übermächtigen Person zu spiegeln, deren Gegenwart er meinte zu spüren.

Die Straßen waren vereinsamt. Hier und da warfen Straßenlaternen ein schummriges Licht und wie gewöhnlich waren die Straßen vom Müll des Vorabends übersäht. Hungrige Katzen durchwühlten die halb offen stehenden Mülltonnen, um ihren Hunger zu stillen. Streunende herrenlose Hunde bestimmten das Straßenbild in diesen frühen Stunden des jungen Tages. Am Himmel erkannte er fast keine Sterne, da sie sich hinter mächtigen Wolken versteckt hielten. Die Natur war im Begriff, einen regnerischen und warmen Julitag zu gebären.

In dieser Nacht war er von sinnlosen, paradoxen, kurzen und beängstigenden Träumen geplagt worden. Träume, die ihm wahrscheinlich seinen bevorstehenden facettenreichen Lebensabschnitt signalisierten. Oder waren es Träume, die ihm durch verschlüsselte Bilder nichts über sein neues Leben im Ausland verraten wollten. Vielleicht widerspiegelten diese Träume einfach das Bild seiner zerrissenen Seele. Trotz aller seiner Bemühungen gelang es ihm nicht, auch nur einen seiner Träume in Erinnerung zu rufen. Andererseits bedauerte er, dass er keinen Zusammenhang dieser Träume mit der bevorstehenden Reise herzustellen vermochte.

Eigentlich legte er großen Wert auf Traumdeutungen. Denn Träume spielen in seinem Leben eine wichtige Rolle. Sehr oft erahnte er den Tagesablauf anhand seiner Traumdeutung. Für ihn sind Träume auch zukunftsweisend. Mag sein, dass dies für viele Menschen paradox klingt oder manchen zu unwissenschaftlich erscheint. Es stellt jedoch für den Protagonisten dieses Buches eine empirische Erfahrung dar.

Vielleicht war es auch gut so, dass er seine Träume dieser Nacht nicht zu Ende träumte.

Das düstere Gesicht der Natur spiegelte an diesem frühen Morgen das Bild seiner Seele wider. Elefterios gewann den Eindruck, dass sich die Natur mit seiner Seele solidarisiere. Als er erwachte, spürte er einen unbehaglichen Druck in seiner Brust.

Nach einer Weile verließ er den Fensterplatz und mit gleichen schleppenden Schritten durchquerte er die Dunkelheit des Raumes, um sich wieder aufs Bett zu legen. Im Bett fühlte er sich müde und schläfrig. Allerdings konnte er durch die wachen Fantasien und durch den inzwischen angestiegenen Adrenalinspiegel keinen Schlaf finden. Infolgedessen blieb er im Bett mit geschlossenen Augen und wartete meditierend auf die endgültige Geburt des neuen Tages.

Zuhause herrschte eine lautlose, fast gespenstige Unruhe, Nervosität machte sich breit, eine lebhafte nonverbale Kommunikation erfüllte den Raum. Man spürte, wie angespannt und gereizt die Gefühle und das Verhalten der Anwesenden waren.

Die Familie war schon sehr früh aufgestanden. Schweigend deckte seine Schwester den Frühstückstisch. Der Kater des Hauses machte ebenso einen unruhigen und unzufriedenen Eindruck, als ob er zeigen wollte, dass ihn die bevorstehende Abreise bedrücke. Sonst war er um diese Tageszeit längst unterwegs. Offenbar verspürte er heute keine Lust dazu, oder er wollte Abschied von seinem Freund nehmen ... Die Eltern von Elefterios sahen traurig und verbittert aus. Sie ahnten bereits, dass sie ihren Sohn zumindest für mehrere Jahre nicht wieder sehen würden. Vielleicht trugen sie sogar das Gefühl in sich, endgültigen Abschied nehmen zu müssen. Seine Schwester, hochschwanger, versuchte ihre Eltern zu trösten und zu beruhigen, ihnen Mut und Kraft zu geben. Elefterios konnte von weitem gut erkennen, wie seiner Mutter Tränen über die Wangen liefen. Sein Vater konnte seinen Kummer verstecken. Die auffallend nervöse Gestik und Mimik verriet jedoch seinen Gemütszustand.

Heute sollte sein Geschäft geschlossen bleiben. Elefterios erinnerte sich, wie sein Vater immer wieder versuchte, ihn positiv zu motivieren. Er gab ihm nicht nur wertvolle Ratschläge, sondern machte ihm auch Mut und Hoffnung für seine bevorstehende Reise nach Europa und überhaupt für seine Zukunft. Der Vater war ein ruhiger, jedoch sehr gefühlsvoller Mensch. Er redete wenig, aber immer sachlich und vernünftig. Er spürte ganz genau, dass der Verlust seines Sohnes ihn sehr traurig und unglücklich machen werde, wollte jedoch seinen Sohn mit solchen Gedanken und Gefühlen nicht belasten. Zu sehr war ihm bewusst, dass er ihn damit demotivieren könnte. Sein geliebter Sohn benötigte jetzt jede Unterstützung für seine bevorstehende Auswanderung.

Während des Frühstücks unterhielt man sich ganz leise über diese letztlich erzwungene und unfreiwillige Reise von Elefterios nach Nordeuropa. Grundsätzlich empfand die Familie das Leben der Griechen in diesem unchristlichen Land als unerträglich und grausam. Wie würde es mit den zurückbleibenden Familienangehörigen weiter gehen? Man tröstete sich gegenseitig, vereinbarte gemeinsam wichtige Entscheidungen für die Familie, insbesondere über die angedachte Zukunft in Griechenland. Die Stimmung wechselte unablässig.

Bereits nach dem barbarischen Überfall des türkischen Pöbels auf die griechische Minderheit in Istanbul im Jahre 1955 beschlossen die Eltern von Elefterios, so bald wie möglich nach Griechenland auszuwandern. Obwohl sie sich nur ungern von ihrer historischen Stadt, von ihren Vorfahren, von ihrem Geburtsort trennen würden, mussten sie trotzdem diesen Schritt allein aus Sicherheitsgründen möglichst bald machen.

Am Abreisetag von Elefterios kündigten sie an, wann sie endgültig nach Griechenland überzusiedeln beabsichtigten. Sein Vater plante, ein neues Geschäft in Nordgriechenland zu eröffnen und sein Handwerk dort fortzusetzen. Er wollte sein neues Geschäft „Nea Zoi" (= neues Leben), benennen und sprach von seinen Plänen, wie er sein jetziges Geschäft auflösen wolle. Er bedauerte gleichzeitig, dass er damit so viele gute Bekannte und Freunde verlieren würde. Natürlich sah er, wie wichtig dieser Schritt für ihn und für seine Familie war. Vor kurzem war er 64 Jahre alt geworden und er besaß seit über 35 Jahren eine gut gehende Buchbinderei – Druckerei innerhalb einer großen Passage (Syrische Passage), mitten in Konstantinopel. Die Passage befand sich in unmittelbarer Nähe der drittältesten U-Bahn der Welt (Standseilbahn, 574 Meter lang, gebaut im Jahre 1875), und in der Nähe des russischen Konsulats. In dieser Passage hatten sich sowohl Griechen als auch Armenier, Juden und Türken mit ihren Geschäften angesiedelt.

Geschäftsinhaber und Anwohner kannten sich gut und es herrschte eine freundliche Atmosphäre. In den oberen Etagen dieser Passage befanden sich Wohnungen, Praxisräume und Büros. Direkt oberhalb seines Geschäftes wohnte eine freundliche und sympathische griechische Familie mit zwei fast erwachsenen Kindern. Sein Vater hatte zu dieser Familie eine besondere Beziehung gepflegt. Abends, wenn deren Vater und Ehemann nachhause kam, unterhielt er sich zuerst kurz mit seinem Vater. Die Ehefrau des Nachbarn brachte ihm oft selbst gebackenen Kuchen oder Kaffee vorbei. Neben der Wohnung dieser Familie war ein Fotostudio untergebracht. Der Besitzer war Türke mit alten türkisch/osmanischen Traditionen. Er wohnte mit seiner Frau und mit seiner alten Mutter in den Nachbarräumen seines Studios. Diese Familie schätzte Elefterios Vater gleichermaßen. Oft kamen sie vorbei und unterhielten sich gerne mit ihm. Sie empfahlen ihm neue Kunden und luden ihn regelmäßig zu einer Tasse Kaffee oder Tee in ihre Wohnung ein. Sein Vater erinnerte sich an diesem Frühstücksmorgen auch an den türkischen Inhaber des Blumenladens gegenüber der Druckerei. Er pflegte auch zu ihm einen sehr persönlichen Kontakt. Beide Männer unterstützten sich oft gegenseitig sowohl geschäftlich als auch nachbarschaftlich.

Vater hatte viele Bekannte und Freunde innerhalb und außerhalb dieser Passage, mit denen ihn meist gute Erinnerungen verbanden. Er erzählte einmal spontan, dass er weder sein Geschäft noch die Bewohner dieser Passage freiwillig verlassen hätte. Er liebte sein Geschäft, sodass er sich von ihm nicht trennen wollte. Manchmal sagte er, dass eine erzwungene Trennung von seinem Geschäft ihm größte psychische Schmerzen bereiten würde. Bedingt jedoch durch die schwierige politische Lage und die Erpressungen der Türken gegenüber den Griechen musste er diesen Schritt doch unternehmen. In der letzten Zeit hatte er, durch Sabotagen der Türken gegen griechische Geschäftsleute, kaum mehr Kunden. In den guten und friedlichen Zeiten erhielt er oft Aufträge von den zwei städtischen Universitätsbibliotheken. Er bearbeitete ihre Bücher und produzierte deren Drucksachen. Die Kunden waren offensichtlich mit seiner Arbeit und seinem Service sehr zufrieden, sodass sie ihm immer wieder neue Aufträge erteilten. Sowohl die Verwaltung als auch einige Hochschullehrer besuchten ihn sogar manchmal persönlich in seinem Geschäft und unterhielten sich mit ihm bei einer Tasse Kaffee oder Tee. Seitdem jedoch die feindlichen Gefühle der Türken gegen die Griechen durchbrachen, veränderte sich das Verhalten dieser einstmals „freundlichen" Kunden. Er musste sogar unfertige Produkte zurückbringen, da die Zusammenarbeit mit ihm abrupt, und selbstverständlich unbegründet, beendet worden war. Solche unerfreulichen Situationen erlebte er auch mit anderen türkischen Kunden. Allmählich wurde seine Existenz in Frage gestellt.

Anfang/Mitte der sechziger Jahre, wuchsen der Hass, der politische Druck, die Schikanen, der Fanatismus und die nationalistischen Gefühle der Türken gegenüber der griechischen Bevölkerung immer stärker. Im Jahr 1964 fand eine große Deportation von etwa 12.000 Griechen statt. Zu Beginn dieser Vertreibung konnte man im Alltag deutlich spüren, wie das Zusammenleben mit den Türken allmählich schlechter wurde. Die Griechen wurden in jeder Hinsicht von den Türken schikaniert, diskriminiert, terrorisiert und provoziert. Sie durften weder ihre Muttersprache öffentlich gebrauchen, noch ihren religiösen Ritus ausüben.

Elefterios erlebte eines Tages an Bord eines Schiffes, auf der Fahrt zu den Prinzeninseln, einen schockierenden und unvergesslichen Vorfall. In bester Stimmung saß er mit mehreren griechischen Freunden auf dem Deck des Dampfers. Man unterhielt sich freundlich miteinander. Plötzlich setzte sich ein Türke neben die Gruppe. Die jungen Leute nahmen ihn nicht sofort wahr. Nach einigen Minuten drehte er sich zu ihnen um und in einem unverschämten Ton machte er sie darauf aufmerksam, dass sie in der Türkei und nicht in Griechenland lebten. Sie sollten sich gefälligst auf Türkisch und nicht auf Griechisch unterhalten. Die jungen Leute waren völlig überrascht von dem „Diktat" dieses dreisten Türken. Einer der Freunde hatte den Mut, ihm zu widersprechen und ihm klar zu machen, dass sie freie Menschen seien, und dass sie sich in jeder Sprache unterhalten könnten, die ihnen beliebe. Daraufhin wurde der Türke wütend und drohte sogar mit einer polizeilichen Abmahnung.

> *Im Allgemeinen waren die Griechen gegenüber den Türken sehr misstrauisch und reserviert. Sie begegneten ihnen mit Vorbehalt und größter Zurückhaltung. Dieses Verhalten der Griechen wurde nach der Gründung der türkischen Republik noch intensiver. Der Anlass dafür waren die Vertreibungen, die Pogrome, die Verfolgungen, der Terror und viele andere bösartige strategische Maßnahmen, die alle Griechen in der Türkei, schon über Generationen erlitten. Diese Zustände könnte man als eine „chronische Krankheit" bezeichnen. Diese Krankheit, die auch als „türkische Seuche" bezeichnet wurde, können selbst die besten Mediziner und die besten Medikamente nicht heilen. Die „Patienten", gemeint sind die Griechen, wurden seit Jahrhunderten von der türkischen Nation verfolgt, vertrieben und zur Vernichtung verurteilt. Das bezeichnende Schlagwort heißt „Ethnische Säuberung".*

In Anbetracht dieser grausamen und schrecklichen Situation fühlte sich der Vater von Elefterios in seiner Existenz und sogar in seinem Leben bedroht. Gleiche Gefühle herrschten bei allen Griechen in Konstantinopel. Da die Griechen seit Jahrhunderten überwiegend schlechte Erfahrungen mit den Türken gemacht haben, rechneten sie täglich mit lebensbedrohlichen Angriffen. Sie hatten in Erinnerung, vor allem die ältere Generation, wie grausam die Armenier, die Pontos Griechen und die Assyrer in den frühen Jahren der Republik von den Türken verfolgt wurden.

Sein Vater hatte immer noch die schlimmen Bilder der Pogromnacht vom 6./7. Sept. 1955 vor Augen, die Gewalt, die Aggressionen des Türkenpöbels auf die unbewaffnete griechische Bevölkerung. Er erinnerte sich an die aufgekommen Gerüchte vom 7. September 1955, wonach die Türken alle Griechen an diesem Abend „schlachten" wollten. Die skandierten Parolen der Türken auf Istanbuls Straßen hießen: „Heute werden wir Euer Vermögen wegnehmen und morgen sind Eure Köpfe daran". Oder: „Erst das Gut, dann das Blut".

Dann durchlitt sein Vater im Winter 1941, während des Zweiten Weltkrieges, ein Arbeitslager in den tiefsten Gebieten Ostanatoliens, in Askale bei Erzurum, wohin Griechen, Juden und Armenier deportiert wurden. Dort musste er zusammen mit anderen Leidensgenossen 15 Monate lang unter demütigenden und unmenschlichen Lebensbedingungen Zwangsarbeit verrichten.

Obwohl er in den sechziger Jahren schon nicht mehr der Jüngste war, hatte er trotzdem die Kraft und den Mut zum Neuanfang. Doch trotz seiner mutigen Einstellung und seines starken Selbstbewusstseins konnte man heute Morgen seine innere Not nicht übersehen.

Jeder schaute immer wieder auf seine Uhr, so als ob man die Zeit anhalten wolle. Der Zeitpunkt zum Abschied rückte gnadenlos näher. Am Frühstückstisch wurde mehr geredet als gegessen. Die Nervosität und die innere Unruhe wuchsen mit der fortschreitenden Zeit. Die Gestik der Familienmitglieder gestaltete sich lebhaft und energisch; aber zum Schluss, mit Beginn der endgültigen Trennung, gelähmt und stumm ... Elefterios erinnerte sich, wie ihm sein Schwager in letzter Minute wichtige Ratschläge erteilte. Er erklärte ihm, wie er unterwegs auf seinen Geldbeutel aufzupassen habe und wie er sich in fremden Gegenden verhalten solle. Schließlich hatte er ja selbst jahrelange Erfahrungen mit Geschäftsreisen gemacht.

Die psychische Verfassung von Elefterios war deutlich gedrückt, wie auch die seiner Familie. Er kämpfte innerlich gegen negative Gefühle und Zweifel. Trotzdem zeigte er nach außen ein tapferes und lässiges Verhalten.

Zwischendurch klingelte es an der Haustür. Verwandte, Freunde und Bekannte kamen, um sich von Elefterios zu verabschieden.

Obwohl die Nacht feucht und frisch war, wurde es ein warmer, sonniger Tag. Jetzt war endgültig die Zeit der Trennung gekommen. Theodosis, der Schwager seiner Schwester, wollte ihn mit seinem eigenen Pkw zum Bahnhof fahren. Die Fahrt zum Bahnhof sollte auch der Beginn einer Reise in eine neue Welt werden, die mit vielen Überraschungen und Enttäuschungen aufzuwarten bereit war.

Als der Fahrer den Motor startete, bemerkte Elefterios das nervöse Verhalten seiner Mutter und bemerkte, wie sie vergeblich versuchte, ihre Tränen vor ihm zu verstecken. Ebenso kann er nie mehr die traurigen Blicke seines Vaters vergessen, wie auch die Aufgeregtheit seiner hochschwangeren Schwester.

Wenn in dieser Zeit ein Grieche vollbepackt ins Taxi stieg, ahnten die türkischen Nachbarn, was dies bedeutete. Sie wussten, dass sich dieser Mensch auf die Flucht begibt, dass er sein Elternhaus und seine Stadt verlassen wird, um ins Ausland zu reisen, um sich von dem „Bösen" zu retten.

So war es auch an diesem Dienstagmittag. Schräg gegenüber seinem Elternhaus war eine türkische Maßschneiderei. Elefterios erinnert sich an die Mitarbeiter dieses Geschäftes, wie sie geschlossen am Fenster hingen und wie sie das Geschehnis mit sichtbarer Häme verfolgten.

Die Fahrt zum Hauptbahnhof Sirkeci empfand er einerseits langweilig, und doch war sie eine letzte Erinnerungsfahrt, die er bis heute nicht vergessen sollte. Zum letzten Mal fuhr er auf den engen und steingepflasterten Straßen seines Wohnbezirkes. Beim Vorbeifahren an dem berühmten Fischmarkt (Balikpazar) sah er schon von weitem, wie sich Menschentrauben vor den Ständen drängten, um ihre Einkäufe zu tätigen. Ihm kam in Erinnerung, wie oft er für seine Familie frischen Fisch eingekauft hatte. In den Nebenstraßen sah er die laut rufenden Gemüseverkäufer mit ihren Eseln und den prall gefüllten Körben auf deren schmalen Rücken. Es war das typische Bild seines Wohnbezirks. Unterwegs blickte er auf die Minarette der Moscheen und auf die orientalischen Menschen mit ihren strengen Gesichtszügen. Er betrachtete die türkischen Frauen, die überwiegend westlich angezogen waren, aber auch wenige, die bunte Kopftücher und lange Mäntel trugen. Er fand heute die Galata-Brücke besonders stark bevölkert. Auf der Brücke sah er, wie die geschäftstüchtigen Wasserverkäufer emsig den Durst der Passanten löschten. Auf dem Weg zum Hauptbahnhof fiel sein Blick auf den Stand der Simit-Verkäufer (Simit: eine Art Brezel oder reifenförmiges orientalisches Brötchen, mit Sesam gebacken), wie sie am Rande der Brücke ihre Waren feilboten. Er beobachtete den chaotisch anmutenden Straßenverkehr, sah auf die zahlreichen belebten Straßen und Gassen, erblickte das blaue Meer und vertiefte sich in traurige Gedanken. Trotzdem war er überwältigt von der Neugier auf sein neues Leben, auf seine Zukunft, auf die Überraschungen, die im Ausland auf ihn warten würden. Er wusste, dass alles, was er im Moment sah, bald Geschichte werden würde.

Auf der Fahrt zum Hauptbahnhof hörte er zum letzten Mal den Ruf des Muezzins (Gebetsrufer des Islams) aus einem Minarett. Es war gerade die Zeit, wo die Muslime beteten. Mehrere gläubige Muslime hielten vor einer Moschee, um ihre Gebete zu verrichten. Obwohl er solche Bilder bisher täglich, seit Jahren erlebt hatte, betrachtete er trotzdem dieses heutige Geschehen mit besonderer Aufmerksamkeit, fast, als ob es für ihn etwas Neues wäre. Während der ganzen Fahrt blieb es im Wagen stumm.

Seine Eltern und seine Schwester waren zuhause geblieben. Sie wollten den endgültigen Abschied dieser erzwungenen Trennung nicht miterleben. Zum Hauptbahnhof waren nur sein Schwager und dessen Schwester mit ihrem Mann, seine Nichte und sein Neffe und einige sehr gute und treue Freunde gekommen.

Istanbul verfügt über zwei Bahnhöfe. Der Bahnhof von Haydarpasa, der auf der asiatischen Seite der Stadt und damit auf dem asiatischen Kontinent liegt und der Bahnhof von Sirkeci, der sich auf dem europäischen Kontinent befindet. Passagiere, die nach Anatolien reisen, steigen in Haydarpasa ein. Reisende nach Europa fahren vom Bahnhof Sirkeci ab.

Kurz bevor der Zug abfuhr, kam in letzter Minute ein sehr guter deutscher Freund, der im Deutschen Gymnasium in Istanbul als Studienrat arbeitete.

Zwei schwere Koffer und eine Handtasche begleiteten Elefterios in sein neues Leben ...

Angreifer und Bewunderer der türkischen Bevölkerung

Mit Aggressivität, Hass und Fanatismus ging der türkische Pöbel gegen die Geschäfte der Minderheiten in der Pogromnacht an

2

So wurde die griechische Minderheit auch im Jahre 1964 aus der Türkei vertrieben

Es war an einem Juninachmittag, als der beste Freund von Elefterios an der Haustür klingelte. Der wiederholte Klingelton wirkte aufdringlich. Er weckte Assoziationen an einen Notfall oder an eine traurige Nachricht. Man konnte meinen, dass jemand an der Tür stand, um dringend nach Hilfe zu suchen.

Elefterios war von dem Besuch seines Freundes sehr überrascht, denn er hatte sich erst am Abend zuvor mit ihm und anderen Freunden in der Stadt getroffen. Beide wollten in drei Tagen einen Ausflug auf die Prinzeninseln machen, um dort zu angeln oder schwimmen zu gehen. Die Stimme seines Freundes klang sehr deprimiert, wütend und enttäuscht. Seine Augen glühten vor Wut. Das erste, was er zu seinem Freund rief, war: „Jetzt hat es uns auch getroffen".

Der junge Grieche verstand sofort, worum es ging. Denn noch am Vorabend hatten sich die jungen Leute über die permanente Ungerechtigkeit und den Terror gegen die griechische Minderheit unterhalten.

Elefterios hatte spontan vermutet, dass die kränkliche Großtante seines Freundes gestorben sei.

Zuerst versuchte er seinen Freund zu beruhigen. Allerdings konnte der Freund seine Wut nicht ohne weiteres ablegen. Er erzählte in einem ärgerlichen Ton, dass er heute Mittag von seiner Familie die bittere Nachricht über die Ausweisung seines Vaters erfahren hatte. Als er heute Mittag von der Universität nach

Hause zurückkam, hatte er seine weinenden Angehörigen vorgefunden. Sein Vater hielt zitternd die Tageszeitung in der Hand und las wiederholt aus einer langen Liste seinen Namen und den Wortlaut dieser offiziellen Aufforderung der türkischen Behörden. Er sollte, wie auch alle auf der Liste stehenden Griechen, innerhalb einer Woche das Land verlassen Allerdings stand auf dieser Liste nur sein Name, da die anderen Familienmitglieder offiziell die türkische Staatsangehörigkeit besaßen und sie nicht ausgewiesen werden durften. Der Vater war nicht nur wegen seines Schicksals verzweifelt, sondern er machte sich große Sorgen um seine Ehefrau, die dann in Istanbul mit ihrem Sohn und ihrer kranken Cousine zurückbleiben musste. Hauptsächlich dachte er an die beschränkten finanziellen Mittel und an den Unterhalt seiner Familie. Denn sein Sohn studierte noch, und seine Ehefrau hatte keine eigenen Einkünfte.

Obwohl alle Griechen mit griechischer Staatsangehörigkeit tagtäglich auf eine solche bittere Nachricht der türkischen Behörden warteten, bewirkte die Realität trotzdem für die betroffenen Menschen einen großen Schock.

Der Vater seines Freundes war ein älterer Mann und betrieb seit vielen Jahren ein Lebensmittelgeschäft in der Nähe seiner Wohnung in Tarlabasi (Stadtviertel von Istanbul). Laut Beschluss der Regierung durfte er, wie alle betroffenen Griechen auch, sein Geschäft weder veräußern, noch von jemand anderem vertretungsweise betreiben lassen. Außerdem wurde alles, was die Familie an Vermögen besaß, von den türkischen Behörden per Gesetz beschlagnahmt.

Viele Griechen waren finanziell sehr gut situiert, sodass die türkische Regierung es auf ihr Vermögen abgesehen hatte. Damit konnte die Türkei ihre leere Staatskasse sanieren, wie sie es bereits im Jahre 1942 mit dem Vermögen der Minderheiten (Griechen,

Armenier, Juden) (ruinöse Vermögenssteuer, Varlik Vergisi) praktizierte.

Diese schlimme Nachricht hatte natürlich auch Elefterios und seine Familie betroffen, denn die beiden Familien waren seit Jahren gut befreundet. Die zwei Freunde fingen erneut an, Zukunftspläne zu konstruieren und über die bevorstehende Reise ins Ausland zu diskutieren. Sein Freund wollte sein Studium nicht sofort unterbrechen, da ihm nur noch ein Semester bis zur Diplomprüfung fehlte. Er hatte bereits alle Pflichtpraktika erfolgreich absolviert und musste nur noch einige Vorlesungen besuchen. Anschließend wollte er sich auf die Abschlussprüfung vorbereiten. Insofern war der jetzige Zeitpunkt für ihn zu verfrüht, um das Land zu verlassen. Trotz der Diskriminierungen, die er sowohl von seinen türkischen Kommilitonen als auch von den Hochschullehrern erleiden musste, wollte er diplomatisch und klug vorgehen. Er erzählte seinem Freund, dass er gleich nach der Abschlussprüfung in die Vereinigten Staaten von Amerika auswandern werde. Dort hatte er bereits eine Arbeitsstelle, die ein Onkel für ihn organisiert hatte.

Nach diesem Gespräch gingen beide zu der Familie des Freundes, um mit ihnen gemeinsam die traurige Situation zu besprechen. Die Familie war sichtlich geschockt und wirkte sehr unglücklich. Der Vater erzählte, dass er am nächsten Tag zu der Auslandsbehörde gehen wollte. Er war jetzt schon sehr aufgeregt und nervös, denn er wusste von Bekannten und Freunden, wie die Beamten den Griechen begegneten, sie schikanierten, demütigten und provozierten. Die Mutter schien in dieser Situation etwas gefasster. Sie war jedoch gleichermaßen deprimiert und fühlte sich ebenfalls unglücklich. Vor allem, wenn sie daran dachte, ohne ihren Mann in Istanbul leben zu müssen. Sie konnte ihren Mann ja nicht nach Griechenland begleiten, da sie ihre kranke Cousine pflegen musste. Ihre Cousine war viel älter als sie, schwer krank und pflegebedürftig. Der Vater des Freundes erzählte, dass er umgehend seine Verwandten in Thessaloniki anschreiben werde, um sie über seine Ausweisung zu informieren. Er hoffte auf die Unterstützung seiner fernen Angehörigen. Fast seine ganze Verwandtschaft wohnte in Thessaloniki und in dessen Umland. Elefterios erinnert sich noch genau, wie bedrückt und traurig der Vater seines Freundes war und fragte sich immer wieder, was hatten diese armen Menschen der Türkei angetan? Wo sind die demokratischen Grundlagen und die Menschenrechte überhaupt geblieben?

Am 30. Oktober 1930 unterzeichneten die Präsidenten von Griechenland und der Türkei, Elefterios Venizelos und Mustafa Kemal Atatürk, in Ankara, der türkischen Hauptstadt, einen Friedensvertrag über „Freundschaft und Aussöhnung“. Danach sicherte die türkische Regierung das Aufenthaltsrecht allen Griechen in Istanbul mit griechischer Staatsangehörigkeit ausdrücklich zu. Diese Vereinbarung wurde auf 50 Jahre, nämlich bis zum Jahr 1980 befristet. Dann sollten die Regierungen erneut verhandeln.

Im Jahre 1964 hatte jedoch der damalige türkische Ministerpräsident Ismet Inonü aus Rache und Hass gegenüber Griechenland dieses Abkommen vom Oktober 1930 eigenmächtig gekündigt. Diese Entscheidung belastete erneut die griechische Minderheit in der Türkei. Die Regierung hatte zuerst beschlossen, alle Griechen, die griechische Staatsbürger waren, aus der Türkei zu vertreiben. Infolgedessen wurde zuerst allen Griechen griechischer Staatsbürgerschaft ihre Aufenthaltserlaubnis entzogen, und ihre Immobilien sowie ihr Vermögen beschlagnahmt. Anschließend wurden sie auf unmenschliche und unbarmherzige Art und Weise aus dem Lande deportiert.

Diese von 1964 bis 1966 mehr als 12.000 vertriebenen Griechen (zusammen mit ihren Angehörigen etwa 48.000 Griechen) wurden Opfer des damaligen türkischen Fanatismus, Nationalismus und der ethnischen Säuberungspolitik der Türkei. Obwohl die Angehörigen dieser ausgewiesenen Menschen türkische Staatsbürger waren, entschlossen sie sich größtenteils, ihren Angehörigen nach Griechenland zu folgen(8).

Grund dieser Massendeportationen des Jahres 1964 war angeblich die aktuelle politische Entwicklung der Zypernkrise. Der türkische Staat hat immer wieder die Zypernkrise instrumentalisiert, wenn es um die Vertreibung der griechischen Minderheit aus der Türkei ging. Bevor es zu diesen Massenvertreibungen kam, hatte Ismet Inonü (auch Ismet Pascha genannt) dem griechischen Ministerpräsidenten, Georgios Papandreou, mit der Verbannung aller Griechen griechischer Staatsbürgerschaft aus der Türkei massiv gedroht. Er wollte den Friedensvertrag vom 30. Oktober 1930 annullieren, falls die griechische Regierung die Politik des Erzbischofs Makarios von Zypern weiterhin unterstützte. Inonü hatte während der politischen Verhandlungen mit dem griechischen Ministerpräsidenten in den USA, unter dem Vorsitz des damaligen amerikanischen Präsidenten Lyndon Johnson, diese Drohung ausgesprochen.

Zu dieser Zeit fanden auf der Insel Zypern heftige Zusammenstöße zwischen den griechischen und den türkischen Zyprioten sowie englischen Soldaten statt. Diese Umstände führten damals zu einer neuen Zypernkrise. Diese Situation erschien der türkischen Regierung günstig, um eine „Vergeltung" an den Griechen in Istanbul auszuüben und gleichzeitig Griechenland mit indirekten Kriegsdrohungen zu provozieren. Um diese Massenvertreibungen zu verwirklichen und zu rechtfertigen, hetzte die türkische Regierung zuerst die Öffentlichkeit gegen die griechische Minderheit in Istanbul auf. Dabei spielten die Medien eine aktive Rolle. Die Presse war der Katalysator dieser Aggressionen. Sie unterstützte und potenzierte die Dynamik des Hasses. Gleichzeitig wurden Filme gezeigt, wie die „bösen" zypriotischen Griechen, die „schwachen" und „unschuldigen" Brüder, nämlich die zypriotischen Türken, töteten und mit welchen Grausamkeiten sie diese verfolgten. Die türkischen Hetzblätter berichteten täglich mit Großbuchstaben, dass angeblich die griechische Minderheit in Istanbul eng mit der zyprischen Regierung zusammenarbeite. Ferner berichteten sie, dass diese Community angeblich die griechischen Zyprioten mit dem Kauf von Waffen und Munition finanziell unterstützte und für den Anschluss Zyperns an Griechenland mitwirkte. In diesen Berichten wurde wieder einmal das ökumenische Patriarchat von Konstantinopel angegriffen. Dem Patriarchat warf man vor, dass es diese Aktionen aktiv unterstütze. Damit potenzierten die Medien absichtlich diese feindlichen Bestrebungen der Regierung massiv. Weitere taktische und strategische Maßnahmen sollten die Boykottierung der griechischen Wirtschaft und der Industrie sein.

Im Allgemeinen wurden die gleichen Mittel eingesetzt, die die Türkei für die Mobilisierung und Fanatisierung ihres Volkes gegen die griechische Minderheit seit Jahrzehnten immer wieder praktiziert hatte. Mangels demokratischer Grundlagen, konnten die türkischen Intellektuellen und Journalisten aus Angst vor den ungerechten menschenrechtswidrigen Handlungen der Regierung keine Stellung beziehen.

Da aus logistischen und organisatorischen Gründen eine Massendeportation auf einmal nicht möglich war, wurden die Griechen griechischer Staatsbürgerschaft gruppenweise und in Abständen aus dem Lande verbannt.

Als diese Ausweisungen angefangen hatten, herrschte unter der griechischen Bevölkerung eine große Nervosität, eine Unruhe, eine Unsicherheit, ein ungemeiner psychischer Stress. Diese Menschen wussten zwar, dass sie ihren Geburtsort Istanbul verlassen mussten, jedoch waren ihnen der Zeitpunkt und die Art und Weise der Ausweisung nicht bekannt. Ein großes Problem für die meisten Griechen stellten die fehlenden finanziellen Mittel dar, da ja der türkische Staat ihr Vermögen und ihre Immobilien bereits beschlagnahmt hatte. Die Folgen waren enorme finanzielle Probleme und Nöte, sowie ein daraus resultierender psychischer Druck. Sie wussten nicht, wie sie in Griechenland eine neue Existenz aufbauen und wo sie leben konnten. Der griechischen Regierung war es nicht möglich, ihre einreisenden Landsleute finanziell zu unterstützen. Auch die Verwandten und Freunde in Griechenland waren damit stark überfordert. Besonders schwer hatten es Familien mit kleinen oder schulpflichtigen Kindern, und sozial schwache Menschen. Besonders hart traf es Familien mit schwerkranken Angehörigen, die unbedingt eine teure medizinische Versorgung benötigten.

Bei den unmenschlichen Ausweisungen wurden alle Griechen griechischer Staatsbürgerschaft, ob gesund oder krank, jung oder alt, Rollstuhlpatienten, psychisch Kranke, Gehbehinderte oder Pflegebedürftige gleichermaßen einbezogen. Es gab zahlreiche Fälle, wo Patienten im Krankenhaus mit einem schweren Krebsleiden oder amputierten Gliedmaßen lagen. Trotzdem wurden auch diese ausgewiesen. Laut Gesetz wurden sie mit dem Krankentransport zum Flughafen geschafft und in das nächste Flugzeug gesetzt. Bei diesen Massendeportationen machte der türkische Staat keine Differenzierung und zeigte keinerlei Barmherzigkeit. Das Hauptziel war, dass diese Minderheit aus der Türkei verschwinden sollte. Eine Menschen verachtende, wahnsinnige und fanatische Aktion!

Die ersten Ausweisungen begannen bereits im März-April 1964. Am Anfang wurden die betroffenen Griechen innerhalb von 24 Stunden mit polizeilicher Begleitung und mit einem kleinen Koffer, quasi wie „Verbrecher“, ausgewiesen. Offiziell hieß es von der türkischen Regierung, dass diese Griechen „Landesverräter“ wären.

Bei den ersten Aktionen wurden auch zwei wichtige Metropoliten (Bischöfe) des ökumenischen Patriarchats von Konstantinopel, Selefkias Emilianou und Filadelfias Iakowos, ausgewiesen. Später änderten die türkischen Behörden dieses schnelle „Ausweisungsverfahren“. Die Opfer hatten jetzt wenigstens Zeit innerhalb einer Woche das Land zu verlassen. Es wurde ihnen aber auch nicht erlaubt, mehr als einen kleinen Koffer, der für die notwendigsten Sachen ausreichen musste, mitzunehmen.

Nachdem eine große Zahl finanziell gut situierter Griechen das Land verlassen hatte, änderte die türkische Regierung nach einer gewissen Zeit ihre Vertreibungsstrategie. Diesmal wurde die Frist der Entlassungen verlängert. Danach sollten die restlichen Griechen erst nach Ablauf ihrer Aufenthaltsgenehmigungen das Land verlassen.

Die Namenslisten der Vertreibungsopfer sowie die Termine ihrer Ausweisungen fanden sich täglich in den Tageszeitungen. So konnten diese unerwünschten Bürger aus den Medien erfahren, wann sie ihre Ausreise anzutreten hatten. Meistens bestand eine solche Liste aus 200 bis 400 Namen. Sobald jemand seinen Namen in der Liste gelesen hatte, musste er sich unverzüglich beim Ausländeramt, in der 4. Abteilung (4. üncü schube), melden. Krankheits- oder Urlaubsgründe wurden von den Behörden nicht akzeptiert. Auf dieser Behörde wurden jedem betroffenen Griechen zuerst seine Fingerabdrücke genommen, so wie es bei Verbrechern üblich ist. Dann wurde ihm ein gefaltetes Blankoformular zur Unterschrift vorgelegt. Auf dem Formular standen „unsichtbar“ die angeblichen Gründe seiner Ausweisung. Die

Behörden wollten diese angeblichen Ausweisungsgründe absichtlich und aus taktischen Gründen verbergen. Scheinheilig wurden die Opfer befragt, ob sie die Gründe ihrer Ausweisung vorher erfahren wollten oder nicht. Falls jemand darauf bestand, diese Gründe zu erfahren, drohte ihm die sofortige Ausweisung, das heißt, dieser Grieche wurde nach Unterschreiben des Formulars, in Begleitung eines Polizeibeamten zum Bahnhof bzw. zum Flughafen gebracht, ohne dass er sich von seiner Familie, von seinen Angehörigen und Freunden verabschieden konnte. Diejenigen, die das gefaltete Formular blanko unterzeichneten, durften das Land erst innerhalb einer Frist von bis zu sieben Tagen verlassen. Gleichzeitig beschlagnahmten die Behörden das gesamte Vermögen und die Immobilien dieser unschuldigen Opfer.

Wie von Augenzeugen berichtet, enthielten diese Formulare haarsträubende Beschuldigungen, Verleumdungen, Schikanen und Lügen, die jeder Betroffene, angeblich „freiwillig", unterschreiben wollte. Im Klartext bedeutete dies, dass sich Jedermann zum Verbrecher, zum Landesverräter degradieren lassen musste, um ausgewiesen zu werden. Mit dieser hinterlistigen Strategie wollte die Regierung der türkischen Öffentlichkeit vortäuschen, dass es sich bei diesen ausgewiesenen Menschen doch nur um „Verbrecher" und „Landesverräter" handelte.

Elefterios konnte einige Punkte aus diesem Formular später in Erfahrung bringen. Jahre später wurden diese Inhalte der türkischen Öffentlichkeit zum Teil bekannt gemacht. Nachstehend einige Auszüge aus diesem Formular, wie sie der junge Grieche in späteren Jahren erfahren konnte:

- Den Vertriebenen wird vorgeworfen, dass sie politische Agenten sind und dass sie gegen den türkischen Staat spionieren.
- Sie arbeiten gegen die Türkei.

- Sie unterstützen finanziell die Griechen in Zypern und solidarisieren sich mit den Verbrechen von Erzbischof Makarios.
- Sie haben angeblich das Türkentum, Atatürk, den Islam, den türkischen Staat, die türkische Flagge und vieles mehr beleidigt und beschimpft.

Diese Art des Umgangs mit Menschen erinnert an die Zeiten des Nationalsozialismus und an viele andere diktatorische Regime. Auch da wurden zahlreiche unschuldige Menschen mit ähnlichen Methoden beschuldigt, diskriminiert, bestraft und sogar ermordet.

An dieser Stelle muss betont werden, dass die Minderheiten (Griechen, Armenier, Juden) in der Türkei schon seit Jahrhunderten mit solchen Schmähungen, Schikanen und Verleumdungen des türkischen Staates konfrontiert waren. Die Türkei hatte diese Menschen immer wieder bei jeder politischen Krise mit solchen Beschimpfungen, Beleidigungen und Entwürdigungen behandelt. Mit diesen Massendeportationen des Jahres 1964 zeigte die türkische Regierung eindeutig, wie sie mit der Menschenwürde und den Menschenrechten ihrer Minderheit umzugehen gedachte.

Auf Grund des internationalen Widerstandes gegen diese diktatorischen und inhumanen Massendeportationen hat die Türkei später die verbliebenen Griechen, die bereits das 65. Lebensjahr vollendet hatten, nicht mehr „aktiv" ausgewiesen.

Trotz der vielen Jahre seit diesen Vertreibungen, erfahren wir heutzutage, im 21. Jahrhundert, immer wieder von Fällen, wonach die Türkei die Menschenwürde und die Menschenrechte ihrer Minderheiten unterdrückt und missachtet.

Die Familie von Elefterios hatte viele Freunde und Bekannte, die unter diesen unmenschlichen Bedingungen ihren Besitz, ihre jahrzehntelangen Erinnerungen, ihre besten Freunde und vieles mehr verlassen mussten. In diesem Zusammenhang denkt Elefterios an die griechischen Zeitungen, Apogewmatini und Embros, die täglich ihre Rubriken mit den Namen der Auszuweisenden füllten. Er erinnert sich, wie seine Familie jeden Tag in den Zeitungen nach Namen von Bekannten und Freunden suchte.

An einem Nachmittag im Mai saß Elefterios in einem Caféhaus im Beyoglu, einem Stadtteil von Istanbul (griechisch: Pera), und las wie gewöhnlich seine Tageszeitung. Den ganzen Vormittag hatte er an der Uni verbracht, sodass er noch keine Zeit gefunden hatte, die Neuigkeiten des Tages zu erfahren. Das Caféhaus war um diese Tageszeit ziemlich gut besucht. Es war nicht leicht, einen freien Platz zu finden. Einige Tische vor ihm saßen vier Griechinnen. Sie unterhielten sich sehr lebhaft miteinander. An ihrer Körpersprache konnte man bereits erkennen, dass sie keinen erfreulichen und angenehmen Gesprächsthemen nachgingen. Der junge Grieche kannte diese Frauen nicht. Plötzlich betraten zwei Schulkameraden von ihm das Cafe. Am Tisch von Elefterios gab es noch Platz. Die jungen Leute setzten sich zu ihm. Sie kamen direkt vom Sport und wollten sich erfrischen. Einer der Schulkameraden erkannte eine der Frauen. Sie war Schulleiterin einer griechischen Volksschule in Istanbul. Seine Schwester war Schülerin an dieser Schule. Sowohl er als auch seine Eltern bedauerten sehr, dass diese Frau in zwei Tagen zusammen mit ihrem Mann die Schule und die Stadt Istanbul verlassen mussten. Ihr Mann, als griechischer Staatsbürger, gehörte auch zu den Vertreibungsopfern. Infolgedessen wollte die ganze Familie nach Griechenland übersiedeln. Der Schulkamerad erzählte weiter, dass die Familie dieser Lehrerin sich große Sorgen machte, da ihr Mann herzkrank war. Sie selbst war eine beliebte Lehrerin. Der junge Schüler bezeichnete das Schicksal der griechischen Minderheit als einen Wahnsinn des türkischen Nationalismus. Jetzt konnte Elefterios gut verstehen, warum diese vier Griechinnen sich so emotional miteinander unterhielten. Offenbar war es ein Abschiedsgespräch.

Alle diese ausgewiesenen Griechen haben bis heute für ihre Verluste, wie Immobilien, Geschäfte und Vermögen, kaum eine entsprechende finanzielle Entschädigung vom türkischen Staat erhalten. Bekanntlich beschlagnahmte und kassierte die Türkei das ganze Vermögen dieser politischen Opfer, wie sie es nach jeder Vertreibungsphase praktiziert hatte. Damit konnte der Staat seine leere Staatskasse auffüllen. Dies stellt eine besonders infame Art der Beraubung einer Minderheit dar, die mit ihrer Leistung und mit ihrer Tüchtigkeit auf eine ehrliche Art und Weise ihren Besitz geschaffen hatte. Viele von diesen betroffenen Griechen hoffen noch immer, dass zumindest der Europäische Gerichtshof in Straßburg ihre Rechte anerkennen wird. Diese Menschen sind bis an ihr Lebensende traumatisiert und Opfer des damaligen antichristlichen Fanatismus und Nationalismus des türkischen Staates.

3

Die Abfahrt

Es war ein Dienstag Frühnachmittag des Jahres 1964, als der junge Grieche seinen Geburtsort Istanbul verließ. Am Hauptbahnhof von Sirkeci war er nicht der Einzige, der von dieser Weltstadt Abschied nehmen sollte. Hunderte von Griechen warteten mit ihren Reisekoffern auf den Bahnsteigen, auf ihren Zug der „Hoffnung", der „Freiheit", der „Befreiung" ...

Die Reisebilder erinnerten an den Exodus einer christlichen Minderheit, der Griechen, die ihre religiöse, kulturelle und historische Stadt der Antike verlassen mussten. Die Vorfahren dieser griechischen Minderheit bildete der Völkerstamm einer dorischen wandernden Kolonie. Diese Kolonie siedelte sich im 7. Jahrhundert v.Chr. unter ihrem Anführer namens Byzas am Goldenen Horn in Konstantinopel an und gründete die Stadt Byzantion. Die Stadt war auf Grund ihrer besonderen Lage sehr begehrt. Aus diesem Grunde wurde sie von verschiedenen Völkern häufig angegriffen und immer wieder, wenn auch vorübergehend, erobert.

Im Jahre 512 v.Chr. nahm der König von Persien, Darius I. diese Stadt ein. Dann, 479 v.Chr., erfuhr die Stadt die Befreiung durch den König von Sparta, Pausanias. Im 2. Jahrhundert vor Christus drangen die Gallier ein. Später, im Jahre 146 vor Christus folgten die Römer. Seit dieser Zeit gehörte die Stadt zum Römischen Reich. Im Jahre 330 nach Christus hatte der römische Kaiser Konstantin I., genannt der Große, nach seinem Sieg über den römischen Kaiser Licinius, die Reichshauptstadt von Rom nach Byzanz verlegt. Er benannte diese Stadt nach seinem Namen, Konstantinopel. Im Jahre 312 nahm er das Christentum an und Kaiser Theodosius I. erhob im Jahre 380 das Christentum zur Staatsreligion. 395 wurde dann durch Kaiser Arkadios (395-408) die Teilung des Römischen Reiches endgültig vollzogen. So entstand das Weströmische Reich mit der Hauptstadt Rom und das Oströmische Reich mit der Hauptstadt Konstantinopel. Das Byzantinische Reich existierte ein Jahrtausend, bis die Osmanen es eroberten. Seine Ureinwohner wurden durch die neuen Herrscher allmählich aus dem Lande vertrieben und vernichtet. Dieser Vernichtungs- und Vertreibungs-Prozess beanspruchte mehr als fünf Jahrhunderte nach der Eroberung.

Im Byzantinischen Reich fanden wichtige Konzile statt. Sieben ökumenische Konzile lösten sich von 325 bis 788 im Raum von Konstantinopel ab, wobei drei davon direkt in der Hauptstadt abgehalten wurden. Im ersten Konzil des Jahres 325, in der Stadt Nizäa, verurteilte Kaiser Konstantin der Große massiv die arianische Lehre (Arianismus, s. Glossar). Auf demselben Konzil formulierten die Bischöfe das erste christliche Glaubensbekenntnis. Im Jahr 381 führte Kaiser Theodosius I. das zweite ökumenische Konzil in Konstantinopel (Verkündung der Konsubstanzialität des Heiligen Geistes) durch.

Im Jahre 380 wurde das Christentum zur Staatsreligion des Byzantinischen Reiches. Im Konzil von Chalkedon im Jahre 451 verabschiedeten die kirchlichen Väter, unter der Führung von Kaiser Markian, das Glaubensbekenntnis. Auf dem sechsten ökumenischen Konzil im Jahre 680/681 verurteilte Kaiser Konstantin IV. den Monotheletismus und stellte die religiöse Einheit wieder her. Wegen des Bilderstreits berief die Kaiserin Irene im Jahre 787, unter Beteiligung von Bischöfen, in der Stadt Nizäa das siebte ökumenische Konzil, wonach die Verehrung der Bilder einstimmig erlaubt wurde.

Infolgedessen lebte eine griechische Minderheit seit antiker Zeit in dieser Stadt, mehr als zwei Jahrtausende, bis zur Ankunft der Osmanen bzw. der späteren Türken. Es war eine Minderheit mit tiefreichenden kulturellen, religiösen und historischen Wurzeln. Heutzutage lebt sie in sehr stark dezimierter Zahl.

Der Exodus der griechischen Minderheit aus der Türkei in der Mitte des 20. Jahrhunderts stellt eine erzwungene Reise ohne Rückkehr dar. Eine unfreiwillige Reise, die durch eine passive und aktive Vertreibung dieser Minderheit durch die Herrscher dieses Landes zustande kam. Eine Vertreibung, die infolge eines politischen, religiösen, fanatischen, nationalistischen Hintergrundes erfolgte.

Beispielsweise transportierte der heutige Orientexpress noch einen Teil der verbliebenen Griechen aus Konstantinopel ins Ausland. Geschichtlich gesehen erlebte die griechische Minderheit in der Türkei in regelmäßigen Abständen immer wieder erneute Repressalien.

Ein weiteres historisches Beispiel im 20. Jahrhundert war die Vertreibung der griechischen Bevölkerung aus Smyrna im Jahre 1922, bald nach der Eroberung dieser Stadt durch die Jungtürken. Dies geschah nach der großen Niederlage der griechischen Armee gegen die türkischen Offensiven.

Mit der Eroberung von Smyrna und dem Sieg anderer Kriege, sowie durch die militärische Unterstützung ausländischer Großmächte wurde die türkische Armee in ihrem Bewusstsein wesentlich gestärkt. Die neuen Machthaber wollten einen Türkenstaat gründen. Dies wäre entweder durch die Vertreibung oder durch die direkte Turkisierung und Islamisierung aller seit Jahrtausenden in der Türkei lebenden Minderheiten möglich geworden. Infolgedessen treffen wir seither vielfach Pogrome, ethnische Säuberungen durch Vertreibungen, Deportationen, Zwangsisla-

misierungen, Unterdrückungen aller Minderheiten. Alle diese türkischen Maßnahmen deuten gleichzeitig auf eine Verachtung fremder Religionen, Kulturen und der Menschenwürde hin.

Aus der osmanischen Zeit sind uns viele Fälle der Zwangsislamisierung bekannt. Nach jeder Landeroberung war der Wunsch dieser Herrscher nicht nur, neues Territorium einzunehmen und ihre Landesgrenzen zu erweitern. Sie wollten auch die Bewohner des eroberten Landes, nämlich die in ihre Hände gefallenen Christen islamisieren. Das ist ein Grundsatz des Islams, die Christen, die so genannten „Ungläubigen", „Heiden", zum Islam zu bekehren. Allerdings wird diese „missionarische Botschaft" von den Muslimen absichtlich undeutlich ausgedrückt.

Der lange Orientexpress wartete bereits am Hauptbahnhof von Sirkeci auf seine Passagiere, die als Reiseziele verschiedene europäische Länder hatten. Der Bahnhof war überfüllt mit Menschen unterschiedlichen Alters, verschiedener Kulturen und Nationen. Ein Treffpunkt zwischen Orient und Okzident. Am Eingang des Bahnhofes standen Taxen, auf Türkisch „Dolmus" (kollektive Fahrgästebeförderer, orientalischer Herkunft) genannt, private Autos oder Busse, die ihre Kunden zum Bahnhof brachten und von dort abholten. Kioske und Lebensmittelläden hatten wie immer hohe Konjuktur. Die Menschen kauften sich Zeitungen, Zeitschriften, Bücher, damit sie im Zug etwas zu lesen hatten. Andere besorgten sich für die Zugreise etwas zum Essen und zum Trinken. Der Stand der Simit-Verkäufer war schnell leergekauft. Der frische Geruch dieser Backwaren reizte jeden, der dort vorbei lief. Überall traf man die Verkäufer von Trinkwasser. Es waren Männer, die auf dem Rücken einen mit frischem Trinkwasser gefüllten Tank trugen. An vielen Ecken traf man Kinder oder erwachsene Menschen mit ihren Schuhputzkästen (eine orientalische Eigenheit, die in den letzten Jahren auch in den großen europäischen Städten zu treffen ist.

Es ist eine exotische Importware bzw. eine zweckmäßige Dienstleistung. Sie putzten bzw. polierten fleißig für wenig Geld die verschmutzten Schuhe der Passanten. Man sah verhüllte oder geschmackvoll angezogene Frauen und Mädchen, Männer mit Mützen oder Hüten vorbeigehen. Unterwegs konnte man kräftigen Männern mit einer Trage auf dem Rücken zusehen, in der sie schwere Last transportierten. Man nannte solche Lastträger auf türkisch „Hamal". Diese Menschen gehörten, wie die Trinkwasserverkäufer und Schuhputzer, zu dem farbigen, orientalischen Bild des Landes. Ein Bild des Kontrasts zwischen verschiedenen Kulturen und Nationen, nämlich des Orients und des Okzidents. Überall hörte man laute Stimmen, Geräusche von schnell fahrenden Autos oder von lauter türkischer Musik. Man sah halb fertige Baustellen, viel Verkehr, beschädigte Straßen, das chaotische Bild einer orientalischen Stadt. Überfüllte Straßenbahnen mit offenen Türen, an denen Menschentrauben hingen, vervollständigten das Stadtbild. Typische Alltagsszenen. Zu diesem belebten und bunten Bild gehörten auch die orientalischen Bettler am Straßenrand. Man traf hier entweder Zigeunerinnen oder alte Menschen beider Geschlechter, die um eine kleine Spende zwar auf aufdringliche, jedoch höfliche Art und Weise bettelten. Die meisten Zigeunerinnen trugen ein kleines Kind an der Hand und manchmal auch eins im Bauch. Manchmal sah man Frauen, die gleichzeitig an der Brust ihre Babys stillten. Das war natürlich Strategie. Ein Erscheinungsbild, das Mitleid und Empathie bei den Passanten auslösen musste.

Bevor der Orientexpress endgültig abfuhr, beobachtete man auf dem Bahnsteig die allgemeine Nervosität und eine höchst angespannte Atmosphäre mit emotionalen Ausbrüchen sowohl unter den Reisenden als auch deren Begleitungen. Umherirrende Kinder und deren suchende und rufende Mütter taten ihr Übriges. Es war ein Gemisch von Emotionen, Chaos und mangelnder Disziplin, und dennoch auch von Gelassenheit und vielleicht auch von südländischer Gemütlichkeit.

Der Anteil von Türken, die nach Zentraleuropa reisten, war relativ groß. Viele der Passagiere waren als Gastarbeiter in den europäischen Industrieländern beschäftigt. Sie waren so genannte „Fremdarbeiter“ oder „unerwünschte Gäste“, oder, „Diener des fremden Arbeitsmarktes“. Alle diese Begriffe werden heutzutage nicht mehr oder nur selten verwendet. Diese Menschen hatten jedoch ein Ziel im Kopf, nämlich ihre Zukunft und die Zukunft ihrer Kinder abzusichern. Es war für sie völlig unwichtig, welche Meinung andere Leute über sie hatten. Die Hauptsache für diese Menschen war die Umsetzung ihrer Ziele und ihrer Visionen. Sie waren Menschen mit Mut, Motivation und einem unbeugsamen Willen.

In den vergangenen Semesterferien hatte Elefterios in verschiedenen Betrieben in Istanbul als Werkstudent gearbeitet. Dort hatte er viele Türken aus Anatolien kennen gelernt, die den Mut und den Wunsch hatten, ohne Deutschsprachkenntnisse in Deutschland zu arbeiten. Viele davon erzählten ihm, dass sie in Deutschland nicht unbedingt die Landessprache zu sprechen brauchten, denn sie kannten dort viele Landsleute aus ihren Dörfern, die ihnen bestimmt helfen würden. Darüber hinaus wussten sie schon, dass zahlreiche Großfirmen in Deutschland gerne Türken beschäftigten, und dass diese Firmen speziell für die türkischen Mitarbeiter Dolmetscher- und Übersetzerbüros eingerichtet hatten. Damit konnten sie ihre Sprachdefizite lösen. Ferner würden sie auch mit dem Einkaufen keine Schwierigkeiten haben, da es bereits viele türkische Geschäfte gab. Alle Türken, die er kannte, waren hoch motiviert, gar euphorisch und betrachteten Deutschland als einen „großen Freund und Bruder“ der Türkei. Die jüngeren Türken träumten jetzt schon von ihrer Reise nach Deutschland von den blonden deutschen „Fräuleins“, die sie dort sofort kennenzulernen hofften. Sie spekulierten darauf, dass ihnen diese Freundschaften zur weiblichen Welt bei der Lösung ihrer Sprachprobleme helfen würden. Die meisten dieser Menschen hatten wenig konkrete Vorstellungen von dem Leben im Ausland und speziell von Deutschland. Alles, was sie wussten, waren die positiven Erzählungen von den Freunden und den Nachbarn aus ihren Dörfern.

Elefterios unterhielt sich später in den Betrieben sehr oft mit Türken aus Anatolien, sodass er vieles über sie sowie über Deutschland erfahren hatte. In der Regel bekamen alle Arbeitssuchenden vom deutschen Konsulat in Istanbul eine Arbeits- und Aufenthaltserlaubnis. Da diese Erlaubnisse befristet waren, kamen manche junge Türken auf die Idee, Scheinehen zu schließen, um in Deutschland auf Dauer ein Bleiberecht zu erlangen. Gerade Ende der fünfziger, Anfang der sechziger Jahre suchte Deutschland für seine Industrie Arbeitskräfte aus dem Ausland. Daher waren die deutschen Konsulate um diese Zeit sehr stark von Arbeitssuchenden frequentiert. Vor dem deutschen Konsulat in Istanbul bildeten sich täglich Menschenschlangen, die auf Suche nach Arbeit waren. Man traf hier nicht nur Türken, sondern auch Menschen anderer Nationen, die bereit waren, in Deutschland zu arbeiten.

Unter den Passagieren in dem Reisezug befanden sich auch griechische Opfer dieser „wahnsinnigen türkischen Politik“. Diese Reise bedeutete für diese Menschen eine Reise ohne Rückkehr. Man sah in ihren teilnahmslos erscheinenden Gesichtern das Bild der „Migration“ gezeichnet. Diese Gesichter trugen eine Maske, als ob sie die Trauer ihrer Trennung von den Familien und von ihrer „Heimat“ verbergen wollten.

Eine kleinere Zahl von Reisenden stammte aus den Balkanländern und aus Nordeuropa, die sich jetzt auf der Heimreise befanden.

Überall im Zug traf man Reisende mit vielen Koffern, Reisetaschen, Einkaufstüten, Wasserflaschen, Handtaschen und Plastiktüten. Zahlreiche Koffer waren so überfüllt, dass man sie nur noch mit einem festen Seil oder einem Hosengürtel schließen konnte.

Man sah kleine Gruppen von Menschen, die kamen, um sich von ihren geliebten Angehörigen zu verabschieden. Von überall hörte man angeregte, emotional gefärbte Gespräche, Lachen, Weinen, heitere Diskussionen, schreiende kleine Kinder und vieles mehr. Dieses Spektakel dauerte bis zur Abfahrt des Zuges, etwa zwei bis drei Stunden.

Einige Bekannte und sehr gute Freunde von Elefterios kamen zum Bahnhof, um sich von ihm zu verabschieden. Er erinnert sich, wie er in den Zug einstieg und wie er sich mit seinen schweren Koffern durch die Menge der Passagiere durchkämpfen musste, um seinen reservierten Sitzplatz zu finden.

Die intensive Wärme des Tages machte die Stimmung des Abschiedes noch melancholischer. Unter den Passagieren herrschte ein gemischtes Gefühl zwischen Freude und Traurigkeit. Für die griechischen Passagiere bedeutete die Abfahrt die Befreiung aus einem Gefängnis ohne Gitter und ohne Dach über dem Kopf. Neben ihrer Trauer konnte man auch gelegentliche Freude in den Gesichtern der Reisenden erkennen. Als der Zug später die türkische Landesgrenze verlassen hatte, war die Freude bei vielen Menschen besonders spürbar. So ein Gefühl der Befreiung kann man nur dann empfinden, wenn man sich selbst in einer solchen Situation befunden hat. Es war für Viele die Stunde der Befreiung aus einer Hölle und einer jahrelangen Tyrannei.

Die Türken legen sehr großen Wert auf ihre Ehre und auf ihre Nationalflagge. Die Verletzung ihrer Ehre und die Missachtung ihrer Flagge können zu Mordtaten führen. In Deutschland erleben wir solche Dramen immer wieder, wo Familienangehörige für die verletzte Ehre ihrer Familie sogar zu Mördern geworden sind. Aber was die Menschenwürde und die Ehre anderer Nationen bedeutet, haben viele Türken immer noch nicht erkannt und begriffen.

Es war bereits 13.30 Uhr, als der Zugführer, das Signal für die Abfahrt gab. Der junge Grieche stand am Fenster seines Abteils. Er winkte zum letzten Mal seinen Verwandten, seinen Freunden, seiner geliebten Stadt, seinem Geburtsort mit traurigen und mit Tränen gefüllten Augen zu, während der Zug sich aus dem Bahnhof entfernte. Bis zur Abfahrt des Zuges gelang es ihm, seine wahren Gefühle vor seinen Verwandten und Freunden zu verbergen. Jetzt aber, beim Verlassen des Bahnhofes, brach er in Tränen aus. Dann dachte er im Stillen, dass diese erzwungene, unfreiwillige Trennung jetzt unumkehrbare Realität geworden war. Er wusste, dass diese Reise für ihn den Beginn eines neuen Lebensabschnittes bedeutete. Ein Lebensabschnitt in einem fremden Land, wo die Menschen zivilisiert und gebildet sind, wo die Menschenrechte und die Menschenwürde anerkannt und respektiert werden, und wo Religionsfreiheit herrscht.

Der Abschied blieb in seiner Erinnerung und hat sich in seine Seele eingegraben.

Plünderer in der Pogromnacht

Diese Aufnahme bezeugt die staatliche Beteiligung an der Pogromnacht. Die Aufnahme wurde aus dem Bilderarchiv des türkischen Militärrichters Fahri Coker entnommen

4

Die Reise nach Deutschland

Der Orientexpress war restlos überfüllt mit Passagieren, die nach Nord-Europa wollten. In den Abteilen saßen die Reisenden eng zusammen. Meist waren es Ehepaare mit ihren Kindern. Man sah auch einzelne Männer, die zu ihren Familien in das Gastland fuhren. Da es sehr heiß war, konnte man es nicht mit geschlossenen Fenstern aushalten. Obwohl die meisten Waggonfenster halb oder ganz offen waren, war die Luft innerhalb des Zuges trotzdem sehr schnell verbraucht. Die meisten Passagiere standen im Flur neben dem Fenster, um entweder frische Luft einzuatmen oder um zu rauchen. Natürlich wollten sie auch die vorbeirauschenden schönen Landschaften bewundern. Da die meisten Passagiere sehr viele Reisekoffer mitbrachten, war es für sie nicht einfach, einen Platz im Gepäckraum zu finden. Trotz allem herrschte unter den Reisenden eine freundliche Atmosphäre und Hilfsbereitschaft. Niemand beklagte sich über die Tüten oder das Gepäck des Nachbars. Viele der in Deutschland beschäftigten Fremdarbeiter hatten sich vorher bereits gekannt. Insofern war für sie diese Reise nach Deutschland nicht langweilig. Sie konnten mit ihren Bekannten und Freunden gemeinsam essen, lachen, Spiele spielen und sich amüsieren. Viele von ihnen hatten auch ihre Transistorradios dabei, so dass sie Nachrichten und Musik hören konnten. Die Kinder spielten mit denen anderer Familien und erfuhren so keine Langeweile. Auch für die anderen Mitreisenden, die niemanden vorher kannten, gab es keinen Grund, sich zu langweilen. Sie knüpften schnell Kontakte und Bekanntschaften mit den Mitreisenden.

Eine typisch südländische Eigenschaft, schnell Freundschaften mit unbekannten Menschen zu schließen. Man will die Zeit möglichst angenehm verbringen, vor allem, wenn der Raum so eng ist. Da fast alle Reisenden sich selbst versorgten, konnte das Zugrestaurant keine grossen Umsätze machen.

Elefterios erlebte während der Fahrt nach Deutschland den Hassausbruch eines türkischen Muslims gegen Christen. In seinem Nachbarabteil saß ein älteres, dem Anschein nach gut situiertes, türkisches Ehepaar. Sie machten den Eindruck, westlich orientiert zu sein und sprachen hochtürkisch. Als der Mann erfuhr, dass ein junger griechischer Student im Abteil nebenan saß, versuchte er mit ihm ins Gespräch zu kommen. Er ging deshalb im Korridor des Zuges auf und ab und stand plötzlich direkt vor dem Abteil, in dem der junge Grieche saß. Durch seine Körpersprache signalisierte er Gesprächsbereitschaft. Im Gegensatz zu ihm war seine Frau wenig gesprächig und machte einen zurückhaltenden und unfreundlichen Eindruck. Dieses Verhalten ist typisch für die Stellung der türkischen Frau in der muslimischen Gesellschaft, vor allem, wenn sich ein fremder Mann in ihrer Nähe aufhält.

Elefterios verspürte keine Lust, sich mit diesem Unbekannten zu unterhalten. Er hatte Zeitschriften und Bücher dabei und wollte sie ungestört lesen, obwohl der Lärm um ihn dies kaum zuließ. Außerdem waren ihm die vorbeirauschenden Landschaftsbilder spannender als ein ungewisses Gespräch.

Spät nachmittags ergab es sich doch, dass die beiden Männer ins Gespräch kamen. Der Türke erzählte ihm unaufgefordert von seiner Reise nach Deutschland. Er erzählte ihm, dass sein Sohn und seine Schwiegertochter im Ruhrgebiet wohnten. Das Ehepaar habe dort Arbeit gefunden. Schon häufig habe man sie besucht. Dabei lernten sie mehrere Städte in Deutschland kennen. Er zeigte sich von Deutschland und seinen Landstrichen sehr begeistert. Jetzt wollten sie wieder hinfahren, um ihr neugeborenes Enkelkind kennen zu lernen.

Im Gesprächsverlauf stellte sich bald heraus, dass sein Hauptanliegen war, den jungen Griechen auszufragen und ihn indirekt zu verletzen. Er wollte von ihm wissen, was er in Deutschland machen werde und warum er dahin fahre. Ferner interessierte es ihn, wie lange Elefterios in Deutschland bleiben und wann er wieder nach Istanbul zurückkehren werde.

Wäre das Zusammenleben zwischen Griechen und Türken friedlich und freundschaftlich gewesen, hätten solche direkten Fragen selbstverständlich keine besondere Bedeutung gehabt. Jedoch aufgrund der herrschenden feindlichen Atmosphäre verbargen diese Fragen schon einen sozialpolitischen und fanatischen Charakter. Allerdings waren derartige Fragen für Elefterios gar nicht fremd. Er wurde oft von Türken mit solchen Fragen in Istanbul konfrontiert. Prinzipiell wollten alle Türken wissen, was die griechische Minderheit vorhatte. Auf der anderen Seite waren solche „Recherchen" der Türken naiv und widersprüchlich, denn sie wollten ohnehin, dass diese Minderheit aus ihrem Land verschwindet. Alles waren oberflächliche Schwätzereien und vorgespielte Neugierde, jedoch keine ehrliche und offene Kommunikation.

Selbstverständlich erzählte der junge Grieche nichts von seiner eigentlichen Flucht. Seine Auskünfte beschränkten sich auf unverbindliche Feststellungen. Zum Schluss wurden ihm dieser Mensch und seine Neugier allmählich lästig. Denn dieser wollte von ihm ständig Persönliches und Privates erfahren, ähnlich dem Reporter einer Zeitung. Eigentlich sollte dieser Türke sich vorstellen können, dass sich der Grieche auf der Flucht befand. Denn zu dieser Zeit verließen vor allem junge Istanbuler Griechen in großen Scharen das Land.

Der junge Grieche erinnert sich, dass die einseitige Unterhaltung mit dieser türkischen Familie ständig ärgerlicher und stressiger wurde. Der Türke gab zynische und provokative Bemerkungen über die christliche Religion und über die Griechen in Istanbul von sich. Vor allem als der Zug an der griechischen Grenze stand, machte das Ehepaar absichtlich negative und herausfordernde Bemerkungen zu den griechischen Zollbeamten. Typisch war auch die Reaktion dieser Eheleute, als der Zug an Kirchen vorbei fuhr. Beide bemängelten, dass es nirgendwo Moscheen bzw., wortwörtlich, „schöne Minarette“ zu sehen gab. Diese Bemerkung war jedoch widersprüchlich, denn vorher hatte der Mann dem Griechen erzählt, dass er mit seiner Frau oft in Deutschland gewesen war. Infolgedessen sollten sie eigentlich gewusst haben, dass es in Europa zu diesen Zeiten noch nicht sehr viele Moscheen gab. Ferner erzählte die Ehefrau dem jungen Griechen, dass sie Minarette viel schöner als Kirchtürme empfände. In diesem Augenblick dachte der junge Grieche, wie lächerlich, primitiv und naiv doch die Äußerungen dieser Frau waren. Sie wollte lediglich provozieren und nebenbei eine Welt-Religion beleidigen. In diesem Zusammenhang überlegte sich Elefterios im Stillen, ob er irgendwann in seinem Leben, von irgendeinem Christen gehört hätte, dass dieser Kirchtürme besonders schön fände.

Einen ähnlichen Fall erlebte Elefterios einige Jahre später in Deutschland mit einem türkischen Geschäftsmann aus der Türkei. Damals arbeitete er als Werkstudent im Büro eines großen Pharmaunternehmens in Frankfurt am Main. Da er die türkische Sprache gut beherrschte, wurde er vom Personalbüro gelegentlich als Übersetzer oder Dolmetscher angefordert. Eines Tages wurde er beauftragt, einem türkischen Manager, der Produkte dieses Unternehmens in der Türkei vertrieb, bei dessen Besuch in Frankfurt am Main behilflich zu sein. Infolgedessen holte Elefterios diesen türkischen Gast zuerst vom Flughafen ab und begleitete ihn mit dem Taxi in die Firmenzentrale.. Dort sollten die geschäftlichen Besprechungen stattfinden. Als der Türke erfuhr, dass sein Begleiter ein Grieche war, erzählte er dem jungen Mann, dass er unterwegs kaum ein Minarett gesehen habe. Außerdem machte er unterschwellige negative Bemerkungen über die Griechen in Istanbul.

Selbstverständlich waren die Äußerungen, sowohl dieses Ehepaares als auch dieses türkischen Akademikers sehr provokativ und dumm. Aus dem Gesprächsinhalt konnte man den Fanatismus, die mangelnde Zivilisation und Weltanschauung deutlich erkennen. Für den jungen Griechen war es jedoch das Primitivste, was er von Türken, sogar außerhalb der türkischen Landesgrenzen, gehört hatte.

Solche fanatischen Äußerungen waren für diese Epoche typisch. Sie reflektierten deutlich den Hass und die feindlichen Gefühle der türkischen Bevölkerung gegen die Christen bzw. gegen die Griechen. Der junge Grieche reagierte auf die provokativen Äußerungen dieses Ehepaares sehr zurückhaltend und diplomatisch. Lieber wechselte er das Gesprächsthema. Schließlich hatte er viele Jahre in der Türkei gelebt und war auf solche Provokationen gegenüber seiner Ethnie sehr gut vorbereitet.

Nach so vielen Jahren denkt der junge Grieche gelegentlich an die Äußerungen dieses Ehepaares, und ebenso an das primitive Gespräch mit dem türkischen Manager. Leider ist dieser Umgang der türkischen Bevölkerung mit den restlichen noch in Istanbul lebenden Griechen – weniger als 1800 – immer noch unverändert. Medienberichten zufolge ist die politische und die soziale Lage der Minderheiten in Istanbul eher schlimmer geworden.

Anfangsziel des jungen Griechen war die Bundeshauptstadt Bonn am Rhein. Als der Zug endlich um 17.30 Uhr in den Bahnhof einfuhr, jubelte seine Seele vor Freude und vor Rührung. Am

Bahnsteig wartete niemand auf ihn außer der gewonnenen Freiheit, der Menschlichkeit, der Demokratie und der Zivilisation. Der Bahnhof war klein und relativ überschaubar. Um diese Tageszeit verkehrten ziemlich viele Züge. Im Bahnhof waren ein Kiosk und ein bis zwei kleine Läden. Dem jungen Mann fielen sofort die freundlichen Gesichter der Menschen, die Sauberkeit des Bahnhofes und die herrschende Ordnung und Disziplin auf. Da der Bahnhof nicht so viele Bahngleise hatte, war der Bahnhofsausgang nicht sehr weit von seinem Zug entfernt.

Am Bahnhof dachte er, wie gut es doch war, dieses menschenverachtende Land verlassen zu haben.
Mit sicheren und selbstbewussten Schritten verließ er den Bahnhof. Da der Zug um 17.30 Uhr ankam, konnte er die Bekannten, die er aufsuchen wollte, nicht mehr in ihrem Büro antreffen. Infolgedessen entschloss er sich, zuerst mit dem Taxi zu einem nahe gelegenen Hotel zu fahren. Eigentlich hatte er keine Vorstellung, was für eine Art von Hotel er suchen sollte. Er hatte gedacht, dass alle Hotels gleich wären. Außerdem war er von der Reise und von der emotionalen Aufregung sehr müde und angestrengt. Darüber hinaus meldete sich sein Magen ununterbrochen, denn er hatte den ganzen Tag kaum etwas gegessen und getrunken. Insofern war es ihm egal, zu welchem Hotel der Taxifahrer ihn fahren würde.

Mit zügigen Schritten betrat er die Eingangshalle. Durch seine Unwissenheit reservierte er ein Zimmer für eine Nacht, ohne sich vorher über die Art des Hotels zu erkundigen. Auf dem Weg von der Rezeption zu seinem Zimmer war ihm jedoch aufgefallen, dass in den Hotelgängen rote Lämpchen brannten. Das Zimmer befand sich in der zweiten Etage. Da seine Reisekoffer sehr schwer waren, fuhr er mit dem Aufzug zum zweiten Stock. Das Zimmer gefiel ihm gut. Der Wasserstrahl der Brause war kräftig und das Bett angenehm hart und groß genug. Er sehnte sich jetzt schon nach einem ruhigen und erholsamen Schlaf, da er zwei Nächte im Zug nicht gut hatte schlafen können. Nachdem er seine Reisekoffer ins Zimmer gebracht hatte, nahm er sich zuerst eine Dusche und wechselte die Bekleidung. Dann wollte er in die Stadt essen gehen. Das Wetter war warm und der Abend sehr angenehm. Da das Hotel einige Minuten von der Fußgängerzone entfernt war, lief er zu Fuß in die Stadt, um ein Restaurant aufzusuchen.

Es war bereits 19.30 Uhr. Die Straßen waren um diese Zeit ziemlich leer von Menschen, sodass er die Gegend besser betrachten konnte. Die Sauberkeit der Schaufester und der Straßen fielen ihm sofort auf. Er war von der Architektur der Häuser und den Bäumen in den Straßen angetan. Nach wenigen Schritten fand er ein Restaurant.

Nach dem Essen machte er einen kurzen Spaziergang in der Stadt, um seine Beobachtungen fortzusetzen. Da er jedoch ziemlich müde war, kehrte er bald zu seinem Hotelzimmer zurück, in der Hoffnung eine ruhige und entspannte Nacht zu verbringen.

Leider war die Nacht im Hotel sehr laut. Man hörte laute Musik, Lachen und zwischendurch auch „kräftiges“ Stöhnen … Die ganze Atmosphäre wurde ihm allmählich unheimlich und rätselhaft. Trotz seiner Müdigkeit und Aufregung konnte er die ganze Nacht nicht richtig schlafen. Bereits um 5.30 Uhr, in der Früh wurde er wach. Nach dem Duschen ging er gegen 6.30 Uhr zum Frühstücksraum. Überall im Hotel herrschte Ruhe. Zum ersten Mal in seinem Leben erlebte er ein Frühstücksbüffet mit so einer großen und reichlichen Frühstücksauswahl. Er wusste nicht, was er zuerst essen sollte und wie viel er davon nehmen durfte. Eine für ihn peinliche Situation. Zumindest schmeckte ihm das reichliche Angebot sehr gut.

Nach dem Frühstück wollte er eine Weile die Zeit in der Stadt verbringen, bis das Büro der Bekannten öffnete. Unterwegs bewunderte er alles, was er sah. Er versuchte, Vergleiche mit seinem Geburtsort Istanbul zu ziehen. Zu seiner Enttäuschung stellte er jedoch fest, dass ein Vergleich nicht möglich war. In Bonn herrschte eine total andere Atmosphäre. Allerdings konnte er gleich feststellen, dass die Menschen hier nicht so gelassen und ausgeglichen erschienen wie die Menschen in Istanbul.

Bald stand er im Büro seiner Bekannten. Der Empfang war sehr herzlich und freundlich. Als er erzählte, wo er die Nacht verbracht hatte, platzten die Leute fast vor Lachen. Elefterios staunte über diese „unhöfliche Reaktion" und dachte, dass seine sprachliche Formulierung vielleicht nicht in Ordnung gewesen wäre. Dann klärten sie in auf, dass dieses Hotel ein stadtbekanntes Bordell sei. Jetzt begriff er, warum die Nacht so laut war.

Vermutlich wollte der Taxifahrer ihm eine nette und gemütliche Nacht bieten ...

Der erste Eindruck von Bonn war für ihn sehr positiv. Obwohl er kein Wort Deutsch sprach, konnte er sich trotzdem durch seine guten englischen und französischen Sprachkenntnisse mit seinen neuen „Mitbürgern" gut verständigen. Es war ihm sofort aufgefallen, wie freundlich und hilfsbereit die Menschen hier zu den Fremden waren. Danach konnte er die herrschenden Vorurteile des Auslandes über die Deutschen nicht nachvollziehen. Er bekam den Eindruck, dass die Menschen sich um ihre fremden Gäste sehr bemühten. Natürlich nicht so wie der Taxifahrer ...

Dies waren also die ersten Eindrücke des jungen Emigranten in Deutschland.

5

Lebenserfahrungen im Ausland

Elefterios hatte zu Beginn seines neuen Lebens im Ausland manchmal gewisse Auseinandersetzungen mit sich selbst und seinen Gefühlen. Gewisse Entscheidungen, die er in seinem neuen Leben getroffen hatte, waren manchmal entweder zu euphorisch, wenig realistisch oder nicht ganz ausgereift. Er konnte zum Beispiel schwierige Situationen, die ab und zu auftraten, nicht richtig abschätzen, oder sie nicht mit dem notwendigen Einfühlungsvermögen lösen. Die Folge davon war, dass er später unerwartete und sogar bittere Enttäuschungen erlebte. Vielleicht waren diese Enttäuschungen der Grund dafür, warum er dann vielen Menschen gegenüber zu kritisch und zu vorsichtig reagierte. Sicherlich spielten bei seinem anfänglichen Verhalten auch manche sozialpolitische Faktoren, gesellschaftliche Prägungen und bestimmte Glaubenssätze aus der Vergangenheit eine gewisse Rolle. Zu diesen Faktoren gehörte auch die Erziehung, die er in seinem Elternhaus erfahren hatte und die Naivität sowie die mangelnden sozialen Kompetenzen der Gesellschaft, in der er aufwuchs. Dazu kamen noch seine fehlenden Lebens- und Berufserfahrungen, die dieses Verhalten weiter potenzierten.

Jugendliche, die in den fünfziger und den sechziger Jahren des vergangenen Jahrhunderts in einem orientalischen Land wie der Türkei, heranwuchsen, hatten gewisse soziale und intellektuelle Defizite im Vergleich zu den europäischen Jugendlichen. Gerade in einem Land, in dem die Ansichten, die Traditionen und die Mentalität der Menschen weit entfernt von den europäischen Werten waren, lässt sich eine solche Situation betreffend die Entwicklung der Jugendlichen gut vorstellen. Das Niveau der sozialen

Kompetenzen, die gesellschaftliche Bildung, die Intellektualität und die Reifung solcher junger Menschen waren niedriger angesetzt als die der europäischen Jugendlichen. Allerdings hatten die Jugendlichen aus den Minderheiten noch größere Probleme. Bei ihnen kamen die politische und die soziale Unterdrückung und Diskriminierung hinzu, die sie in der türkischen Gesellschaft fast täglich erlebten.

Der Countdown zu Elefterios' neuem Leben begann mit dem Signal des Zugführers zur Abfahrt des Zuges. Er denkt oft an die damalige schreckliche Zeit, an seine Flucht aus der Türkei, an den Verlust seiner Umgebung zurück. Er erinnert sich an den Tag, an dem er aus dem Orientexpress im Bahnhof von Bonn ausstieg, und mit welch positiven Gefühlen er den Boden dieser „neuen" Stadt betreten hatte.

Gleichzeitig denkt er auch an seine spontanen und unkritischen Einschätzungen und Beurteilungen, die er damals über die Menschen dieser Stadt gemacht hatte. Im Hotel, in dem er zum ersten Mal in Bonn übernachtete, konnte er am Anfang nicht richtig realisieren, dass dieses Hotel gleichzeitig auch anderen Zwecken diente. Auch die verschiedensten Typen von Menschen, die gesamte Atmosphäre hatte er damals nicht richtig eingeschätzt. Zum Glück ist ihm nichts Schlimmeres widerfahren, womit sein neues Leben bereits am Anfang seines Aufenthaltes mit der ersten Enttäuschung begonnen hätte.

Eines Tages wartete er geduldig auf den Linienbus in Richtung Stadtmitte. Dort warteten mit ihm weitere Personen auf den gleichen Bus. Als er sich umschaute, sah er, dass sich ihm plötzlich eine gut aussehende und offensichtlich gut situierte ältere Frau näherte. Elefterios dachte in diesem Moment, dass diese Frau ihn irgendetwas fragen wolle. Er hatte sie ganz freundlich begrüßt und war bereit, sich ihre Frage anzuhören. Als er jedoch später von dieser unbekannten „Dame“ erfuhr, dass sie von ihm statt einer Auskunft, lediglich etwas Sexuelles, Körperliches, Zärtliches verlangte, war er von seiner eigenen naiven Einschätzung überrascht und enttäuscht zugleich. Zum Glück kam in diesem Augenblick der Linienbus, sodass er sich ohne große Erklärungen und „Anstrengungen“ von dieser aufdringlich gewordenen Frau entfernen konnte.

In Bonn konnte er in einem katholischen Studentenwohnheim wohnen. Gerade in dieser Zeit hatten die Sommerferien der Universität Bonn begonnen. In den Semesterferien kamen immer ausländische Studenten aus verschiedenen Ländern nach Bonn, um als Werkstudenten zu jobben oder Deutschsprachkurse zu besuchen. So bekam er die Möglichkeit, Studenten aus verschiedenen Ländern der Welt kennen zu lernen. Im Studentenwohnheim lernte er einen jungen Inder kennen. Dieser studierte in London Ingenieur und jobbte in den Ferien in Deutschland. Er hatte seit einigen Jahren eine Brieffreundin aus Düsseldorf, die er jedes Jahr, wenn er in Deutschland war, besuchte. Er war sehr verliebt in sie und hatte nichts anderes im Kopf, als sie öfter anzurufen und mit ihr stundenlang zu plaudern.

Antonis, ein Theologiestudent aus Griechenland, kam ebenso jedes Jahr regelmäßig nach Bonn, um seine Deutschsprachkenntnisse zu verbessern. Er erwarb jede Woche die Wochenzeitung „Die Zeit“, studierte sie akribisch und freute sich jedes Mal, wenn er den Sinn eines neuen Satzes richtig verstanden hatte. Für Elefterios war die Begegnung mit diesem Theologiestudenten sehr interessant, denn er konnte von ihm einiges über Griechenland und über die Lebensweise dieses Landes erfahren. Leider war diese Freundschaft später abgebrochen, da der junge Grieche nach kurzer Zeit wieder nach Griechenland zurückkehrte.

Mit Larry, einen amerikanischen Studenten aus Pennsylvania, dauerte die Freundschaft länger, da er im Wintersemester an der Uni Bonn einige Vorlesungen besuchen wollte. Eines Tages ging Elefterios mit seinem Freund Larry und dessen amerikanischer Freundin in der Stadt spazieren. Bei einer Verkehrsampel, die Rot zeigte, wollten sie die Straße überqueren. In diesem Moment stand in der Nähe ein Polizist, den sie vorher nicht bemerkt hatten. Als die jungen Freunde bei Rot die Straße überqueren wollten, hielt dieser sie plötzlich an und wies sie auf die Verkehrsampel hin. Alle drei stellten sich dumm, als ob sie kein Wort Deutsch verstanden hätten. Der Polizist gab es bald auf, da er auch kein Wort Englisch konnte! Die drei Freunde hatten sehr gerne und sehr oft viel Freude miteinander.

Im Allgemeinen verliert man sehr schnell die Kontakte mit bestimmten Menschen, wenn man häufiger umzieht. Solche Erfahrungen hat der junge Grieche in seinem Auslandsleben oft gemacht. Er glaubt, dass die Entfernung bzw. solche Ortswechsel sogar die Beziehungen zwischen Eltern und Kindern negativ beeinflussen können.

Der junge Grieche arbeitete während des Sommersemesters als Werkstudent bei verschiedenen Firmen, um seinen Lebensunterhalt zu finanzieren. Nebenbei wartete er auf die Erteilung einer Arbeits- und Aufenthaltserlaubnis von den deutschen Behörden, damit er eine feste Arbeitsstelle finden könnte. Nach etwa zwei Monaten bekam er von den deutschen Behörden diese Erlaubnis. Seine Freude war unbeschreiblich. Endlich konnte er in Deutschland bleiben und seine Lebens- bzw. Zukunftsziele realisieren. Er wollte zuerst Geld ansparen und danach sein an der Universität in Istanbul unterbrochenes Studium in Deutschland fortsetzen.

Die deutschen Behörden waren ihm gegenüber sehr freundlich und nett. Damals war dieses politische Desaster in Istanbul, nämlich die Vertreibung und Terrorisierung der griechischen Minderheit, den deutschen Behörden sehr gut bekannt. Infolgedessen waren die Behörden zu ihm besonders verständnisvoll und behilflich.

Nach dem Erhalt der Arbeits- und Aufenthaltserlaubnis konnte er eine Stelle in Leverkusen bei einer deutschen Weltfirma antreten. Er sollte zuerst als Arbeiter in einem Kontroll-Labor arbeiten und in einem Wohnheim des Unternehmens billig wohnen. Die Arbeit war nicht sehr anstrengend. Er arbeitete sehr gern in dieser Abteilung und verstand sich mit seinen Arbeitskollegen sehr gut. Die meisten in dieser Abteilung waren Deutsche. Für Elefterios war es sehr vorteilhaft, denn er konnte sich mit der deutschen Sprache intensiver befassen und die Eigenschaften und Umgangsformen der Deutschen besser kennen lernen.

Die Arbeit im Werk begann morgens um 7.00 Uhr und endete um 16.00 Uhr am Nachmittag. Da der junge Grieche bis dahin keine Erfahrungen in einem großen Unternehmen hatte, war für ihn am Anfang diese Arbeitszeit ziemlich anstrengend und mühsam. Nach der Arbeit fühlte er sich so müde und fertig, dass ihm die Kraft für den Besuch eines Deutschsprachkurses in den Abendstunden fehlte. So versuchte er durch Selbststudium, autodidaktisch anhand einer Sprachmethode, sich die deutsche Sprache beizubringen. Nach einer kurzen Zeit fing er an gebrochenes Deutsch zu sprechen und er konnte jetzt auch die Menschen besser verstehen.

Die Tage vergingen für ihn sehr monoton und unkreativ. Obwohl er sich allmählich mit den Kolleginnen und Kollegen am Arbeitsplatz besser verständigen und bis dahin sogar Zeitung lesen konnte, blieb sehr wenig Zeit übrig, um etwas Kreatives zu schaffen und Kulturelles zu unternehmen. Die Wochenenden vergingen ebenso ungestaltet, unmotiviert, monoton und schnell vorbei. Außerdem war alles für ihn so fremd und ungewöhnlich, dass er zuerst noch mit der Anpassung an seine neue Umgebung kämpfen musste.

Nach kurzer Zeit beherrschte er seine Aufgaben. Sein Vorgesetzter war mit seiner Leistung sehr zufrieden. Er teilte ihm immer wieder neue Aufgaben zu, da er gesehen hatte, dass Elefterios alles sehr gut, gewissenhaft und vorschriftsgemäß erledigen konnte. Das war für den jungen Griechen eine gute Motivation und für seine Psyche eine angemessene „Belohnung".

Mit seiner freundlichen und kommunikativen Art wurde er von allen Kollegen in kurzer Zeit akzeptiert. Sie waren sehr freundlich ihm gegenüber, nett, behilflich und kollegial. Allerdings war dieses freundliche und kollegiale Verhalten seiner Kolleginnen und Kollegen nur auf die Dienstzeit beschränkt. Obwohl alle wussten, dass er an den Wochenenden und Feiertagen allein war, wagte keiner der Kollegen, ihn einmal privat einzuladen. Dies veranlasste ihn damals schon, sich mit den diesbezüglichen Umgangsformen der Deutschen auseinanderzusetzen. Selbstverständlich vermisste er eine solche Einladung nicht unbedingt, trotzdem war diese Umgangsform für ihn völlig fremd und ungewöhnlich.

Während dieser Zeit in Leverkusen hatte er gelernt, wie sich das Alltagsleben in einer Fabrik gestaltet. Er betrachtete es als hart und monoton. Im Gegensatz zu früher in Istanbul war alles für ihn hier nicht mehr so einfach. Früher hatte er sich um vieles nicht zu kümmern brauchen. Allerdings lernte er in seinem neuen Leben, mehr Verantwortung für sich selbst und für sein Leben zu tragen. Außerdem war dieser neue Lebensrhythmus für ihn nicht ganz so unangenehm, wie es andere Ausländer empfanden. Ferner lernte er daraus, dass im Ausland hart gearbeitet wird und für das Privatleben, vor allem unter der Woche, kaum freie Zeit zur Verfügung steht. Er erfuhr neue soziale Kompetenzen und gewann neue gesellschaftliche Werte. Er wusste schon, dass alles, was der Mensch neu erfährt, nicht immer vorteilhaft ist. Trotz allem hielt er immer an der Realisierung seines Zieles fest. Mit dieser positiven Einstellung konnte er die „harte“ Zeit in seiner neuen Heimat besser überstehen.

Der junge Grieche stellte fest, dass die Straßen in der Stadt bereits ab 5.00 Uhr morgens voll mit Menschen waren. Er fragte sich, wann diese Menschen abends ins Bett gehen mussten, um so früh aufstehen zu können, und was diese Leute überhaupt vom Leben übrig hatten. Ferner fragte er sich oft, ob diese Lebensführung für die Menschen eine Lebensqualität darstellte und wie sie den Sinn ihres Lebens definierten. Er beschäftigte sich am Anfang seines Aufenthaltes in Deutschland oft mit solchen Fragen und Gedanken. Er bedauerte jedoch sehr, dass er die deutsche Sprache noch nicht so gut genug beherrschte. Dies war für ihn ein Anreiz, sich noch mehr anzustrengen, um die Landessprache schneller zu erlernen.

Im Wohnheim lernte er einen Italiener aus Sizilien namens Giuseppe kennen. Sie verstanden sich beide sehr gut. An den Wochenenden unternahmen sie gelegentlich Ausflüge zusammen, oder gingen ins Kino. Allerdings dauerten diese gemeinsamen Unternehmungen nicht lang. In der Küche des Wohnheimes arbeitete eine relativ junge und attraktive Frau aus dem damaligen Jugoslawien, die Giuseppe sehr gut gefiel. Als seine Gefühle für diese Frau sich steigerten, ergriff Giuseppe die Initiative, um sie zu erobern. Dieses Balzverhalten von Giuseppe fand Elefterios sehr lustig und amüsant, denn der junge Italiener erzählte ihm ausführlich alles, was er wegen dieser Frau unternahm. In kurzer Zeit war es so weit. Offensichtlich fruchteten die Anstrengungen und Manöver von Giuseppe. Seit seiner „Eroberung“ war Giuseppe ständig mit dieser Frau zusammen, sodass er kaum mehr Zeit hatte, auch mit Elefterios etwas zu unternehmen.

Das Zimmer, in dem mehrere junge Männer zusammenwohnten, war groß und hatte große Fenster, sodass tagsüber viel Licht hereinkam. Obwohl jeder von diesen jungen Menschen einen eigenen Spind besaß, bestand trotzdem die Gefahr des Diebstahls, da im Zimmer alles offen war. Trotz der sehr guten Aufsicht seitens der Heimleitung kamen leider solche Fälle vor. Hin und wieder erlebte man zwangsläufig auch den Besuch von Polizeibeamten … Am Anfang war für Elefterios, der so ein Leben vorher nicht kannte, das Wohnen in einem Wohnheim, sehr schwierig und anstrengend. Eines Tages gab es im Zimmer eine Schlägerei. Ein Deutscher hatte Giuseppe wegen seiner Herkunft als Sizilianer und wegen seiner Körpergröße schwer beleidigt. Da sich Giuseppe in seiner Ehre schwer verletzt fühlte, entschloss er sich, seinem Angreifer eine Lektion zu erteilen. Er hatte einen Plan konstruiert, womit er ihm zeigen wollte, was es heißt, ein Sizilianer zu sein. Am nächsten Abend, bevor der Deutsche ins Wohnheim kam, legte er in dessen Bett einen großen Wecker unter die Decke. Als der junge Deutsche um Mitternacht ins Wohnheim zurückkam, wollte er im Dunkeln in sein Bett steigen. Plötzlich begann der Wecker unter seinem Hintern sehr laut an zu klingeln. Außerdem tat er sich dabei noch ordentlich weh. Offenbar ahnte er, dass der Täter Giuseppe sein könnte und stürzte sich plötzlich auf ihn. So fing eine harte Schlägerei zwischen den beiden jungen Männern an. Durch diesen Krach wurden die Bewohner des ganzen Wohnheims wach. In wenigen Minuten kam auch die Polizei, um die Schlägerei aufzunehmen und die jungen Männer wieder zur Ruhe zu bringen. Nach diesem Ereignis bekam Giuseppe ein anderes Zimmer.

Die Luft in Leverkusen war durch die Abgase der Farbenfabrik Bayer AG (damals hieß das Werk so) sehr ungesund und oft unerträglich. Es gab Tage, wo man im Mund die Farben schmeckte. Man hätte, ohne Übertreibung, eine Mundmaske tragen müssen, um diesen Geschmack zu vermeiden. Besonders in den Wintermonaten war die Luft sehr schlecht und der Himmel oft, durch die hoch steigenden Wolken aus den Fabrikkaminen, trüb und bedeckt.

Nach ca. sieben Monaten entschloss sich Elefterios, mit dem angesparten Geld sein in Istanbul unterbrochenes Studium an der Universität in Mainz fortzusetzen. Infolgedessen zog er von Leverkusen nach Mainz, diesmal in ein Studentenheim. Zuerst belegte er einen Deutschkurs für Ausländer. Nach einem intensiven Studium von etwa drei Monaten gelang es ihm, die Prüfung in deutscher Sprache für Ausländer erfolgreich zu bestehen und das Recht auf einen Studienplatz zu erlangen. Um seinen Lebensunterhalt weiter zu finanzieren und sein angespartes Geld möglichst wenig zu verbrauchen, arbeitete er neben dem Deutschkurs stundenweise. Er hatte in einer Fabrik bei Mainz einen Job als Werkstudent gefunden. Sowohl bei der Arbeit als auch auf der Universität machte er viele Bekanntschaften aus unterschiedlichen Ländern der Welt. Viele Studenten, die den Deutschkurs besuchten, kamen aus den afrikanischen und den arabischen Ländern. Auf diese Weise konnte er dabei auch verschiedene Kulturen kennen lernen. Alle Kursteilnehmer waren sehr kommunikativ, sehr freundlich und hilfsbereit untereinander. In der Freizeit trafen sie sich entweder im Wohnheim oder in der Cafeteria der Universität und verbrachten ihre Zeit gemeinsam. Entweder besuchten sie Kinos und kulturelle Veranstaltungen oder sie machten lange Spaziergänge und plauderten stundenlang über die Eigenschaften ihrer Heimatländer oder über verschiedene kulturelle und politische Themen.

Obwohl die Zeit in Mainz für Elefterios sehr angenehm und interessant war, stellte er leider bald fest, dass das angesparte Geld für ein Vollstudium nicht ausreichte. Deshalb entschloss er sich erneut, nach der Prüfung in deutscher Sprache für zwei weitere Jahre ohne

Unterbrechung weiter zu arbeiten, um genügend Geld anzusparen. Auf diese Weise fand er einen neuen Arbeitsplatz bei der Höchst AG in Frankfurt am Main in einem biologischen Labor, wo ihm seine diesbezüglichen Kenntnisse gleichzeitig zugute kamen.

In Frankfurt nahm er sich als Untermieter ein Zimmer bei einer sehr netten deutschen Familie. Die tägliche Fahrt mit der Straßenbahn von Frankfurt/Main nach Höchst dauerte hin und zurück etwa 2.30 Stunden, und sie war für ihn am Anfang ziemlich anstrengend. Er musste jeden Tag um 4.30 Uhr aufstehen, um mit der Straßenbahn zu der Arbeit zu gelangen. In Frankfurt konnte er sowohl Freundschaften als auch das Stadtleben besser genießen. Dort traf er zufällig zwei frühere griechische Klassenkameraden aus Istanbul und unternahm mit ihnen verschiedene Aktivitäten. Er lebte sich dort sehr gut ein. Die Stadt wurde für ihn seine zweite Heimat. Allmählich fühlte er sich wohler und sicherer, da er inzwischen die deutsche Sprache besser sprach. Auch die Arbeit im Labor machte ihn sehr viel Spaß. Seine Kollegen waren ebenso sehr angenehme und kommunikative Menschen. Im Allgemeinen war das Arbeitsklima freundlich und für ihn äußerst sympathisch.

Frankfurt gefiel ihm selbstverständlich besser als Leverkusen. Hier in Frankfurt konnte er ein qualitativ besseres Leben führen. Als Untermieter in einer gebildeten deutschen Familie konnte er seine Deutschsprachkenntnisse verbessern und vertiefen. In dieser Stadt lernte er neben diesen beiden Freunden auch andere Menschen näher kennen. Bei einem Sonntagsausflug mit dem Dampfer am Main traf er plötzlich ein Ehepaar aus seinem Wohnviertel in Istanbul. Diese Eheleute waren sehr nette Nachbarn gewesen und hatten genau schräg gegenüber seinem Elternhause gewohnt. Das unerwartete Treffen löste sowohl bei ihm als auch bei diesem Ehepaar große Freude aus. Immer mehr baute er seinen Freundes- und Bekanntenkreis aus.

In seinem Unternehmen hatte er innerhalb des Personalbüros einige Aufgaben zusätzlich übernommen. Er erledigte oft Übersetzungen aus dem Türkischen ins Deutsche für die türkischen, sowie Griechisch ins Deutsche für die griechischen Fremdarbeiter. Hin und wieder arbeitete er im Personalbüro für Angelegenheiten der griechischen Arbeitnehmer und später vertrat er sogar den griechischen Sozialarbeiter während dessen Urlaub.

Wie er ausgerechnet hatte, könnte er in zwei Jahren das Geld für das Studium zusammensparen und sein unterbrochenes Studium an der Universität in Frankfurt am Main fortsetzen. Er hätte sogar die Möglichkeit gehabt, statt Biologie, die Fächer Medizin oder Pharmazie zu studieren. Allerdings hätte er in den Semesterferien etliche Praktika belegen müssen, falls er sich für das Studium der Medizin oder Pharmazie entschieden hätte. Da er jedoch in den Ferien unbedingt, wegen der Finanzierung seines Studiums, arbeiten musste, konnte er sich lediglich für das Studium Biologie entscheiden. Er brauchte für dieses Studium in den Semesterferien keine Praktika zu machen.

Im Jahr 1967 bekam er an der Johann Wolfgang Goethe-Universität in Frankfurt am Main einen Studienplatz. Im Wintersemester des gleichen Jahres fing er an zu studieren. Leider wurden die sieben Semester an der Universität in Istanbul von der Universität in Frankfurt/Main nicht voll anerkannt. Deshalb musste er bis zum Diplom noch fünf weitere Semester studieren. Später stellte er jedoch fest, dass die Verzögerung des Abschlusses für sein späteres Berufsleben vorteilhaft war. Deswegen musste er diese Verlängerung des Studiums nicht bereuen.

Das Studium an der Universität in Frankfurt am Main machte ihm viel mehr Spaß als das Studium in Istanbul. Zudem waren die deutschen Kommilitonen mit denen in Istanbul sicherlich nicht zu vergleichen. Im Allgemeinen war die Qualität des Studiums in Frankfurt am Main viel gehobener als an der Universität in Istanbul. Das Studium in Frankfurt am Main war zwar schwieriger als in Istanbul, jedoch waren die Qualität der Vorlesungen und die Zahl der angebotenen Praktika sowie das wissenschaftliche Programm sehr anspruchsvoll. Man konnte weitaus mehr Fächer belegen und wesentlich mehr wissenschaftliche Kenntnisse erwerben. Die Praktika waren nicht nur interessant, sondern auch sehr fachbezogen und im Vergleich zu der Istanbuler Universität qualitativ fördernd. Er erwarb sehr fundierte wissenschaftliche Kenntnisse in den Fächern Biologie, Biochemie und Physik. Diese Kenntnisse halfen ihm später im Berufsleben sehr. Insofern war er froh, dass er sein Studium in Deutschland absolvieren konnte.

Frankfurt am Main ist eine große deutsche Metropole, ein Zentrum der Wissenschaft, der Wirtschaft, des Industrie- und Finanzhandels und eine Stadt der Großbanken. In dieser Stadt sitzen die Europäische Zentralbank und die bekannte Johann Wolfgang Goethe-Universität. Die Stadt von Goethe bietet viele Sehenswürdigkeiten, Museen, Ausstellungen, Veranstaltungen, Theater, Kinos, Freizeitmöglichkeiten und vieles mehr an. Zum Beispiel der Main mit seinen schwimmenden Restaurants und Cafés, die in den Sommermonaten der Stadt ein sehr schönes Bild verleihen. Dann der bekannte Stadtteil Sachsenhausen mit seinem studentischen Flair und seinen zahlreichen Kneipen. Der bekannte Frankfurter Dom, die ebenso weltbekannte Frankfurter Paulskirche, in der jährlich der Friedenspreis des deutschen Buchhandels und der Goethepreis der Stadt Frankfurt verliehen werden. Zu dem Profil dieser Weltstadt gehören der historische Römerberg, die vielen historischen Kirchen, die weltberühmte Buchmesse, die internationale Automobilausstellung, der bekannte botanische und zoologische Garten, das Naturmuseum und das Forschungsinstitut Senckenberg, der weltbekannte Flughafen, die zahlreichen Einkaufsmöglichkeiten und vieles mehr.

Die Wochenenden vergingen für Elefterios überhaupt nicht langweilig. Er ging oft ins Kino oder ab und zu ins Theater, besuchte oft Freunde und machte Ausflüge mit Freunden oder allein entlang des Mains. Gelegentlich besuchte er Museen, machte lange Spaziergänge in der Stadt und gestaltete seine Freizeit in vielfältiger Weise. Eines Tages begegnete ihm in einem Caféhaus eine junge und interessante Frau, die fortan sein Leben erfreuen und bereichern sollte.

Frankfurt wurde Platz neuer Erfahrungen und Erkenntnisse. Dabei konnte er die Deutschen aus verschiedenen beruflichen, sozialen und gesellschaftlichen Schichten gründlicher kennen lernen. Diese Erfahrungen wuchsen durch die unterschiedlichen Tätigkeiten, die er in dieser Stadt ausübte. Sie erweiterten und ergänzten seine bisherigen Erfahrungen, die er an anderen Orten in Deutschland gemacht hatte. Zuerst war er als Arbeiter knapp fünf Jahre lang bei zwei unterschiedlichen weltbekannten Firmen und bei kleineren Unternehmen beschäftigt. Dort lernte er die Einheimischen sowohl als Arbeiter als auch als Angestellte und Akademiker kennen. Später arbeitete er in verschiedenen Büros anderer Unternehmen, wo er überwiegend auf das mittlere Management traf. Als Werkstudent wiederum begegneten ihm Menschen der unterschiedlichsten gesellschaftlichen Schichten. An der Universität hatte er mit Studenten und mit Hochschullehrern zu tun.

Anschließend war er etwa fünf Jahre lang als Gymnasiallehrer an einem deutschen Gymnasium tätig. In späteren Jahren arbeitete er in der Forschung. Dort konnte er wiederum andere soziale Schichten näher beobachten. Abschließend hatte er über 23 Jahre lang eine leitende Position in der Industrie, wo er als Manager die oberste Hierarchie der deutschen Unternehmen näher kennenlernen konnte.

Alle diese Tätigkeiten bereicherten seine Berufs- und Lebenserfahrungen enorm. Dabei erwarb er zahlreiche neue Werte und soziale Kompetenzen. Eigentlich erfüllten alle diese Erfahrungen sein Leben nicht. Aus diesem Grund wollte er sich neue Lebensstationen erschließen.

6

Ein neuer Lebensabschnitt

Die persistierende politische und soziale Situation in der Türkei hatte den jungen griechischen Studenten gezwungen, sich von seiner „Heimat", von seinem Geburtsort, von seinen familiären Wurzeln zu trennen und ins Ausland zu emigrieren.

Das griechische Volk hatte in der Türkei fortwährend auch in den fünfziger und den sechziger Jahren Schikanen, Diskriminierungen, Erpressungen, Terror, körperliche Überfälle erleiden müssen. Diese verheerenden Lebensbedingungen lösten einen „Vertreibungszwang" sowohl für die junge griechische Generation als auch für die älteren Griechen aus. Alle Griechen wollten möglichst schnell, bevor ihr Leben in Gefahr geriet, das Land verlassen. Außerdem gab es für die griechische Minderheit in Istanbul keine Zukunftsperspektiven mehr. Bereits nach der Pogromnacht vom 6./7. September 1955 begann für die gesamte griechische Minderheit in Istanbul die massenhafte Migration. Diese Nacht und die nachfolgenden Ereignisse waren ein großes Alarmsignal, eine unmissverständliche Mahnung an die Istanbuler Griechen. Denn ihr Vertrauen zu den Türken war damit endgültig zerstört.

Offenbar hat dieser völkerverachtende Überfall auf die griechische Minderheit im September 1955 der türkischen Regierung noch nicht gereicht. Kurz danach wurde erneut Druck auf die verbliebenen Griechen ausgeübt. Zeitungen, die sich kritisch zu den aktuellen Ereignissen äußerten, wurden geschlossen und ihre Redakteure verhaftet. Der Reporter der griechischen Zeitung „Ethnos" wurde verhaftet, gefoltert und später ausgewiesen. Gleiches Schicksal erlitten zahlreiche Funktionäre der griechischen Gesellschaft, sie wurden mit dem unbegründeten Vorwurf des „Landesverrats“ und der „Spionage“ ausgewiesen.

Für diesen massenhaften Exodus und für alle Grausamkeiten, die diese christliche Volksgruppe in der Türkei seit Jahrhunderten erleiden musste, haben sowohl die Weltöffentlichkeit als auch die Großmächte kein sonderliches Interesse gezeigt. Die Großmächte haben lediglich dafür gesorgt, dass ein Krieg zwischen den beiden NATO-Partnern Griechenland und Türkei möglichst nicht zustande kommt – und, dass ihre wirtschaftlichen und militärisch-strategischen Vorteile und Interessen nicht beeinträchtigt werden. Bekanntlich besitzt die Türkei eine wichtige strategische Bedeutung für die USA. Selbstverständlich hat diese „politische Aphasie“ der Großmächte die Türkei noch mehr ermutigt und gestärkt. Sie hat sogar ermöglicht, ungehindert die Vernichtungsvorhaben gegen die griechische Minderheit und gegen das Christentum fortzuführen, um den geplanten Türkenstaat zu realisieren.

Elefterios hatte in Istanbul zuverlässige deutsche Bekannte, die sich bereit erklärt hatten, ihm zu helfen. Die Begegnung mit deren Freunden in Deutschland war für den fremden „Einwanderer“ eine große Erleichterung und Motivation, zumindest für den Beginn seines neuen Lebens im Ausland. Außerdem besaß der junge Grieche eigene Motivation, Kraft, Lebensbegeisterung und Selbstüberzeugung. Alle diese Eigenschaften gaben ihm zusätzlich noch mehr Dynamik und Energie bei seinen Anstrengungen im neuen Leben. Er hatte von vornherein an seinen Erfolg in der neuen Wahlheimat geglaubt. Alle Schwierigkeiten, denen er im Leben begegnete, betrachtete er als eine lösbare und überwindbare Herausforderung. Diese Einstellung hat ihm für seinen Erfolg sehr genutzt. Ein einmonatiger Aufenthalt in Paris hatte zudem seine Lebenseinstellung noch mehr gestärkt. Dort hatte er gelernt, wie er sein Leben in den Griff bekommen kann und wie er idealerweise handeln müsse. Dort lernte er, wie wichtig die Selbstverantwortung und die Selbstentscheidung für die „Steuerung“ des eigenen Lebens sind. Nach seiner Rückkehr aus Paris bezog er eine Unterkunft in einem katholischen Jugendheim in Bonn und nahm eine Teilzeitarbeit in einer Limonadenfabrik als Werkstudent an. Da das Geld für seinen Unterhalt nicht ausreichte, arbeitete er an den Wochenenden als Tellerwäscher. Gleichzeitig belegte er an der Bonner Universität einen Kurs „Deutsch für Ausländer“.

Seine spärliche Unterkunft und die Teilzeitarbeiten stellten für ihn eine vorübergehende Lösung als ersten Sprung in die „Unabhängigkeit“ und ins Berufsleben dar. Sein Ansinnen war, eine reguläre Arbeit für zwei bis drei Jahre zu finden, um Geld zu sparen, damit er sein unterbrochenes Studium in Deutschland fortsetzen konnte. Eine entsprechende Arbeit zu finden, war in den sechziger Jahren kein großes Problem. Da er als Student eingereist war, musste er jedoch zuerst über eine Arbeits- und eine Aufenthaltserlaubnis verfügen.

Selbstverständlich war den deutschen Behörden die Verfolgung der griechischen Minderheit in der Türkei bekannt. Aufgrund dessen konnte in kürzester Zeit eine Arbeits- und Aufenthaltserlaubnis von den deutschen Behörden ausgestellt werden. Ebenso verschaffte ihm die griechische Botschaft einen griechischen Reisepass. Der Erwerb des griechischen Reisepasses bedeutete für Elefterios eine seelische Befreiung, denn es war für ihn demütigend, mit einem türkischen Reisepass zu leben. Er erinnert sich immer wieder gerne an die Freude, die er verspürte, als er seinen griechischen Reisepass entgegennahm und den türkischen mit eigenen Händen vernichtete.

Im Jugendheim in Bonn gab es oft heftige Auseinandersetzungen zwischen den Jugendlichen, denn einige gebärdeten sich äußerst aggressiv und asozial. Der Polizei waren diese Probleme nicht fremd. Die Jugendlichen waren entweder berufstätig, oder sie besuchten noch die Berufsschule. Die meisten von ihnen kamen aus sozial schwachen Verhältnissen. Da Elefterios die deutsche Sprache damals noch nicht so gut beherrschte, konnte er über die genaue Herkunft dieser Jugendlichen nicht sehr viel erfahren. Auf Grund dieser Situation war die gesamte Atmosphäre für ihn nicht sehr angenehm. Er fühlte sich oft unwohl und unglücklich. Obwohl er nicht gut Deutsch sprechen konnte, bekam er trotzdem mit, dass der Hausmeister dieser Einrichtung ein ehemaliger Nazi war, und dass diese Jugendlichen große Angst und Respekt vor ihm hatten. Zugegebenermaßen war dieser Mann ihm gegenüber sehr freundlich, aufmerksam und hilfsbereit. Die beiden Männer verstanden sich. Wegen seiner Tätigkeiten hielt sich Elefterios tagsüber fast kaum im Wohnheim auf. Trotz dieser Umstände war er von den Jugendlichen weder bestohlen noch angegriffen worden. In diesem Heim wohnte er etwa vier Monate. Während dieser Zeit versuchte er intensiv, die deutsche Sprache zu erlernen. Dafür hatte er sich in einer Buchhandlung eine erfolgsversprechende, pädagogisch/didaktisch sehr gut konzipierte Methode zum Deutschlernen erworben. Diese Sprachmethode bereitete ihm viel Freude.

Die eigentliche Provinzstadt Bonn gefiel ihm sehr gut. Da er aus einem orientalischen Land kam, in dem die Freiheit der Minderheiten deutlich eingeschränkt wurde, fand er die Bevölkerung hier besomders aufgeschlossen und freundlich. Er konnte sich mit jungen Menschen in Englisch oder in Französisch, ohne Vorbehalte, unterhalten und mit ihnen über die verschiedensten Themen offen diskutieren. An dieser Stelle muss vermerkt werden, dass im damaligen Bonn ein ganz unterschiedlicher Personenkreis wohnte. Bonn war nicht nur eine Universitätsstadt, sondern damals auch die Bundeshauptstadt. Hier lebten Angehörige vieler in- und ausländischer Vertretungen und Behörden, wie auch zahlreiche Studenten aus unterschiedlichsten Ländern. Infolgedessen war sie eine kosmopolitische, weltoffene Stadt mit einer entsprechenden Toleranz und Liberalität gegenüber fremden Nationen. Als der junge Grieche später in anderen Städten wohnte, konnte er den Unterschied zu Bonn und zu seinen Bürgern deutlich feststellen.

Obwohl noch sprachliche Defizite bestanden, begriff er dennoch die Eigenarten und die Körpersprache der Deutschen: Deren Pünktlichkeit, die Sauberkeit und die Distanz gegenüber Fremden, welche er als einen Selbstschutz interpretierte, eine oftmals übertriebene Höflichkeit und nicht zuletzt ihre Einsamkeit. Alle diese Eigenschaften und Besonderheiten fielen ihm auf. Da er aus einer stark belebten Großstadt kam, waren für ihn die abendlichen leeren Straßen eher ungewohnt. Er verglich dies mit dem „ausgestorbenen" Leben in der Wüste. Als er jedoch nach einigen Jahren die Lebensweise und die Lebensführung der Deutschen näher kennen gelernt hatte, konnte er besser verstehen, warum die einsamen Straßen nach Ladenschluss von den Deutschen nicht bedauert wurden. Auch stellte er fest, dass die Menschen in Deutschland gerne allein leben, aber auch oft einsam sterben.

An dieser damals gemachten Erfahrung hat sich bis heute nichts Wesentliches geändert. Die Zahl der Singles hat heute eher zugenommen. Die Medien berichten immer wieder, dass ältere Menschen oft längere Zeit tot in ihren Wohnungen aufgefunden werden. Das ist ein gesellschaftliches Problem, das mit vielen sozialpolitischen Faktoren in Verbindung gebracht werden muss.

Als Kind hatte er schon immer den Wunsch, fremde Menschen, Nationen und Sprachen kennen zu lernen. Es hatte ihn immer interessiert, wie andere Menschen leben, denken, miteinander verkehren; wie fremde Kulturen sich darstellen, wie fremde Länder aussehen. Diese Xenomanie war bei ihm als Jugendlichem stark ausgeprägt. Vielleicht war das der tatsächliche Grund dafür, weshalb er zunächst nach Nordeuropa und nicht direkt nach Griechenland auswandern wollte.

Die ersten Jahre im Ausland fühlte er sich so, als ob er im Turm von Babylon lebte. Später schloss er schnell Freundschaften mit Menschen aus unterschiedlichen Nationen, sowohl auf der Uni als auch in den Fabriken, in denen er tätig war. Dabei lernte er auch andere Kulturen, meist jedoch mehr oberflächlich, kennen. Er lebte wie ein ahnungsloses, naives, frisch geborenes Kind in einer Gesellschaft, die er am Anfang vielleicht nicht richtig einzuschätzen vermochte.

Im Laufe der Zeit, nachdem er die deutsche Sprache besser beherrschte, konnte er auch die deutschen Zeitungen lesen und verstehen. Er konnte mit den Deutschen verbal kommunizieren, die Lebensführung, die Traditionen und die Sitten der Deutschen begreifen. Erst dann erkannte er, dass er sich in einem Land befand, in dem die Menschen gegenüber fremden Nationen eine gewisse Distanz zeigen. Trotzdem war er mit dem Lebensstil und der Lebensweise seines Gastlandes sehr zufrieden.

Wenn der junge Grieche in den späteren Jahren an den Tag seiner Abreise aus Istanbul und an den unfreiwilligen Abschied zurückdenkt, vergleicht er diese Trennung gerne mit der Geburt eines Kindes. Ein Kind, das den Leib seiner Mutter notgedrungen verlassen muss, um sich in ein fremdes Milieu zu begeben! Dort beginnt es, in einer fremden, nicht sterilen Welt mit neuen Eindrücken und neuen Lebensbedingungen heranzuwachsen. Seine innere Uhr tickt nun mit anderen, intensiveren Tönen als im Mutterleib. Manchmal fragt er sich im Stillen, ob das Leben außerhalb der Heimat, in einem fremden Land, überhaupt Vorteile bringt und wenn ja, welche diese konkret wären. Er philosophierte oft über das Leben im Ausland und stellte entsprechende Fragen. Einige davon:

- Ist das Ausland eine Bereicherung oder eine langsam wachsende Geschwulst, die den Gesundheitszustand des betroffenen Menschen allmählich beeinträchtigt?
- Bedeutet das Leben im Ausland eine gewisse „versteckte" Isolation, verbunden mit Einsamkeit, oder ist es mehr eine Herausforderung?
- Hat der Aufenthalt eines Ausländers auch ein „Verfallsdatum" oder kann man uneingeschränkt dort leben?
- Welche Maßnahmen sollte ein Ausländer treffen, um den Nachteilen bzw. den „Nebenwirkungen" des Landes rechtzeitig vorzubeugen? Oder gibt es überhaupt präventive Maßnahmen, die unter dem Begriff „Prävention im Ausland" zu finden sind?

Der Einwanderer glaubt, dass das Leben im Ausland neben den vielen persönlichen und beruflichen Vorteilen auch zahlreiche seelische Belastungen und gesundheitliche Nachteile mit sich bringt. Bedingt durch die fehlenden sprachlichen, kulturellen und sozialen Kompetenzen, entsteht bei ihm im übertragenen Sinne eine innere Vereinsamung, die zum Auftreten von sozialen und psychosomatischen Problemen führen kann. Diese Einsamkeit vergleicht er mit einem Vakuum, in dem er schwebt. Wenn diese Probleme nicht rechtzeitig erkannt und eliminiert werden, könnten sie eines Tages als körperfremde Katalysatoren bzw. Enzyme fungieren und zur Entstehung psychischer und / oder organischer Krankheiten führen. Elefterios denkt bis heute über die „Nebenwirkungen" des Lebens im Ausland nach. Man muss eine starke Persönlichkeit sein, ein unbeugsames Selbstwertgefühl besitzen, über eine unerschöpfliche Energie und Mut verfügen und eine große Toleranz besitzen, um die Auswirkungen dieser „Nebenwirkungen" zu überstehen bzw. überleben zu können.

Das ist das Ergebnis seiner Überlegungen, die er nach fast fünfzigjähriger Auslandserfahrung getroffen hat.

Ein türkischer Soldat sagte dem Fotografen dieser Aufnahme: „Gestern haben sie uns aufgefordert, ohne Uniformen mit zu zerstören und heute ordnen sie uns als Soldaten in Uniform an, um die zerstörten Geschäfte zu bewachen"

Das Stadtbild von Istanbul am Tag nach der Pogromnacht.

7

Die türkische Strategie

Bis in die sechziger Jahre des vergangenen Jahrhunderts lebten in der Türkei Griechen, die entweder die türkische oder die griechische Staatsangehörigkeit besaßen. Die meisten davon waren jedoch Bürger des türkischen Staates.

In der Anfangszeit des Osmanischen Reiches stellten die Staatsangehörigkeit und die Religion der Minderheiten kein großes Problem dar. Als Vielvölkerstaat zeigte das Osmanische Reich den Christen gegenüber eine angemessene religiöse Toleranz. Die Osmanen tolerierten jedoch das Christentum meist als eine Religion zweiter Klasse. Sie erlaubten zum Beispiel dem griechisch-orthodoxen Patriarchat von Konstantinopel, an dessen Sitz im Istanbuler Stadtteil Phanar, am Goldenen Horn also, weiter zu residieren. Später ordnete Sultan Abdulmecit I. (1839-1861) an, dass Nichtmuslime die Staatsangehörigkeit des Reiches erhalten sollten. Auf diese Weise erkannte das Reich die Christen und die Juden als gleichberechtigte osmanische Bürger an. Falls sie jedoch ihre herkömmliche Staatsangehörigkeit beibehalten wollten, blieb das ihnen überlassen. Zu dieser Zeit lebten im Reich über 3 Millionen Griechen und über 2,4 Millionen Armenier.

Schwierigkeiten mit der Staatsangehörigkeit traten erst nach dem Zerfall des Reiches und mit der Gründung der türkischen Republik auf. Für den Erwerb der türkischen Staatsangehörigkeit in der Zeit der türkischen Republik sprachen mehrere Gründe. Einer davon war die wirtschaftliche Existenz der Menschen. Sie konnten bestimmte Berufe ohne den Besitz der türkischen Staatsangehörigkeit nicht ausüben. Auch für die Eröffnung eines Geschäftes musste man Bürger des türkischen Staates sein. In Ausnahmefällen durften auch Griechen mit griechischer Staatsbürgerschaft zusammen mit türkischen Staatsbürgern Geschäfte betreiben. Viele der in der Türkei lebenden Griechen, wie auch zahlreiche Armenier und Juden, waren Geschäftsinhaber und Unternehmer. Aus dem genannten Grund mussten sie die türkische Staatsangehörigkeit annehmen. Im Hintergrund spielte auch die Staatsideologie der türkischen Republik eine wesentliche Rolle.

Darüber hinaus leben heute in der Türkei noch schätzungsweise zwei bis drei Millionen Muslime, deren Vorfahren Christen (Griechen, Armenier, Assyrer) waren. Diese Christen mussten in den vergangenen Jahrhunderten durch Zwangsislamisierung und Zwangstürkisierung ihre religiösen Identitäten aufgeben. Die als Kryptochristen bezeichneten Nachfolgegenerationen treffen wir u. a. an den Küsten des Marmara- und Ägäismeeres, wo sie viele eigene Dörfer gegründet hatten. Unter diesen sind die griechisch – stämmigen Muslime, die aus Kreta abstammen und am Marmarameer wohnen, die griechischen Pontos-Muslime, die überwiegend am Schwarzen Meer leben, sowie die Kryptoarmenier, die am östlichen Schwarzmeer ihre Siedlungsgebiete haben.

Ferner gab es noch eine Gruppe von verheirateten Griechinnen, die sowohl die griechische als auch die türkische Staatsangehörigkeit besaßen. Diese Frauen führten ihre griechische Staatsangehörigkeit nicht offiziell. Sie besaßen nur die türkische Staatsangehörigkeit, die sie von ihren Ehemännern, türkischen Staatsbürgern mit griechischer Abstammung, erworben hatten. Die geborenen Kinder von solchen „Mischstaatsbürgern" bekamen dann automatisch die türkische Staatsangehörigkeit, da ihre Väter türkische Staatsbürger waren. Das heißt, dass diese Kinder offiziell die türkische und inoffiziell die griechische Staatsangehörigkeit, seitens ihrer Mütter, besaßen.

Diese Kinder konnten die griechische Staatsangehörigkeit erst dann beanspruchen, wenn sie ins Ausland auswandern und sie bei den dortigen griechischen Behörden beantragen würden, jedoch nicht vorher in der Türkei. Diese Griechinnen, die vor der Ehe die griechische Staatsangehörigkeit besaßen, waren Kinder griechischer Eltern. Ihre Eltern lebten als griechische Staatsbürger im Osmanischen Reich, wo sie in früheren Zeiten ihre Staatsangehörigkeit bewahren konnten.

Zu der griechischen Minderheit in Istanbul gehörten viele Volksschulen, einige Gymnasien, Kindergärten, Kirchen, Klöster, Friedhöfe, ein bekanntes Krankenhaus, Altenheime, viele Geschäfte, Fabriken, kleine Betriebe und eine eigene theologische Akademie. Viele griechische Ärzte, Anwälte, Dichter, Maler, Künstler waren in Istanbul durch ihren Ruf bekannt und angesehen. Alle Institutionen beschäftigten sowohl türkische Arbeitnehmer als auch Griechen mit griechischer Staatsangehörigkeit. Da die türkischen Behörden die Beschäftigung von Griechen griechischer Staatsbürgerschaft ab dem Jahre 1963 verboten hatte, mussten die griechischen Unternehmen alle griechischen Mitarbeiter mit der griechischen Staatsangehörigkeit entlassen.

Im Allgemeinen waren die Griechen eine gebildete ethnische Gruppe mit einer eigenen hoch entwickelten Kultur, Bildung und Zivilisation. Darüber hinaus waren sie im Bereich Wirtschaft und Handel, wie auch andere Minderheiten in der Türkei, besonders erfahren.

Europäern, die nur über unzureichende historische, religiöse und kulturelle Kenntnisse aus dieser Region verfügen, ist diese Ethnie wenig bekannt. Deshalb werden alle Griechen, die aus der Türkei kommen und die türkische Staatsangehörigkeit besitzen, von solchen Europäern als Türken betrachtet. Beispielweise werden die vertriebenen Griechen aus Kleinasien, die im Jahre 1923 nach Griechenland übersiedeln mussten, von vielen Europäern so eingeordnet. Aus diesen Gründen können die Europäer nicht recht verstehen, warum ein Grieche, der aus der Türkei stammt, trotz des Besitzes der türkischen Staatsangehörigkeit, auf keinen Fall mit einem Türken identifiziert werden möchte. Man sollte unbedingt einen Unterschied zwischen Staatsangehörigkeit und Nationalität machen. Da jedoch die Griechen sehr stolz auf ihre Nationalität und vor allem auf ihre Geschichte und Herkunft sind, ist es gut verständlich, dass sie sich nicht mit den Türken bzw. mit den Turkvölkern gleichsetzen wollen. Außerdem spielen bei den Griechen politische, religiöse, soziale, historische und moralische Faktoren eine wichtige Rolle. Ein weiterer bedeutender Grund war auch die vernichtende Strategie des türkischen Staates gegen diese Minderheit.

Bei den Türken löste im Laufe der Jahrzehnte die Anwesenheit der Minderheiten nicht nur Neid und Hass, sondern auch eine Verunsicherung und ein Dilemma aus. Die Lebensführung, das Lebensniveau, der Lebensstil, die wachsende wirtschaftliche Macht und die Dynamik, die unterschiedlichen kulturellen Eigenschaften dieser Ethnien hatten die Türken mit der Zeit ängstlich gemacht. Sie befürchteten, dass ihre Existenz, ihre Kultur und ihre nationale und religiöse Souveränität in Gefahr geraten könne. Sie wurden allmählich nachdenklich und entwickelten dabei auch „territoriale" Ängste. Sie vermuteten, dass diese Minderheiten eines Tages sie unterdrücken, oder sogar innerhalb der Türkei eigene Staaten gründen und somit die Türkei spalten könnten. Hinzu kamen noch die unterschiedlichen Religionen (die Christen, die Juden und die anderen Konfessionen) und die herrschende Staatsideologie des Kemalismus. Alle diese Faktoren und Vermutungen führten unter anderem dazu, dass die Türken allmählich ihre Minderheiten wie Feinde betrachteten. Das so entstandene Feindbild war das Fundament für die Entstehung und Entwicklung des Fanatismus, des Nationalismus und der Christenverfolgungen in der Türkei. Hinzu kam noch die Tatsache, dass bis in die sechziger Jahre in Istanbul viel mehr Nichtmuslime lebten, als es heute der Fall ist. Aus diesem Grund fühlten sich die Türken wie eine „Minderheit" unter Minderheiten.

Selbstverständlich war es ein großer Fehler aller türkischen Regierungen, dass sie ihre Minderheiten weder als eine Herausforderung und Bereicherung, noch als Nutzen für ihr Land betrachteten. Stattdessen begannen sie, diese Menschen als Bedrohung und Konkurrenz für ihr Land zu sehen. Deshalb hat die Türkei ihre Minderheiten nie, wie es in demokratischen Ländern üblich ist, als eigene Bürger akzeptiert und toleriert. Sie hat sie sogar immer und noch bis heute unmissverständlich als „einheimische Ausländer" bezeichnet und behandelt, obwohl diese Menschen offizielle türkische Staatsbürger waren. Unberechtigt hat die Türkei oft bemängelt, dass die Griechen, wie auch andere Minderheiten, sich mit dem Land nicht identifizieren wollten. Allerdings hat die Türkei sich vorher nie die Frage gestellt, welche Beweggründe dafür der Anlass waren. Die Türkei hat sich überhaupt nie damit auseinandergesetzt, dass sie selbst Schuld an dem Misstrauen ihrer Minderheiten trägt. Der blinde Nationalismus, die verkrustete, nicht mehr zeitgemäße Staatsideologie und die allmählich wachsende Religiosität bzw. der Islam haben dazu geführt, dass diese so genannten „einheimischen Ausländer" sich mit der Türkei nicht identifizieren konnten.

Ein Staat soll seinen Minderheiten das Gefühl vermitteln, dass sie gerne gesehene Bürger dieses Staates sind. Wenn jedoch ein Staat seinen „Bürger" solche Gefühle weder vermittelt noch ihnen Sicherheit und rechtlichen Schutz bietet, kann er auch nicht erwarten, dass diese Menschen ihn nicht als ihren eigenen Staat akzeptieren und respektieren wollen.

Tatsächlich hat die türkische Staatsmacht die griechische Minderheit seit ewiger Zeit terrorisiert, schikaniert, und als Menschen zweiter und dritter Klasse behandelt. Sie hat deren Würde verletzt, ihre Rechte unterdrückt, ihre Existenzsicherheit in Frage gestellt und vieles mehr, was schließlich dazu führte, dass sich diese Opfer nicht mehr mit ihren Tätern identifizieren konnten.

Wenn die Türkei demokratische, modernere und fortschrittlichere Einstellungen gehabt hätte, hätte sie alle Minderheiten als einen nützlichen „Katalysator" ihres Landes betrachtet. Denn dieses Potenzial wäre für die Entwicklung und für den Wohlstand ihres Landes ein großer Gewinn gewesen. Wenn sie diesen Menschen mehr Vertrauen, Wärme und Anerkennung geschenkt hätte, dann hätten diese Menschen sich auch mit den Türken und ihrem Land gerne identifiziert. Es war eine falsche Taktik und verheerende Strategie, die sich leider bis heute noch unverändert fortsetzt. Die Türkei war für eine solche psychologische Taktik, Strategie und Feinfühligkeit nicht prädestiniert. Durch diese Strategie und Politik sind bei den Minderheiten zwangsläufig Ängste, Furcht, Hass und Misstrauen gewachsen. Die Balance des Vertrauens zwischen diesen Ethnien und den Türken wurde seitens der Türkei systematisch zerstört.

Im Hinblick auf die griechische Minderheit und auf die griechisch-orthodoxe Kirche hat die Türkei Gründe gesucht, um diese Gemeinde zu demontieren. Wenn die Türkei diese Strategie mit dem Christentum weiter betreibt, wird in absehbarer Zeit zumindest die griechisch-orthodoxe Kirche in der Türkei nicht mehr existieren. Ein deutliches Beispiel ist, wie bösartig und feindselig die Türkei das griechisch-orthodoxe Patriarchat von Konstantinopel heute noch behandelt. Vor allem in einer Zeit, in der sie den Beitritt in die Europäische Union fieberhaft anstrebt und ihre Religion in Europa und in der Welt strategisch und mit gewissen Zwängen etablieren will. Die Residenz des orthodoxen

Patriarchats in Istanbul liegt im Stadtviertel Phanar. Die türkischen Behörden haben den Namen der Straße, in der diese religiöse Institution residiert, nach dem Großvezier Sadrazam Ali Pascha benannt. Dieser Großvezier hatte am 10. April 1821, an einem Ostersonntag der Orthodoxie, die Hinrichtung des damaligen Patriarchen Gregor V. und seiner Metropoliten (Bischöfe) angeordnet und vollstrecken lassen(35).

In Anbetracht dieser Tatsache und des deutlich wachsenden Nationalismus, Rassismus und antichristlichen Fanatismus, ist das Zusammenleben der Türken mit einer multikulturellen und multireligiösen Gesellschaft, wie es die EU widerspiegelt, kaum vorstellbar. Einer der Faktoren, die in der Türkei den Nationalismus und den Rassismus fördern, scheint auch das veraltete Schulsystem zu sein. Bereits in den Schulen wird den türkischen Schülern die Geschichte ihres Landes mit Nationalstolz und Nationalpathos beigebracht. Die Schüler lernen aus den Geschichtsbüchern nur erfolgreiche militärische Interventionen, heroische Kämpfe und Siegeszüge der türkischen Armee. Niederlagen der Armee kann man in diesen Büchern nur in seltenen Fällen finden. Die türkische Armee wird den Schülern in einem heldenhaften Licht vorgestellt. Die Schüler müssen lernen, auf ihre Nation besonders stolz zu sein. Sie lernen auch, dass die fremden Nationen sich gegen die Türkei stellen. Dadurch bedingt betrachten die Schüler fremde Nationen als eine Bedrohung für ihr Land. Die wenig objektiven Geschichtsbücher vertreten ethnisch-rassistische Nationalgefühle, die in einer überzogenen Verherrlichung des Staates gipfeln. Infolgedessen entstehen bereits im Schulalter nationalistische und fanatische Gefühle, die sich gegen andere Nationen richten. Darüber hinaus wird in diesen Schulbüchern die Weltgeschichte nur am Rande behandelt. Eine dreiste Art einer Indoktrination, eine Ausblendung des demokratischen Denkens ...

Elefterios erinnert sich an seine Schulfächer, wie militärische Erziehung, türkische Heimatkunde und türkische Geschichte. Die Lehrer für das erste Fach waren uneingeschränkt Offiziere der militärischen Akademie in Istanbul. Sowohl die Lehrer des ersten als auch des dritten Faches unterrichteten ihre Fächer sehr nationalistisch, wie „türkisch“ und „osmanisch“. Da es sich damals um ein griechisches Gymnasium handelte, bemerkte man schnell, mit welchem Fanatismus diese Lehrer die Kriegskämpfe zwischen der Türkei und Griechenland interpretierten und visualisierten. Die griechischen Schüler durften keine Meinung zu diesen Kapiteln der türkischen Geschichte haben. Sie sollten die türkische Armee lediglich bewundern.

Der junge Grieche erzählte uns noch, wie unangenehm für die griechischen Schüler das Singen der türkischen Nationalhymne am frühen Morgen jedes Montags vor Beginn des regulären Unterrichtes und an jedem Samstag nach der Schulwoche war. In der Hymne werden die heldenhaften Kämpfe und der Sieg der türkischen Armee gegen die griechischen Truppen besungen. Alle griechischen Schüler und Lehrer mussten stehend die türkische Nationalhymne diszipliniert und in ruhiger Atmosphäre singen. Natürlich mit einem gewissen Zwang. Für jeden Schüler bestand die Pflicht an diesem Zeremoniell teilzunehmen. Kam ein Schüler zu spät und sang die Hymne nicht mit, musste er sich formell entschuldigen, gegebenenfalls wurde er bestraft.

Die türkische National-Hymne wurde von dem türkischen Theologen und Herausgeber religiöser Zeitschriften Mehmet Akif geschrieben. Die Hymne drückt sehr deutlich religiöse Gefühle und historische Ereignisse aus.

Aus der Weltgeschichte ist uns bekannt, dass solche Ideologien wie Nationalismus, Fanatismus, Rassismus, Fremdenhass, religiöse Feindlichkeit, u. a. keinen Nutzen für die Menschen bringen.

Deren Folgen führten zu katastrophalen Auswirkungen auf die Menschen und auf die Zivilisation. Letztlich sind alle systematischen Vernichtungen, die Vertreibungen und die Verfolgungen wehrloser Zivilbevölkerung nichts anderes als menschenverachtende Handlungen, die sich durch nichts entschuldigen lassen.

Über 550 Jahre lebte das türkische Volk mit dem Christentum und Judentum zusammen. Das Land hat systematisch diese Religionen im Laufe der Jahrhunderte passiv und aktiv verfolgt und vertrieben. Danach fragt man sich, wie kann es nun möglich sein, dass das Land auf einmal diese Religionen akzeptieren wird, um in Europa mit ihnen zusammenzuarbeiten?

Die Zypernkrise bzw. das Zypernproblem war lediglich ein politischer Vorwand, jedoch kein Hauptgrund, um die griechische Minderheit aus der Türkei zu vertreiben. Der Hauptgrund war die Verwirklichung der Staatsideologie des Kemalismus durch die ethnische Säuberung. Gleichzeitig war dieses Zypernproblem auch ein Ablenkungsmanöver der türkischen Politik für das eigene Volk, um die innenpolitischen Schwierigkeiten und die herrschende Wirtschaftskrise auszublenden und das Augenmerk auf die Außenpolitik zu lenken. Infolgedessen wurde Zypern lediglich als Mittel zum Zweck benutzt.

Die Staatsideologie des Staatsgründers Kemal Atatürk (türkisch: Kemalizm), der Kemalismus, basiert auf dem Prinzip: „Die Türkei gehört allein den Türken" (türkisch: Türkiye Türklerindir").

Die Grundlagen des Kemalismus bestehen aus sechs Säulen (türkisch: Alti Ok):

Laizismus (türkisch: laiklik), Republikanismus (türkisch: cumhuriyetcilik), Populismus (türkisch: halkcilik), Nationalismus (türkisch: milliyetcilik), Etatismus (türkisch: devletcilik), Revolutionismus (türkisch: devrimcilik).

Die türkische Armee hat die Obhut des Staates.

In den letzten Jahren hat die Regierung Erdogan die politische Macht des Militärs zu ihren Gunsten reformiert.

Der sehnlichste Wunsch der Türkei ist offenbar die totale Vertreibung der griechischen Minderheit und ihrer Hauptkirche, das Ökumenische Patriarchat von Konstantinopel aus Istanbul. Dieser Wunsch begann mit der Gründung der türkischen Republik bzw. mit dem türkischen Nationalismus. Der erste und der zweite Schritt wurden bereits in den Jahren 1923 und 1964 erfolgreich unternommen.

Für die Türkei ist es bedauerlich, dass selbst ihre heutigen Politiker die Vertreibung und die Ausrottung der Minderheiten aus der Türkei in aller Öffentlichkeit als eine sinnvolle und richtige Handlungsweise verteidigen. Vor allem in einer Zeit, in der sich die Türkei um die volle Mitgliedschaft in der Europäischen Union bemüht und ihre Bürger in den verschiedenen europäischen Ländern leben und sich dort vielleicht integrieren wollen. Anlässlich einer Feierstunde zum 70. Todestag von Kemal Atatürk hat der Verteidigungsminister der Türkei, Vecdi Gönul, in seiner Rede unmissverständlich die Vertreibungen von Griechen und Armeniern „gelobt". Er gab zu, dass die Türkei heute ein Nationalstaat ist. Er stellte die provokante Frage, ob diese „fremden Nationen" die Entstehung der jungen türkischen Republik verhindert hätten, wenn sie noch im Lande mit den damaligen Einwohnern gelebt hätten. Sinngemäß bezeichnete er diese ethnischen Säuberungen in den vergangenen Jahren als einen „sehr wichtigen und richtigen Schritt für das Land Türkei" (Spiegel Online vom 11.11.2008).

Sowohl die aktuelle Rede dieses Politikers im Jahre 2008 (!), als auch der noch aktuelle nationalistische Spruch: „Wie glücklich bin ich, Türke zu sein" (türkisch: „ne Mutlu Türkem Diyene") erklären unmissverständlich, welche Einstellung die Türkei heute noch zu fremden Nationen und sich selbst gegenüber hat. Wenn die EU den Beitrittsprozess mit der Türkei abbricht, dann ist es gut vorstellbar, dass der Faschismus in diesem Lande schneller heranwachsen kann. Das wäre auf keinen Fall wünschenswert, denn dann würde das Land eine große wirtschaftliche Niederlage erleiden und alle bisher geleisteten Reformen und Entwicklungen würden abgeschafft. In der Konsequenz wäre es gut vorstellbar, dass ausländische Investoren das Land verlassen.

Obwohl die Türkei die griechische Minderheit aus ihrem Lande mit einer undemokratischen, unmenschlichen und bösartigen Strategie vertreibt, zeigte sie jedoch eine widersprüchliche Haltung zu den Griechen, die im Ausland leben und sich aus der türkischen Staatsangehörigkeit ausbürgern lassen wollten. Sowohl Elefterios als auch einige seiner Freunde, die mit dem türkischen Reisepass im Ausland lebten, konnten auf keinen Fall ausgebürgert werden. Wiederholte Versuche bei den türkischen Behörden im Ausland brachten ihnen nur Ärger und Wut. Jedes Mal wurden ihnen von den zuständigen türkischen Konsulaten entweder Schwierigkeiten bereitet – die üblichen Schikanen, oder sie wurden darauf hingewiesen, ihren Antrag der Ausbürgerung bei den zuständigen Behörden in Ankara persönlich zu stellen. Abgesehen davon wurden sie auch in den türkischen Konsulaten unfreundlich und menschenverachtend behandelt.

Elefterios unterbreitete eines Tages in den achtziger Jahre,n nachdem er eine solche negative Erfahrung mit dem türkischen Konsulat in Köln gemacht hatte, einem türkischen Konsulatsbeamten telefonisch seinen Standpunkt. Er erklärte ihm, dass er seine Ausbürgerung aus dem türkischen Staatsverband deshalb als sinnvoll betrachte, da die Türkei weiterhin systematisch und mit einer unmenschlichen Strategie alle Griechen aus dem Lande vertreibe. Der Beamte gab ihm keine Antwort und legte den Telefonhörer auf. Elefterios hatte mit solch einer Reaktion gerechnet. Daran kann man unschwer erkennen, welche Schikanen das Land einem unerwünschten „griechischen Bürger“ selbst außerhalb der Landesgrenzen noch zumutet.

Die wenigen Griechen (weniger als 1800), die noch heute in Istanbul leben, werden von der Regierung lediglich als politische Geiseln benutzt. Mit dieser kleinen Anzahl von Menschen versucht die türkische Regierung u.a. sowohl die Zypernkrise als auch ihre Beziehung zu Griechenland sowie ihre Beitrittsverhandlungen in die Europäische Union zu steuern. Infolgedessen werden diese Menschen für den Zweck der türkischen Außenpolitik gebraucht. Man kann diese Menschen durchaus als „Märtyrer“ bezeichnen und es drängt sich die Frage auf, was mit ihnen geschieht, wenn ihre Instrumentalisierung nicht mehr benötigt wird.

8

Zypern und das Zypernproblem

Zypern ist die drittgrößte Mittelmeerinsel nach Sizilien und Sardinien. Die Insel besitzt eine bedeutende Geschichte und Zivilisation, die in das 9. Jahrtausend vor Christus zurückreicht. Aufgrund ihrer geografischen Lage, ihres natürlichen und kulturellen Reichtums und ihrer Bedeutung für den Handel wurde die Insel seit Jahrtausenden immer wieder von kriegerischen Auseinandersetzungen heimgesucht. Sie wurde zeitweise von Achäern, Assyrern, Ägyptern, Arabern, Ptolemäern, Byzantinern, Genuesen, Persern, Osmanen, Römern, Venezianern und den Briten besiedelt und kolonisiert. Auf der Insel fanden zahlreiche Aufstände und Bürgerkriege statt. Gegen Ende des 20. Jahrhunderts erlebte die Insel eine erneute Katastrophe mit kaum lösbaren Folgen, nämlich die brutale Besatzung von 35 % ihres Territoriums durch unerwünschte Tyrannen.

In den Jahren 1300 bis 1050 vor Christus wurde die Insel von griechischen Einwanderern, Mykenen und Achäern besiedelt und erhielt ihren griechischen Charakter. Deshalb treffen wir auf der Insel unverkennbare Spuren minoischer und mykenischer Einflüsse. Im Jahre 45 nach Christus wurde durch Paulus und Barnabas der christliche Glaube auf Zypern eingeführt. Mit der Teilung des Römischen Reiches im Jahre 395 wurde Zypern dem späteren Byzanz zugeschlagen[20][36].

Im Jahre 1571 eroberten die Osmanen die Insel. Die osmanische Herrschaft dauerte ca. 300 Jahre. Einhergehend mit der späteren Schwächung des Osmanischen Reiches wurde die Insel im Jahre 1878 mit ausdrücklicher Einwilligung des damaligen

Sultans Abdulhamid (1876-1909) als „Belohnung“ und aus politisch-strategischen Gründen an England abgetreten. Der Grund war, dass England zu dieser Zeit Russland von der Besetzung Armeniens abgehalten hatte (osmanisch-englisches Abkommen am 04. 06. 1878 über die Abtretung von Zypern). Am 12. Juli 1878 traf die englische Flotte im Hafen von Larnaka ein. Im Jahre 1914 annektierten Engländer die Insel und erklärten diese 1925 zu ihrer Kronkolonie.

Die Zyprioten hofften sowohl während des Ersten als auch während des Zweiten Weltkrieges auf ihre Autonomie und auf den Anschluss der Insel an Griechenland. Als die Zyprioten feststellten, dass die Briten ihren Ansprüchen nicht folgten, begannen sie in den dreißiger Jahren mit den Befreiungskämpfen gegen die Briten. Die eigentliche Zypernkrise begann erst in den fünfziger Jahren, als sich die griechischen Zyprioten gemäß eines Referendums mit über 90 % für den Anschluss an Griechenland aussprachen. Die offizielle Ablehnung der Briten führte zu schweren Guerillakämpfen gegen die Briten in den Jahren 1955-1959. Diese Guerillakämpfe wurden von der militärischen Widerstandsorganisation der Zyperngriechen (E.O.K.A. = Ethniki Organosis Kyprion Agoniston = National Organization of Cypriot Fighters) durchgeführt. Das Ziel dieser Operationen war die Befreiung der Insel von der britischen Herrschaft. Um diese Unabhängigkeit der Insel bzw. den Anschluss an Griechenland zu verhindern, hatte die britische Regierung die türkischen Zyprioten in den politischen Konflikt hineingezogen und gegen die griechischen Zyprioten aufgehetzt. England beabsichtigte, dass auf der Insel ein politisches Problem zwischen diesen beiden Volksgruppierungen entstehen und somit die Insel keine Autonomie erlangen sollte. Selbstverständlich gefielen die Autonomieansprüche der Zyprioten den Briten zu keiner Zeit, da sie diese Insel als strategisch bedeutsam ansahen. Die britische Herrschaft dauerte etwa 45 Jahre, bis die Insel am 01. Oktober 1960, gemäß dem Züricher und dem Londoner Abkommen, in ihre Unabhängigkeit entlassen wurde. Allerdings behielten die Engländer einige Militärstützpunkte.

Im Jahre 1963 kam es zu gewalttätigen Kämpfen zwischen den griechischen und den türkischen Zyprioten auf der Insel. Der Grund war, dass die türkischen Zyprioten der Verfassungsänderung der zypriotischen Regierung nicht zustimmen wollten. Gegebenenfalls hätte diese Änderung das Vetorecht der türkischen Minderheit eingeschränkt. Am 10. August 1964 wurde mit einer UN-Resolution der Waffenstillstand ausgerufen. Diese Kämpfe und die dadurch ausgelösten feindlichen Gefühle haben das Freundschaftsverhältnis beider Volksgruppen zerstört. Daraus resultierten Feindschaften und bewaffnete Angriffe. Man kann sagen, dass die beiden Volksgruppen Opfer der unmoralischen und unehrlichen Außenpolitik der Briten waren.

Es muss betont werden, dass auf Zypern Griechen und Türken seit Jahrhunderten friedlich miteinander gelebt hatten. Der Religionsunterschied spielte nur eine untergeordnete Rolle. Die beiden Volksgruppen wohnten Tür an Tür und kommunizierten friedlich miteinander. Der Anteil der türkischen Zyprioten lag in den damaligen Zeiten bei etwa 15 % der gesamten Inselbevölkerung.

Auf der Universität in Istanbul kannte Elefterios einige türkischen Kommilitonen aus Zypern. Mit einem von ihnen namens Metin, hatte er regelmäßig Kontakt, da beide die gleichen Vorlesungen und Praktika besuchten. Sowohl Metin als auch die anderen Kommilitonen aus Zypern erzählten ihm, dass die Türken und die Griechen auf Zypern in früheren Zeiten friedlich und freundschaftlich miteinander lebten. Der Onkel von Metin betrieb seit Jahren mit einem Griechen ein gemeinsames Geschäft in Nikosia. Die beiden Männer unterhielten sowohl familiär als auch geschäftlich sehr gute freundschaftliche Beziehungen.

Die jungen Studenten trafen sich regelmäßig in der Mensa und diskutierten sowohl über fachliche als auch über kulturelle Themen. Sie tauschten regelmäßig Fachbücher und Fachzeitschriften aus. Allerdings sahen die anderen türkischen Kommilitonen den freundschaftlichen Kontakt zwischen Elefterios und dem türkischen Zyprioten nicht gerne. Die türkischen Zyprioten wohnten in verschiedenen Studentenwohnheimen in Istanbul. Bemerkenswert war, dass sie sofort den Kontakt zu Elefterios abbrachen, als die Zypernkrise ihren Höhenpunkt erreichte. In der Zeit davor waren sie sehr kommunikativ und freundlich zu dem jungen Griechen. In höheren Semestern und aufgrund der unterschiedlichen Praktika, die alle Studenten besuchen mussten, wechselten die meisten der türkischen Zyprioten in andere Unigebäude, so dass der Kontakt zu Elefterios automatisch abbrechen musste.

Solche gewollten Abbrüche freundschaftlicher oder geschäftlicher Beziehungen zwischen der türkischen Bevölkerung und den Griechen in Istanbul beobachtete Elefterios sehr oft während der Zeit dieser Zypernkrise. Er wurde selbst Zeuge eines solchen Falles in der Nähe des Geschäftes seines Vaters. Die beiden Männer hatten geschäftlich miteinander zu tun gehabt. Als die türkischen Zeitungen und die Medien anfingen, Lügen und hetzerische Nachrichten zu verbreiten, brach jeder Kontakt zwischen den beiden Partnern ab. Eine absurde und wahnsinnige Situation! Eines Abends wurde in den Nachrichten hoch emotional berichtet, dass angeblich der Erzbischof Makarios in Zypern die Kämpfe gegen die türkischen Zyprioten persönlich unterstütze. Bereits am nächsten Tag las Elefterios in den Tageszeitungen mehrere aufgeregte und parteiliche Kommentare bekannter türkischer Journalisten. Außerdem stellte er nach solchen Hetzartikeln fest, dass sich der Umgang und das Verhalten des türkischen Volkes gegenüber den Griechen spontan veränderte. Er konnte nie begreifen, warum die Griechen in Istanbul den für sie völlig fremden zypriotischen Griechen helfen sollten. Er fand, wie auch alle Istanbuler Griechen, nichts Verbindendes zwischen diesen beiden Nationen. Die Griechen in der Türkei standen den Griechen in Griechenland näher als den Zyperngriechen. Alles war ein bösartiges türkisches Konstrukt, ein Vorwand, ein böswilliger Anlass, um die Griechen aus der Türkei zu vertreiben. Eine unseriöse, unehrliche, undemokratische und menschenverachtete türkische Strategie.

Bemerkenswert ist, dass fast alle Türken, ungeachtet des Alters, im Falle einer Auseinandersetzung mit irgendeinem Griechen diese beleidigten, beschimpften oder handgreiflich wurden. Sie schrien sogar, dass hier kein Athen sei und dass der Angegriffene in seine Heimat Griechenland verschwinden solle. Dies entsprach einem primitiven, archaischen Verhalten, gleichzeitig auch einer großen Bildungslücke, denn die eigentliche Heimat dieser Menschen war seit der Antike der türkische Boden.

Berichten vieler Augenzeugen aus Zypern zufolge hatten die griechischen Zyprioten nie die ernsthafte Absicht gehabt, gegen die türkischen Zyprioten zu kämpfen. Sie verteidigten lediglich ihre Unabhängigkeit und kämpften deshalb in aller Härte gegen die Briten. Historisch gesehen hatte die Türkei vor Ausbruch dieser Krise keine Besitzansprüche an diese Insel. Selbst der damalige Außenminister der Türkei, Fuat Köprülü, in der Regierung von Adnan Menderes, erklärte offiziell, dass Zypern ein britisches, jedoch kein türkisches Thema sei. Er sagte sogar, dass die Türkei mit diesem Problem nichts zu tun haben wolle. Die Türkei wurde erst später durch die Briten unter dem Ministerpräsidenten Mac Millan und Außenminister Eden mit der Idee des Besitzanspruches infiziert.

Da der damalige Außenminister Fuat Köprülü eine andere Meinung vertrat, wurde er durch einen anderen Kollegen namens Fatin Rüstü Zorlu Ende Juli 1955 ausgewechselt. Der neue Außenminister war für die Schärfung der Zypernkrise besser geeignet. Er entwickelte mit der Unterstützung des Nationalistenvereins der türkischen Zyprioten (Kibris Türk Cemiyeti) seinen Scharfmacherplan. Durch die plötzlichen Besitzansprüche der Türkei begannen auch die politischen und feindlichen Auseinandersetzungen zwischen Griechenland und der Türkei, einhergehend mit der Verschärfung der Vertreibungsaktion gegen die griechische Minderheit in der Türkei.

Für die Verwirklichung der Besetzung Zyperns durch türkische Truppen entwickelte die Türkei einen fragwürdigen strategischen Plan. Danach wurde die türkische Minderheit in West-Thrakien (Griechenland) (überwiegend Pomaken, Roma, Konvertiten griechischer Abstammung) von der türkischen Regierung als ein politisches Mittel für die Ausführung dieses strategischen Planes instrumentalisiert. Die Türkei behauptete, dass diese „Brüder" durch die griechische Regierung sehr schlecht und inhuman behandelt würden. Um dies zu „belegen" inszenierte die türkische Regierung unwahre Geschichten. Darauf folgte die Mobilisierung einer rassistischen Pressekampagne in der Türkei mit dem einzigen Zweck, die türkische Bevölkerung gegen die griechische Minderheit aufzuhetzen und zu fanatisieren.

In diesem Zusammenhang muss betont werden, dass die griechische Regierung, bezüglich der massiven Ausweisungen der Griechen aus Konstantinopel, bislang keinerlei Maßnahmen gegen die türkische Minderheit in Griechenland in Thrakien, getroffen hatte. Griechenland behandelt diese türkische Minderheit immer noch bis heute sehr human und demokratisch. Wenn man heute in dieser Region seinen Urlaub verbringt, bekommt man den Eindruck, dass diese Region bereits jetzt schon der Türkei gehört. Der Einfluß der türkischen Regierung auf diese Minderheit ist enorm groß. In Anbetracht der Repressalien, die die griechische Minderheit in der Türkei heute noch erlebt, ist dieses demokratische Verhalten Griechenlands unbegreiflich.

Mitte des Jahres 1954 verletzte die Türkei zum wiederholten Male die Regelungen des Vertrages von Lausanne (1923), und begann mit Schikanen und Misshandlungen gegen die griechische Minderheit und das Ökumenische Patriarchat von Konstantinopel vorzugehen. Die erste Zypernkrise (Pogrom 1955) veranlasste mehrere tausend Griechen, die Türkei zu verlassen. Später kam die zweite Zypernkrise (Deportationen der Griechen aus der Türkei im Jahre 1964), die zwangsläufig zur weiteren Reduzierung der griechischen Minderheit in der Türkei führte. Seither finden diese Krisen kein Ende mehr. Die Strategie der Türkei besagt, dass Zypern türkisch sei. Das Ziel war, die Insel, zumindest die Hälfte davon, zu besetzen und diese Besetzung zu legalisieren. Die damalige Parole lautete: „Entweder Teilung oder Sterben" (auf Türkisch: „Ya Taksim, ya olüm").

Am 21. April 1967 putschte das griechische Militär. Die daraus entstandene Militärdiktatur verhängte den Ausnahmezustand, unterdrückte die Presse- und Meinungsfreiheit, verhaftete und folterte ihre politischen Gegner. Genau sieben Jahre beherrschten die Obristen das Land. Der wachsende Widerstand der griechischen Bevölkerung und der griechischen Studenten veranlasste die Militärs, mit Panzer und Gewalt im November 1973 den Protest niederzuschlagen. Um dieser inneren Krise entgegenzuwirken und sie auszublenden, organisierte die Junta am 15. Juli 1974 einen Putsch auf Zypern. Mit diesem Putsch wollten die Obristen Zypern mit Griechenland vereinigen. Dieser Putsch misslang jedoch. In der Folge profitierte die Türkei von dieser politischen Niederlage in Griechenland und besetzte eigenmächtig in zwei aufeinander folgenden Invasionen – am 20. Juli und am 14. August 1974 – 37 % des Territoriums auf Zypern. Sie stationierte auf der Insel ca. 35.000 türkische Soldaten. Während dieser türkischen Invasionen wurden etwa 5000 griechische Zyprer getötet. Etwa 200.000 Zyperngriechen verließen ihre Geburtsorte, ihre Häuser, ihre Freunde, ihr Umfeld, ihr Vermögen, alles, was sie seit Generationen besaßen und aufgebaut hatten, und suchten Zuflucht im Süden der Insel. Etwa 40.000 Zyperntürken flohen aus dem Süden in den Norden der Insel. Mehr als 1.500 Zyperngriechen gelten bis zum heutigen Tag als vermisst.

Die Türkei behauptete nach dieser Besatzung, dass sie angeblich diese militärische Invasion zum Schutz der türkischen Minderheit auf Zypern ausgeführt hätte, da „türkische Bürger" wiederholt durch Zyperngriechen massakriert und getötet worden seien. Diese Behauptungen waren einfach strategische Lügen, denn die organisierten Widerstandskämpfe von Zyperngriechen waren vorrangig nur gegen die britische Kolonialmacht und nicht gegen die türkische Bevölkerung auf der Insel gerichtet. Offenbar hatte die Türkei diese Besatzung vielmehr deshalb ausgeführt, um Griechenland aus strategisch-militärischen Erwägungen zu provozieren und ihre osmanische Landeroberungsstrategie auszuleben. Darüber hinaus verfolgte die Besatzung der Insel auch einen innenpolitischen Zweck in der Türkei.

Die bewaffneten Auseinandersetzungen bzw. die Guerillakämpfe auf der Insel nahm die Türkei selbstverständlich zum Anlass, um ihren Vertreibungsplan bzw. die ethnische Säuberung gegen die griechische Minderheit aus Istanbul fortzusetzen.

Die Türkei hat diese „heroische Eroberung" ihrer Armee hoch triumphal gefeiert und gleichzeitig ihre innenpolitische Wirtschaftskrise damit abwenden können. Ferner stabilisierte sie ihre Macht auf der Insel durch die Ansiedlung von mehr als 120.000 Festlandtürken aus Anatolien. Diese Siedler aus Anatolien veränderten prozentual gesehen das Verhältnis der Inselbevölkerung zugunsten der Türken.

Obwohl die Souveränität der Insel massiv verletzt worden war, intervenierte oder protestierte keine der Großmächte. Offenbar wollten sich die Engländer und die Amerikaner aus politischen Erwägungen in diese türkische Invasion nicht einmischen. Es muss jedoch erwähnt werden, dass zu dieser Zeit die griechische Regierung mit Großbritannien ernsthafte politische Auseinandersetzungen hatte. Offensichtlich wollten sich die Briten aufgrund dieser diplomatischen Auseinandersetzung an den Griechen rächen. Deshalb bezogen sie aus politischen Gründen gegen diese gewaltsame Teilung der Insel durch die Türkei keine Stellung. Unbestritten war die Einmischung der Türkei in die Zypernkrise das politische Werk der Briten. Völkerrechtlich gesehen ist die Anwesenheit der türkischen Armee und der türkischen Ansiedler aus Anatolien auf Zypern illegal.

Bekanntlich besitzt diese Insel weder Ölraffinerien noch Goldberge, sodass die Großmächte nicht davon profitieren könnten. Infolgedessen hatten die Großmächte, wie Amerika oder Russland, keine eigenen wirtschaftlichen Interessen, um die Insel von der Zwangsbesatzung der Türkei zu befreien. Außerdem verfolgen sie in der Türkei wichtige militärisch-strategische Interessen, was mit Griechenland nicht der Fall ist. Gerade solche militärischen Planspiele bewirken, dass sie zu dieser Zwangsbesatzung keine Stellung zu nehmen bereit waren.

Es ist bemerkenswert und interessant, dass sowohl die aktiven griechischen Vertreibungen aus der Türkei (1923, 1955, 1964), als auch die türkische Besatzung auf Zypern (1974) immer in Zeiten stattfand, in denen Griechenland mit innenpolitischen Krisen beschäftigt war. Ferner herrschte in der Türkei in der Zeit der türkischen Invasion eine große Wirtschaftskrise. Die damalige türkische Regierung unter dem republikanischen Ministerpräsidenten Bülent Ecevit wandte diese innenpolitische Krise durch den militärischen Einmarsch türkischer Truppen auf Zypern ab. Das bedeutete, die dadurch ausgelösten Nationalgefühle blendeten diese Krise aus. Infolgedessen war die Invasion auch ein Ablenkungsmanöver für das eigene Volk. Damals wurde Ecevit von seinem Volk als „Nationalheld" gefeiert.

Im November 1983 riefen die türkischen Zyprioten des besetzten Teils einen unabhängigen Staat, die „Türkische Republik Nordzypern" aus und bestätigten damit diese gewaltsame Teilung der Insel. Die Weltöffentlichkeit hat bei dieser billigen „Eroberung" der Insel durch die Türkei gelangweilt zugeschaut. Allerdings wurde bislang dieser türkisch-zypriotische Staat nur von der Türkei völkerrechtlich anerkannt, jedoch nicht von der UNO.

Die Folge davon war, dass diese egoistische und politische Entscheidung Englands und der Türkei die Insel im Jahre 1974 durch eine Mauer in zwei Gebiete teilte. Dabei wurden die Infrastruktur und die Souveränität der Insel zerstört. Durch die Besatzung und die Errichtung der Mauer ist das Freundschaftsverhältnis zwischen den griechischen und den türkischen Zyprioten auf der Insel zerbrochen und es hat sich daraus ein Pulverfass mit einem hochpotenten Sprengstoff gebildet. Ferner verschlechterte sich auch die politische Beziehung der Türkei zu Griechenland. Wieder einmal haben die Briten mit ihrer egoistischen und egozentrischen Politik Europa und der Welt die Gefahr eines Krieges näher gebracht.

Selbstverständlich löste die militärische Besatzung durch die Türkei das Zypernproblem nicht, sondern sie verschärfte diese Krise noch weiter und führte die Zypernpolitik in eine Sackgasse. Daraus resultierten zahlreiche Gewalttätigkeiten wie Plünderungen und Pöbeleien sowie ein chronisches, unlösbares Problem. Bemerkenswert ist, dass die Briten nach der Besatzung durch die Türkei ihren Autonomieanspruch auf die Insel ad acta legten.

Im Moment stellt sich die politische Lage so dar, als ob sie für lange Zeit unlösbar geworden wäre. Aus Prestige und nationalen Erwägungen besteht die Türkei immer noch auf ihren Besitzanspruch an dieser Insel. Andererseits erschwert sie jedoch ihre Beitrittsverhandlungen in die Europäischen Union.

Menschen in scharen in der Hauptstraße von Beyoglu
am Tag nach der Pogromnacht

Der zerstörte Stadtteil Tunel

9

Die Kristallnacht vom 6./7. September 1955. Die Nacht des Schreckens

Eine Übersicht

Das Pogrom am 06./07. September 1955 in Istanbul und Smyrna hatte die damalige türkische Regierung organisiert und es galt hauptsächlich der griechischen Minderheit. Es war eines der größten Verbrechen in der Türkei, das die Griechen, seit der Eroberung von Konstantinopel durch die Osmanen im Jahre 1453, erleben mussten. Es entsprach einer großen Verachtung und Verletzung der Menschenrechte und der Menschenwürde, sowohl für die griechische Minderheit als auch für die griechisch-orthodoxe Kirche von Konstantinopel. Dabei wurden, neben den griechischen, auch mehrere armenische und jüdische Geschäfte geplündert, zerstört und in Brand gesetzt.

Auch Armenier und Juden wurden nicht geschont. Medienberichten zufolge wurden in dieser Nacht, allein auf der berühmten Straße von Beyoglu, auch Istiklal Caddesi genannt (griechisch: Pera), 90 % aller Läden zerstört. Diese Geschäfte gehörten überwiegend griechischen Bürgern. Die Pogromnacht war ein Beweis dafür, dass in der Türkei weder die Religionen der Nichtmuslime noch die Menschenwürde und die Menschenrechte der Minderheiten respektiert und anerkannt werden. Darüber hinaus waren diese brutalen Ereignisse ein massiver Verstoß gegen die Regelungen des Vertrages von Lausanne und der Menschenrechtskonventionen.

Es ist bekannt, dass die Minderheiten und ihre Religionen in der Türkei von der türkischen Verfassung nicht anerkannt sind. Infolgedessen sind sie auch verfassungsrechtlich nicht geschützt. Zudem gelten die nichtmuslimischen Minderheiten seit der Gründung der türkischen Republik als „einheimische Ausländer türkischer Staatsbürgerschaft"[35]. Bezeichnend ist ein Gesetzentwurf des Justizministeriums aus den neunziger Jahren, wonach diese so genannten einheimischen Ausländer zu einer möglichen Bedrohung und einer Gefahr für die Türkei erklärt wurden.

Diese Pogromnacht stellt eine unvergessliche und traurige Tragödie für die griechische Minderheit dar. Der brutale Überfall auf die wehrlosen Griechen in Istanbul und Smyrna, auf das ökumenische Patriarchat von Konstantinopel und auf zahlreiche orthodoxe Kirchen und Friedhöfe war die Fortsetzung der geplanten ethnischen Säuberung gegen die Griechen in der Türkei. Die Türkei praktiziert diese Methode systematisch und strategisch seit Jahrzehnten bzw. seit der Gründung ihrer Republik. Das eindeutige Ziel ist die Ausrottung der Griechen auf türkischem Territorium.

Diese Nacht hat nicht nur die Gefühle und das Vertrauen tausender betroffener Griechen verletzt und beschädigt, sondern sie hat auch den Hass dieser Minderheit den Türken gegenüber gefördert. Außerdem hat sie den vorhandenen Frieden zwischen Griechenland und der Türkei destabilisiert und die Menschenrechte mit Füßen getreten. Nur stellt diese Pogromnacht auch für die Türkei selbst eine schreckliche Erinnerung, eines der dunkelsten Kapitel ihrer Geschichte dar. Die Gräueltaten dieser Pogromnacht werden wie ein Schandfleck in den Geschichtsbüchern des Landes verzeichnet bleiben. Die Ereignisse dieser Nacht schadeten der Reputation des Landes in der Weltöffentlichkeit immens und belasteten die türkische Außenpolitik.

Zum Glück gibt es türkische Schriftsteller, Gelehrte und Journalisten, wie beispielsweise Ceylan Faruk Erhan, Dilek Güven, Dosdogru Hulusi, Dinamo Hasan Izzetin, Mesut Yilmaz, Nesin Aziz, Handi Uluengin und viele mehr, die unter diesem brutalen Verbrechen zum Teil persönlich litten. Sie haben in späteren Jahren nicht nur ihre Erlebnisse publiziert, sondern sie haben auch massiv Kritik an der Politik ihres Landes geübt. Der türkische Journalist Hadi Uluengin erlebte selbst als Kind in Istanbul die Gewalttätigkeiten dieser Nacht. In seinem Bericht „Die Hunde der Gräber", den er in der türkischen Zeitung Hürriyet im Jahre 1993 publizierte, schilderte er seine Erlebnisse ausführlich. Er schrieb, dass er sich mitverantwortlich für diesen Wahnsinn fühle. Beeindruckend sind auch die Bildaufnahmen des griechischen Fotografen Dimitrios Kaloumenos, der von Anfang bis zum Ende dieser Pogromnacht die Gräuel sehr detailliert dokumentierte und veröffentlichte(22). Leider wurden alle diese Autoren, aufgrund ihrer Berichtserstattungen direkt und indirekt von der türkischen Regierung verfolgt, und mit gerichtlichen Maßnahmen bedroht und verurteilt. Viele von ihnen haben sogar ihr Leben in Gefahr gebracht, da die Meinungsfreiheit und die demokratischen Grundrechte in diesem Lande bekanntlich sehr stark eingeschränkt sind.

Aus dem Bildarchiv von Fahri Coker, Vizeadmiral, Militärrichter und Beauftragter des Ausnahmezustandes in der Zeit der Pogromnacht in Istanbul, entnehmen wir eine ausführliche und detaillierte Dokumentation von über 246 Aufnahmen und zahlreichen Protokollen aus dieser „Nacht des Fürchtens"(12). Diese Aufnahmen wurden von dem türkischen nationalen Geheimdienst und von den ausländischen Journalisten gefertigt und an der türkischen Grenze von Sicherheitsbeamten beschlagnahmt.

Fahri Coker sollte den Gerichtsprozess zur Untersuchung der Ereignisse vom September 1955 leiten. Deshalb wurde ihm dieses Material zur Verfügung gestellt, damit er sich auf den Prozess vorbereiten könne. Da jedoch der Prozess zu dem vorgesehenen Termin nicht stattfand, hat er dieses Bildermaterial bei sich aufbewahrt. Dieses Archiv wurde erst später nach seinem Tod im Jahre 2001 der privaten Istanbuler Geschichtsstiftung (Tarih Vakfi) vermacht. Die türkische Historikerin Dilek Güven hat im September 2005 mit diesem Bildermaterial und mit eigenen Recherchen aus den Ereignissen dieser „Nacht der Schande" eine erfolgreiche Ausstellung in Istanbul organisiert. Obwohl diese Ausstellung am Anfang durch eine nationalistische Gruppierung gefährdet schien, erreichte sie trotzdem in den türkischen Medien eine gute und insgesamt positive Resonanz.

Im Jahre 2009 wurde das Buch des Autors Yilmaz Karakoyunlu (Sonbahar sancisi= Herbstschmerzen) von der Regisseurin Tomris Giritlioglu verfilmt. Der Autor erzählt ausführlich über die Ereignisse der Pogromnacht vom 06./07. September 1955.

Auf Grund dieser Initiativen und Erzählungen anderer Intellektueller zu dieser beschämenden Thematik drängt sich nun die Frage auf, ob es nicht für die Türkei allmählich Zeit geworden wäre, sich mit der ehrlichen Aufarbeitung ihrer Vergangenheit zu befassen.

Wenn man die Ursachen dieses Pogroms analysiert, kommt man zu dem Ergebnis, dass dieses Pogrom einen politischen, rassistischen, religiösen und antigriechischen Hintergrund hatte. Damit wollte die Türkei die seit Jahrtausenden im Lande lebende griechische Minderheit eindeutig vernichten, obwohl die meisten von ihnen seit Generationen brave Bürger des türkischen Staates waren. Das Nachbarland und NATO-Partner Griechenland sollte zum militärischen Angriff provoziert werden, während diese Strategie der Türkei den Weltfrieden in Gefahr brachte.

Von Anfang an verharmloste die offizielle Türkei diese Taten und versuchte zunächst die Verantwortung dafür den Kommunisten und Sozialisten anzuhängen. Später brachten jedoch die ausgesprochenen Gerichtsurteile die Wahrheit ans Licht.

Heute leben über Tausend von überlebenden und betroffenen Griechen unterschiedlichen Alters in der Diaspora. Diese Menschen tragen die Erinnerungen und Erlebnisse dieser Nacht und dieser grausamen Zeiten wie „eingraviert" immer noch in ihrem Gedächtniss. Daher können diese Gräueltaten sowohl von den Betroffenen als auch von den Geschichtsschreibern nicht vergessen werden. Die gegenteiligen Behauptungen der türkischen Regierung sind lediglich Ablenkungsmanöver und dürfen daher von der Weltöffentlichkeit und von Zeitzeugen niemals akzeptiert werden.

Nach Angaben türkischer Quellen des Jahres 1991 soll die Sondermilitärabteilung der Streitkräfte (Özel Harb Dairesi, Ö.H.D.) bei der Organisation und Durchführung der Pogromnacht eine wesentliche Rolle mitgespielt haben. Diese Organisation wurde im September 1952 innerhalb der türkischen Armee heimlich gegründet. Die Gründer waren emeritierte Generäle und höhere Beamte. Dieser zum Aufsichtsausschuss der Mobilisierung der Streitkräfte (Seferberlik Tetkik Kurulu, S.T.K.) gehörige halbstaatliche Verein richtete seine Aktivitäten u. a. gegen die zypriotische Widerstandsbewegung und gegen die Ausbreitung des Kommunismus in der Türkei. Wie der erste Generalsekretär dieser Sonderkommission in späteren Jahren bekannt gab, war auch die Gründung der türkischen Widerstandsbewegung auf Zypern von dieser Organisation ausgegangen. Des weiteren beschäftigte sich diese Organisation mit politischen Themen und pflegte internationale Kontakte. Darüber hinaus soll diese Organisation auch zur Vertreibung und Vernichtung der griechischen Minderheit aus der Türkei und zur Verschärfung des Zypernproblems beigetragen haben[4]. Anderen Quellen zufolge soll auch der nationalistische Verein Zyperns (Kibris Türktür Cemiyeti = Zypern gehört dem türkischen Volk) bei der Organisation und Durchführung der Pogromnacht maßgeblich mitgewirkt haben.

Die Vorbereitungen zum Pogrom

Vor der Pogromnacht bemerkten die Griechen in Istanbul, wie sich die türkische Bevölkerung und die türkischen Behörden ihnen gegenüber verhielten. Der Umgang der Türken mit der griechischen Minderheit war spürbar kälter geworden. Diese Stimmungsänderung sensibilisierte und verunsicherte die griechische Minderheit.

In dieser Zeit wurde die Zypernkrise von der türkischen Regierung noch stärker thematisiert und in den Vordergrund geschoben. Die Griechen ahnten bereits, dass die Türkei irgendeinen bösen Plan gegen sie organisierte, denn die Minderheit hatte in den vergangenen Jahren häufige und unangenehme „Überraschungen" seitens der Türken erlebt. Auf den Straßen traf man Gesichter, die der Istanbuler Bevölkerung ungewöhnlich und fremd vorkamen. Später, nach der Pogromnacht und während der Gerichtsverfahren gegen die Verantwortlichen wurde bekannt, dass diese Gesichter zu Bürgern aus dem tiefsten Anatolien gehörten, die zum Zweck dieser Zerstörung nach Istanbul geholt worden waren. Sowohl die Presse als auch die Rundfunkanstalten berichteten mit aggressiven Nachrichten über die politische Entwicklung in Zypern und über die politische und diplomatische Haltung Griechenlands. Eine der „prominentesten" regierungsfreundlichen und antichristlichen Zeitungen aus dieser Zeit, das Massenblatt „Ekspres", brachte täglich und sogar zwei bis dreimal am Tag neue Auflagen heraus. Angeblich enthielt jede dieser Auflagen „brandneue“ Nachrichten. Alle Nachrichten wurden mit großen Buchstaben gedruckt. Allerdings enthielten diese „brandneuen“ Nachrichten eher unverschämte Vorwürfe, Verleumdungen, Diskriminierungen und Demütigungen gegen die griechische Minderheit und gegen den Patriarchen von Konstantinopel. Übereinstimmend behaupteten alle türkischen Zeitungen, dass das griechisch-orthodoxe Patriarchat und die Griechen in Istanbul die zypriotischen Widerstandskämpfer sowohl finanziell als auch materiell unterstützten. Es wären in den griechischen Kirchen in Istanbul, ohne deren Namen zu nennen, Waffen und Munition gefunden worden, die angeblich für die zypriotischen Widerstandskämpfer bestimmt gewesen wären. Im August 1955 berichteten die Zeitungen, dass die griechischen Zyprioten die Absicht hätten, die wehrlosen Türken auf der Insel Zypern „abzuschlachten“. Diese wahnsinnigen Nachrichten reichten als Zündstoff aus, um das türkische Volk gegen die Griechen in Istanbul und in Smyrna aufzuhetzen. Eine Art Gehirnwäsche des türkischen Volkes gegen die griechische Minderheit, mit dem Zweck die Bevölkerung zu fanatisieren und zu indoktrinieren.

Am Tag der Pogromnacht berichtete die türkische Presse mit großen Buchstaben fälschlicherweise, dass Griechen in Thessaloniki im Geburtshaus von Mustafa Kemal Atatürk eine Bombe gelegt und die türkische Flagge verbrannt hätten. Diese Nachricht vom 6. September 1955 explodierte in Istanbul wie eine echte Bombe und signalisierte gleichzeitig den Start dieses Verbrechens an der griechischen Minderheit. Damit wollte die damalige korrupte türkische Regierung des Ministerpräsidenten Adnan Menderes die griechische Regierung für das angebliche Attentat in Thessaloniki verantwortlich machen und sie schwer belasten. Ferner wollte sie die nationalen Gefühle des türkischen Volkes noch stärker gegen die Griechen aufhetzen und mobilisieren. Damit wollte die türkische Regierung gleichzeitig erreichen, die im

Lande herrschende große Wirtschaftskrise „auszublenden“. Ein infamer und gemeiner Plan!

Nun schien der Zeitpunkt gekommen, um diese „böse und unerwünschte“ Minderheit, die so genannten „türkischen Bürger“, diese „Ungläubigen“, niederzuschlagen, zu vernichten bzw. die ethnischen Säuberungen mit dieser Ethnie fortzusetzen. Mit der Inszenierung des Attentats im Hause von Atatürk beabsichtigte die türkische Regierung von Adnan Menderes zweifelsohne die Organisation des Überfalls auf die griechische Minderheit in der Türkei.

Bereits einige Wochen zuvor verbot man den Griechen, ihre Muttersprache in der Öffentlichkeit zu sprechen. Türkische Studenten sorgten dafür, dass die Griechen auf der Straße sich nur auf Türkisch miteinander unterhalten sollten. Diejenigen Griechen, die sich dagegen wehrten, mussten mit körperlichen Überfällen und mit Strafen rechnen.

Elefterios erinnert sich an eine wahnsinnige Episode, die zwei Griechinnen mit einem türkischen Taxifahrer erlebt hatten. Die älteren Frauen hatten während der Taxifahrt zum Friedhof im Gespräch unter sich oft das Wort „**Makari**“ verwendet. Dieses Wort wird häufig von den Griechen verwendet und es bedeutet etwa „Gott gebe“. Der Taxifahrer hat dieses Wort mit dem Namen des damaligen Erzbischofs von Zypern Makarios im Zusammenhang gebracht und die älteren Frauen nicht nur ausgeschimpft, sondern sie bis zum Polizeirevier gefahren, um sie dort den Behörden zu übergeben. Man kann sich gut vorstellen, welche Schwierigkeiten und Schikanen die Behörden den beiden Frauen auf dem Revier machten. Nach diesem Tag lebten diese älteren Frauen in großer Angst und Furcht. Diese Episode löste bei beiden Frauen, die bis dahin noch nie auf einem Polizeirevier gewesen waren, ein Trauma aus. Da eine von diesen Frauen zufällig die Freundin von

Elefterios' Mutter war, hatte er diesen bedauerlichen Vorfall von seiner Mutter ausführlich erfahren. Diese Frauen mussten sogar eine Geldstrafe von mehreren Liras (türkische Währung) an die türkischen Behörden zahlen.

Vor Beginn der Pogromnacht hatten die türkischen Studenten und Mitglieder des Nationalistischen türkischen Vereins Zypern (Kibris Türk Cemiyeti) an allen griechischen Geschäften Zettel mit folgendem Text angeklebt:

„Das ist ein Geschäft eines **Gawurs** und Türken sollen bei ihm nicht einkaufen. Der Gewinn, den dieser Grieche damit macht, wird direkt nach Zypern geschickt, um die griechischen Zyprioten für den Kauf von Waffen und Munition finanziell zu unterstützen".

Ferner stand noch auf dem Zettel, dass die Zyprioten mit diesen Waffen „unsere türkischen Brüder und Geschwister" töten werden. Weiter standen noch die üblichen Parolen:

„Zypern gehört den Türken".
„Zypern ist türkisch".

Ein solcher Zettel klebte auch an der Wand des Geschäftes von Elefterios' Vater.

Kibris Türk Cemiyeti wurde von der türkischen Regierung in jeder Hinsicht unterstützt. Ferner spielte er für die Inszenierung des Pogroms eine große Rolle. Der Präsident dieses Vereins war damals Hikmet Bil. Er wurde später im Jahre 1957 zu Presseattachée der türkischen Botschaft in Beirut (Libanon) berufen.

Die ganze Hetzkampagne war eine eindeutige Lüge, eine Beleidigung und Verletzung der Würde der griechischen Minderheit. Darüber hinaus war diese Aktion sehr primitiv, provokativ und entsprach nicht dem Niveau von angeblich Gebildeten. Wenn irgendein Grieche wegen dieser Aktion die türkischen Studenten verklagen würde, hätte er mit schwerwiegenden Konsequenzen durch die türkische Justiz rechnen müssen. Er hätte nicht nur Strafgeld gezahlt, sondern auch mit schweren Schikanen rechnen müssen. Die Behörden hätten ihm zudem vorgeworfen, er hätte den türkischen Staat, oder noch schlimmer, den großen Vater der Türken, Atatürk und die türkische Flagge beleidigt. Die Folgen davon wären das Gefängnis mit Folterung gewesen.

Ferner organisierten die türkischen Studenten regelmäßig Demonstrationen und sie verteilten oft Flugblätter mit dem Ziel, das türkische Volk noch mehr gegen die griechische Minderheit aufzuhetzen. Hier der Inhalt eines Flugblattes einer studentischen Demonstration aus dieser Zeit (1955), das an der Universität in Istanbul verteilt wurde:

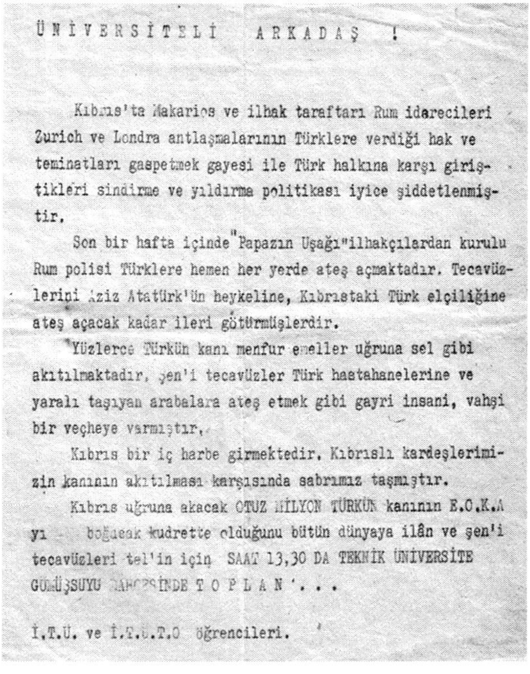

ÜNİVERSİTELİ ARKADAŞ !

Kıbrıs'ta Makarios ve ilhak taraftarı Rum idarecileri Zurich ve Londra antlaşmalarının Türklere verdiği hak ve teminatları gaspetmek gayesi ile Türk halkına karşı giriştikleri sindirme ve yıldırma politikası iyice şiddetlenmiştir.

Son bir hafta içinde "Papazın Uşağı" ilhakçılardan kurulu Rum polisi Türklere hemen her yerde ateş açmaktadır. Tecavüzlerini Aziz Atatürk'ün heykeline, Kıbrıstaki Türk elçiliğine ateş açacak kadar ileri götürmüşlerdir.

Yüzlerce Türkün kanı menfur emeller uğruna sel gibi akıtılmaktadır, şen'i tecavüzler Türk hastahanelerine ve yaralı taşıyan arabalara ateş etmek gibi gayri insani, vahşi bir veçheye varmıştır,

Kıbrıs bir iç harbe girmektedir. Kıbrıslı kardeşlerimizin kanının akıtılması karşısında sabrımız taşmıştır.

Kıbrıs uğruna akacak OTUZ MİLYON TÜRKÜN kanının E.O.K.A yı boğacak kudrette olduğunu bütün dünyaya ilân ve şen'i tecavüzleri tel'in için SAAT 13,30 DA TEKNİK ÜNİVERSİTE GÜMÜŞSUYU BAHÇESİNDE T O P L A N ' . . .

İ.T.Ü. ve İ.T.Ü.T.O öğrencileri.

Übersetzt ins Deutsche:

Kommilitone, Freund!

Die absichtlich geführte Vernichtungs- und Einschüchterungspolitik von Makarios und seiner griechischen Anhänger gegen die türkischen Zyprioten ist deutlich schlimmer geworden. Diese Politik richtet sich gezielt und gewaltsam gegen die in Zürich und in London unterschriebenen Abkommen, nämlich gegen die Sicherheit- und Garantierechte, die den türkischen Zyprioten erteilt wurden.

Innerhalb der letzten Woche hat die von den Dienern dieses Priesters gegründete griechisch-zypriotische Polizei überall auf die Türken in Zypern geschossen.

Mit ihren bewaffneten Überfällen auf die heilige Skulptur von Atatürk und auf die türkisch-zypriotische Botschaft sind sie sehr weit gegangen.

Das Blut von Tausenden Türken fließt wie Regen auf den Straßen.

Mit den Schüssen auf die türkischen Krankenhäuser, auf Krankenwagen, die verletzte Menschen transportieren, ist eine unmenschliche Brutalität erreicht.

In Zypern wird bald ein Bürgerkrieg ausbrechen. Unsere Geduld gegenüber dem Blutvergießen unserer zypriotischen Brüder ist am Ende.

Wegen Zypern wollen wir der Weltöffentlichkeit zeigen, dass das Blut von 30 Millionen Türken die Kraft besitzt, die E.O.K.A. zu erwürgen. Wegen dieser Attentate versammele dich um 13.30 Uhr im Gümüssuyu-Garten der Technischen Universität.

I.T.Ü. Und I.T.Ü.T.O die Schüler.

E.O.K.A. war eine bewaffnete Widerstandsorganisation und wurde von griechischen Zyprioten gegründet. Ursprünglich richtete sie sich gezielt gegen die Engländer.

Weitere Aktivitäten der türkischen Studenten und der Ordnungsbehörden waren die Markierungen an den Wänden aller Geschäfte und Wohnungen, in denen Griechen arbeiteten und wohnten, mit dem Buchstaben „X“. Dies bezeichnete den ersten Buchstaben des griechischen Wortes „Christ“ (griechisch, Χριστιανός). Mit diesem Erkennungszeichen konnten später die Randalierer und Verbrecher der Pogromnacht schneller die griechischen Geschäfte und Wohnungen ausfindig machen und somit ihren „Auftrag“ ohne Zeitverlust ausführen. Sie besorgten sich bereits Wochen davor aus dem Rathaus aktuelle Listen mit Namen und Anschriften der Geschäfte und Wohnungen der Griechen.

Die türkischen Behörden informierten offensichtlich rechtzeitig die türkische Bevölkerung, was mit der griechischen Minderheit in der Nacht des 06./07. Septembers 1955 geschehen sollte. Damit sie sich vor den geplanten Überfällen schützen könnten, sollten sie in dieser Pogromnacht die ganze Nacht die Lichter in ihren Wohnungen brennen lassen und die türkische Flagge am Eingang ihrer Häuser aufhängen. Die Kennzeichen dienten der Orientierung der Randalierer.

Bedrohliche Stimmung an der Universität

Während der Zypernkrise wurde auch an den Universitäten den griechischen Studenten das Leben zur Hölle gemacht. Im Allgemeinen mussten alle Abiturienten, die an den türkischen Hochschulen Studienfächer wie Medizin, Naturwissenschaften, Pharmazie, Architektur, Kunst studieren wollten, vorher eine schriftliche Aufnahmeprüfung ablegen. Allerdings war es für die griechischen Abiturienten während der Zypernkrise besonders schwierig. Sie durften nicht alle genannten Fächer studieren. Sie hatten zwar formell das Recht, die Aufnahmeprüfung mitzuschreiben, ihre Prüfungsbögen blieben jedoch automatisch unberücksichtigt. Elefterios war auch einer dieser Betroffenen. Er hatte die Aufnahmeprüfungen sowohl für das Fach Medizin als auch für das Fach Naturwissenschaften mitgeschrieben. Nach seiner Berechnung war er ganz sicher, dass er die Prüfung für das Fach Medizin bestehen würde. Die Überraschung für ihn und für einen anderen Freund kam erst zwei Wochen nach der schriftlichen Aufnahmeprüfung. Sie hatten angeblich die Aufnahmeprüfung zum Medizinstudium nicht bestanden. Diese Nachricht war allerdings zu erwarten, denn Griechen durften in dieser kritischen politischen Zeit solche anspruchsvollen Fächer nicht studieren.

Auch denjenigen Griechen, die bereits studierten, wurden ebensolche Schwierigkeiten an der Universität gemacht. Beispielsweise fielen sie in den Prüfungen durch, oder es gab unbegründete Auseinandersetzungen entweder mit Hochschullehrern oder mit Kommilitonen. Infolgedessen nahm in den sechziger Jahren die Zahl der griechischen Studenten an den türkischen Universitäten drastisch ab, da viele von den griechischen Abiturienten ins Ausland auswanderten.

Elefterios erinnert sich an seine studentische Zeit an der Istanbuler Universität. Diese Jahre waren für ihn sehr hässlich und grausam. Er erlebte von seinen türkischen Kommilitonen oft Provokationen, Ablehnungen, Missachtungen und manchmal sogar verbale Angriffe. Er konnte mit ihnen nicht mehr menschlich und frei kommunizieren. Besonderes in der Zeit der politischen Unruhen wollten sogar seine türkischen Freunde und Kommilitonen mit ihm nichts mehr zu tun haben. Er fühlte sich in der Gruppe der Studenten wie ein „Fremdkörper". Er spürte jedes Mal Angst und eine innere Unruhe, wenn er den Hof der Universität bzw. den Hörsaal seiner Fakultät betrat. Selbst die

Professoren verhielten sich ihm gegenüber sehr unfreundlich und provokant. Im Institut war er der zweite Grieche, der in der naturwissenschaftlichen Fakultät studierte.

Er gab eine besonders menschenverachtete Episode, die er aus seinem Freundeskreis erfuhr. Ein guter Freund von ihm, der an der Universität in Istanbul Jura studierte, bekam eines Tages einen großen Schrecken, als er den Vorlesungssaal nach einer Vorlesungspause wieder betrat. Er fand sein dickes und kostbares Jurabuch an seinem Platz, an dem er vorher gesessen hatte, in verbranntem Zustand vor. Seine türkischen Kommilitonen schauten ihn von weitem mit Schadenfreude an und lachten ihn aus. Als der junge Grieche diese grausame Situation erkannte, packte er aus Angst schnell seine Tasche und verließ augenblicklich den Hörsaal. Selbstverständlich hatte er sein verbranntes Buch zurückgelassen. Als er aus dem Hörsaal herauskam, riefen ihm zwei türkische Studenten hinterher: „Du gehörst nicht zu uns. Hau ab Gawur"! In diesem Augenblick fragte sich der griechische Student: Warum? Was war das Motiv dieser Aggressivität? Wollten seine Kommilitonen damit symbolisieren, dass sie lieber den Inhaber des Buches verbrennen wollten, als sein Buch selbst? Welche bösartigen Absichten steckten hinter diesen Tätern? Welche Absicht hatten sie überhaupt? Welches kriminelle Potenzial steckte dahinter? ... Die richtige Antwort dazu kann wahrscheinlich nur der „Teufel" geben. Der junge Student war nicht nur von diesem hinterhältigen Anschlag entsetzt, sondern die ganze Atmosphäre erschien ihm bedrohlich und unheimlich. Er verließ den Hörsaal für immer ...

Am Abend des gleichen Tages traf er sich mit Elefterios und mit noch drei anderen Freunden in den Räumen des griechischen Kulturvereins. Er war sichtlich besorgt und entsetzt von allem, was er am Vormittag auf der Universität erlebte. Er erzählte seinen Freunden, dass er bereits die Entscheidung getroffen hatte, baldmöglichst nach Griechenland auszuwandern. Er konnte diesen Horror, Terror und das primitive Verhalten der Türken nicht mehr ertragen und er ließ erkennen, wie unmenschlich und provokativ seine türkischen Kommilitonen mit ihm umgegangen waren. Er schilderte, wie die türkischen Studenten im Seminar von Hass und Fanatismus besessen waren. Als friedlicher und freundlicher Mensch bekam er vor diesen – wie er sie nannte – Barbaren richtige Angst.

Unter den türkischen Kommilitonen von Elefterios befand sich auch ein türkischer Student aus Zypern. Irgendwann war er mit ihm ins Gespräch gekommen. Beeindruckend war, dass er ihm erzählte, wie harmonisch beide Volksgruppen auf Zypern, vor Ausbruch dieser politischen Krise zusammengelebt hatten. Elefterios hatte von solchen harmonischen und freundschaftlichen Situationen zwischen Griechen und Türken auf Zypern oft gehört. Jedes Mal dachte er im Stillen, wie doch die Politik die Nationen auseinander bringt und die Menschen mit Hass infiziert.

Was war in dieser Nacht geschehen?
Wie verlief diese Nacht des Schreckens?

Die „Operationen“ hielten von etwa 17.30 Uhr des 06. September 1955 bis in die frühen Stunden des nächsten Tages (zwischen 4.30 Uhr bis 5.00 Uhr früh) an. Während dieser Zeit fügte diese gesteuerte „Feuerwalze“ der griechischen Wirtschaft, Kultur und Religion enorme Schäden zu. Betroffen waren die Städte Istanbul (Konstantinopel) und Izmir (Smyrna).

Laut den Berichterstattern soll der Polizeichef von Istanbul regelmäßig den damaligen türkischen Präsidenten Celal Bayar und den Ministerpräsidenten Menderes telefonisch über den Verlauf dieser „heroischen" Taten des türkischen Mobs informiert haben. Die beiden Politiker hielten sich während dieser brutalen Nacht in Istanbul auf. Nach der Erfüllung eines großen Teiles dieser Aktion sollen sie am gleichen Abend gegen Viertel nach acht „zuversichtlich" über diese erfolgreich ablaufenden „Operationen" mit dem Zug in die Hauptstadt Ankara zurückgekehrt sein.

Diese gewalttätige Aktion wurde von der damals amtierenden türkischen Regierung von Adnan Menderes seit längerer Zeit geplant, perfekt und heimlich organisiert und professionell ausgeführt. Die vordergründige Inszenierung des Bombenanschlages auf das Geburtshaus von Kemal Atatürk in Thessaloniki war das Signal für den Start dieser Operation in der Nacht der September-Pogrome. Wie später bei den Gerichtsverfahren bekannt wurde, hat diese Inszenierung auch der türkische Geheimdienst geplant und organisiert.

In Istanbul führten die türkischen Studenten den eigentlichen Start dieser Progrome gegen 17.30 Uhr an. Sie hatten sich in Taksim (Stadtteil von Istanbul) in mehreren Gruppen vor dem Denkmal von Atatürk versammelt und mit Transparenten in der Hand diese beschämende Katastrophe angekündigt.

In dieser Nacht zogen johlende Horden durch die Stadt mit Äxten, Schlagstöcken, Hacken, Schaufeln, Eisenstücken, Benzin und Dynamit, mit der Absicht die griechische Minderheit zu plündern, niederzuschlagen, zu zerstören, zu töten ... Mit Sprüchen auf den Transparenten, wie

- „Fluch den **Gavuren** (Heiden, Ungläubigen, gemeint hier die Griechen)".
- „Zerstöre, zerbreche, verbrenne alles, was den **Gavuren** gehört".
- „Tod den **Gavuren**".

- „Gestern hatten wir das „Zuckerfest“ (Seker Bayram), heute werden wir das „Opferfest“ (Kurban Bayrami) feiern.
- „Schlacht den Griechen, den Verrätern“.
- „Verflucht die Griechen“.
- „Erst Gut, dann Blut“ (Evvela Mal, sonra Can)
- „Wir werden bald in Thessaloniki und in Athen einmarschieren“.
- „Nieder mit den reichen Griechen“.
- „Endlich ist die Zeit gekommen, unser Vaterland von diesen Ungläubigen zu befreien“...

marschierten diese Horden, aufgeteilt in großen Gruppen, brüllend und schreiend, wie wilde Raubtiere durch die Straßen von Istanbul und zerstörten alles, was den Griechen oder auch Armeniern und Juden gehörte. Sie schütteten Benzin und warfen brennende Holzstücke in die Kirchen hinein, um diese anzuzünden. Sie kippten Autos von Griechen um, plünderten wütend griechische Geschäfte (ca. 4300), und warfen deren wertvolle und kostbare Waren auf die Straßen. Zum größten Teil steckten sie diese Geschäfte in Brand und zerschlugen Fensterscheiben und Türen von etwa 2000 griechischen Wohnungen. Ferner zerstörten und setzten sie griechische Schulen (ca. 26) in Brand, sie ruinierten über 100 griechische Restaurants, griechische Werkstätten (ca. 21), fast 27 Apotheken und drei Redaktionen griechischer Zeitungen. 600 Menschen wurden in ihren Wohnungen, Geschäften und auf den Straßen krankenhausreif geschlagen. Sie begingen unfassbare Grausamkeiten, die menschliches Denken überfordert[40][43]. Gemäß dem Bericht der Helsinki Watch von 1992 betrug die Zahl der Toten in dieser Nacht um die 18 Menschen[16].

Während dieser Nacht wurden folgende Institutionen und religiöse Einrichtungen überfallen, niedergebrannt und zerstört sowie mehrere Menschen verletzt oder getötet:
Zahlreiche historische, byzantinische orthodoxe Kirchen (ca. 75 Kirchen) wurden geplündert, niedergebrannt, und teilweise vollständig zerstört. Wertvolle und unersetzbare byzantinische Ikonen und heilige Gegenstände der Kirchen wurden zerstört oder gestohlen. Der Pöbel hatte in die heiligen Becher uriniert, Kreuze mit Wut und Hass zerschlagen und zu Boden getreten. Griechische Friedhöfe u. a. in Sisli und in Balukli (Stadtviertel von Istanbul) wurden verwüstet, geplündert und verbrannt. Viele Gräber wurden geöffnet und die frisch Beerdigten aus den Särgen herausgezogen, um mit Messern auf sie einzustechen. Historische Gräber von orthodoxen Patriarchen wurden verwüstet, geschändet und die Knochen der Verstorbenen auf der Straße zerstreut. Das zeigte den ganzen Hass und die Verachtung gegenüber dieser christlichen Weltreligion. Byzantinische Bibliotheken mit wertvollen und unersetzbaren byzantinischen Büchern wurden verbrannt. Griechische Schulen wurden verwüstet und niedergebrannt. Viele Griechen wurden mit Schlagstöcken und Eisenteilen geschlagen und lebensgefährlich verletzt. Einige von ihnen starben später an den Folgen ihrer Verletzungen. Geistliche wurden geschlagen und ermordet. Der Pater Chrisanthos Mantas, ein 92 Jahre alter Mönch, wurde zuerst verprügelt, dann mit Benzin übergossen, lebend verbrannt und seine Leiche wurde in eine Zisterne geworfen. Ein anderer Priester vom Kloster Agios Nikolaos von der Prinzeninsel Büyükada wurde ebenso in einen Brunnen geworfen und ertrank. Einen anderen Priester banden sie an einem Auto fest und zogen ihn durch die Straßen, bis er elend zugrunde ging. Der Metropolit Gerasimos Pamphilou wurde in seiner Wohnung überfallen, massiv geschlagen, sodass er nach einigen Tagen seinen Verletzungen erlag. Ein unbekannter Priester wurde auf der Prinzeninsel Chalki tot aufgefunden(43). Meh-

rere Griechen wurden ermordet, verbrannt oder sind aus Angst an Herzversagen gestorben. Weitere begingen aus Verzweiflung Selbstmord oder starben an den Folgen ihrer furchtbaren Verletzungen. Viele sensible Menschen, die die Grausamkeiten und die Gewalttaten dieser Nacht nicht verkraften konnten, waren später mit psychischen und physischen Schäden lebenslänglich erkrankt oder sind Jahre danach gestorben.

Besonders schlimme Überfälle erlebten die griechischen Bürger in den Vororten der Stadt. Zahllose Verbrecher drangen in die Häuser wehrloser Menschen ein und zerschlugen vollständig ihr Mobiliar. Sie vergewaltigten auf brutalste Weise zahlreiche Frauen und junge Mädchen vor deren Angehörigen (es wird von 200 Vergewaltigungen berichtet). Zahlreiche Menschen wurden gefoltert, geschlagen. Geschlechtsorgane junger Männer trennte man mit schmutzigen Taschenmessern ab oder beschnitt sie unter dem Gejohle des Pöbels. Der bekannte Schriftsteller und Dramatiker Aziz Nesin beschreibt in seinem Buch „Hänge sie wie die Trauben", welche Demütigung und Brutalität die griechischen Männer in dieser Nacht erlebt hatten. Er bezeichnete diesen fanatischen Mob wie „Menschen, die Monster wurden"(3).

Dieses „mörderische Projekt" dauerte bis in die frühen Stunden des nächsten Tages. In dieser Zeit wurden von diesen Verbrechern unzählige Grausamkeiten und Gewalt-Orgien „gefeiert". Zahlreiche Augenzeugen und die internationale Presse berichteten aus dieser Schreckensnacht, wie diese Verbrecher mit großen Lastern, die zum Teil dem türkischen Militär gehörten, zu ihren Zielorten gebracht wurden, um ihre Schandtaten bzw. ihre „Aufträge" auszuführen. Jede Gruppe wurde angeführt von zivil gekleideten Soldaten und Polizisten. Diese Männer wurden von vielen Augenzeugen später wieder erkannt, als sie uniformiert im Dienst waren. Zu diesen „heroischen Tätern" gehörten auch Häftlinge, die eigens für diesen Zweck vorübergehend aus den Gefängnissen entlassen wurden sowie Schlägertrupps aus Anatolien, die aus diesem Grund nach Istanbul transportiert, mit Waffen ausgerüstet und auf die griechische Minderheit gehetzt wurden. Dies ist vergleichbar, als wenn man Kampfhunde auf wehrlose Menschen hetzt. Überall herrschte Chaos, eine Panik, wie im Kriegszustand. Es war die Nacht des „Schreckens", des „Wahnsinns", wie sie auch von ausländischen Journalisten bezeichnet wurde. Die berühmte Prachtstraße im Herzen von Istanbul, die Istiklal Caddesi, kam einem Schlachtfeld gleich.

In den frühen Stunden des siebten Septembers verhängte die türkische Regierung den Ausnahmezustand, nachdem ihre zerstörerischen Organe das Leben der Griechen ruiniert hatten. Danach fanden einzelne Angriffe und Überfälle weiterhin statt. Dieser Notstand wurde endlich nach sechs Monaten aufgehoben.

Während dieser Tragödie schauten die türkische Regierung, die türkischen Sicherheitsbehörden und die so genannten Freunde und Alliierten Griechenlands im Ausland zu. Die türkische Regierung bestaunte diese Überfälle. Sie bewunderte, wie effizient sie ihre Macht auf wehrlose Menschen ausüben konnte. Wie ihr tapferes Volk diese „Heldentaten" erfolgreich und präzise ausführte, nach dem türkischen Spruch „wie glücklich man (doch) ist, Türke zu sein" (Ne mutlu Türküm diyene). Gleichzeitig zeigte sie sich respektlos gegenüber den Menschenrechten und der Menschenwürde ihrer Minderheit. Diese „Bewunderung" ist vergleichbar mit der historischen Erzählung aus dem Römischen Reich, nach der Kaiser Nero vom Balkon seines Palastes die brennende Stadt bewunderte ...

Erstaunlich aber ist auch, wie die westliche Welt durch Gleichgültigkeit und Desinteresse gegenüber dem NATO-Partner Griechenland reagierte. Man könnte annehmen, dass die westlichen Staaten mit dieser Haltung eine Solidarität und eine Verbundenheit zu der Türkei bewusst ausdrückten. Auch die Verletzung der Menschenrechte und das Leid der griechischen Minderheit in der Türkei beeindruckten die Großmächte in keiner Weise.

Während dieser Aktionen wurde das ökumenische Patriarchat, der Sitz des griechisch orthodoxen Oberhauptes in Phanar (Stadtviertel von Istanbul), das griechische Konsulat und alle ausländischen Konsulate und religiöse Institutionen, von der Polizei strengstens abgeschirmt. Lediglich das russische Konsulat brachte den Mut auf, an diesem Abend seine Tür offen zu halten.

Man kann das Profil dieser Nacht folgendermaßen beschreiben: Schwerste Misshandlungen, Mord, Kriminalität, Vergewaltigungen, Horror, Terror, Wut, Hass, Fanatismus(3).

Die Haupteinkaufsstraße in Beyoglu am Tag nach der Kristallnacht

Zerstörte und verwüstete Geschäfte der Minderheiten
in der Hauptgeschäftsstraße Beyoglu (Pera) nach der Pogromnacht

10

Die Prinzeninseln im Marmarameer. Eigenerlebnisse in der Pogromnacht

Die Prinzeninseln liegen im südöstlichen Teil des Marmarameeres, südlich vom asiatischen Istanbul. Von den neun Inseln sind nur vier bewohnt. Die größte Insel heißt Büyükada (griechisch: Pringipos) und liegt 20 km südöstlich von Istanbul. Danach kommen die Inseln Heybeliada (griechisch: Chalki), Burgazada (griechisch: Antigoni) und Kinaliada (griechisch: Proti). Sie sind von Istanbul aus entweder mit Schiffen oder mit schnellen Dampfern in weniger als einer Stunde erreichbar. Auf den Inseln dürfen keine Autos verkehren. Infolgedessen herrscht hier sowohl für die Einwohner als auch für die Vegetation eine friedliche, idyllische, umweltfreundliche und saubere Atmosphäre. Als Verkehrsmittel dienen Pferdekutschen, die das Inselbild idyllisch prägen. Darüber hinaus werden noch Reitesel als Transport- oder Ausflugsmittel sowie zahlreiche Fahrräder verwendet. Auf jeder der Inseln findet man wunderschöne Wanderwege. Alle vier Inseln sind beliebte Ausflugsziele und Sommeraufenthaltsorte sowohl für die ausländischen Touristen als auch für die Einwohner der Stadt Istanbul. In den Sommermonaten nimmt die Bewohnerzahl auf allen vier Inseln wegen der Feriengäste deutlich zu.

In der byzantinischen Zeit waren diese Inseln auch religiöse Zentren und besaßen zahlreiche Klöster. Die Geistlichen hatten diese Klöster als Sommerresidenzen benutzt. Bis Ende des 19. Jahrhunderts bewohnten diese Inseln überwiegend Griechen, Armenier und Juden. Der Vertrag von Lausanne erlaubte den auf diesen Inseln lebenden Griechen weiterhin hier zu wohnen – im Gegensatz zu den Griechen aus Kleinasien, die nach Griechenland umsiedeln mussten. In den späteren Jahren, als in der Türkei der Wahnsinn des türkischen Nationalismus und des religiösen Fanatismus sich ausgebreitet hatten, haben diese byzantinischen Inseln ihre Ureinwohner und ihren Ursprungscharakter allmählich verloren.

Eine ruhige und idyllische Insel ist auch die Insel Burgaz. Außer ihrer historischen Bedeutung findet man hier viel Natur, weite Wiesen, reichlich Wald und eine angenehme Erholungsatmosphäre. Die Familie von Elefterios verbrachte fast jedes Jahr ihren Sommerurlaub auf dieser Prinzeninsel. Sie blieben dort, vom Juni bis Mitte September bzw. bis die Schule wieder begann. Auch in diesem Jahr des „Schreckens, der Furcht und des Terrors" für die griechische Minderheit hielt sich die Familie auf dieser Insel auf. Das Ferienhaus, in dem sie diesmal ihren Sommerurlaub verbrachte, gehörte einer netten und freundlichen türkischen Familie. Es befand sich in einer ruhigen Seitenstraße der Insel und bestand aus zwei Stockwerken. Im Erdgeschoss wohnte das türkische Ehepaar, mit ihrer erwachsenen, unverheirateten Tochter und mit einem behinderten Sohn. Das obere Geschoss vermieteten sie nur in der Urlaubsperiode an Urlauber. Die türkische Familie wohnte in den Wintermonaten auf dem Festland und in den Sommermonaten verbrachte sie ebenfalls ihren Sommerurlaub in diesem Haus. Der Vermieter war Lehrer in einer türkischen Realschule in Istanbul. Die Tochter dieser Familie studierte an der Universität in Istanbul Geschichte und Philologie und sie sprach perfekt griechisch. Die Familie war solide, gebildet und pflegte überhaupt keine feindlichen Gefühle gegenüber der griechischen Minderheit.

In den Sommermonaten verbrachten viele Istanbuler ihren Urlaub entweder auf den Prinzeninseln oder am Bosporus. Die meisten von ihnen mieteten Ferienhäuser für die ganze Familie. Es gab jedoch auch viele Istanbuler, die eigene Häuser besaßen, die sie zum Teil auch an Urlauber während der Sommerperiode vermieteten. In der Regel dauerte die Urlaubssaison für die meisten Menschen 3 bis 4 Monate. Diejenigen, die ihren Sommerurlaub am Bosporus verbrachten, fuhren täglich zu ihren Arbeitsplätzen, entweder mit dem Linienbus oder mit dem Liniendampfer. Für die Überfahrt zu den Inseln verkehrten früher Schiffe, deren Fahrgeschwindigkeit nicht sehr hoch war. Infolgedessen dauerte die Überfahrt viel länger, bis die Stadt Istanbul superschnelle Schiffe in den Verkehr brachte. Da die Entfernung von den Prinzeninseln zum Festland mit den Schiffen in den damaligen Zeiten etwa 60 bis 90 Minuten dauerte, konnten die berufstätigen Mitglieder der Familien täglich zu ihren Arbeitsplätzen pendeln. Ebenso stellte diese relativ kurze Reisezeit auch für die Schüler oder Studenten kein Problem dar. Die Überfahrt zum Festland war für die meisten Reisenden ein Vergnügen und manchmal auch ein echtes Erlebnis. Sie genossen diese Zeit mit Lesen, Reden, Diskutieren, Essen, Lachen, Musik hören. An Bord des Schiffes wurden viele wichtige Themen diskutiert und geschäftliche sowie familiäre Entscheidungen getroffen. Diese täglichen Überfahrten stellten tatsächlich ein Erlebnis, einen gewissen Kult dar. Wenn man diese Atmosphäre in den Morgen- und Abendstunden des Tages genau beobachtete, konnte man darüber sicherlich Bücher schreiben. Man sah die Menschen an Bord entweder in Gruppen oder einzeln, im Sitzen, beim Herumlaufen oder stehend. Andere angelten während der Schiff-Fahrt. Es gab etliche, die morgens auf der Terrasse des Schiffes entweder frühstückten oder aufmerksam ihre Tageszeitung lasen. Manche unterhielten sich lebhaft mit anderen Mitreisenden. In den Abendstunden begegnete man an Bord des Schiffes einem anderen Bild. Freunde oder Nach-

barn versammelten sich an einer Ecke und aßen oder tranken ihr Lieblings-Nationalgetränk, nämlich Ouzo (türkisch, Raki), bei Musik und Späßchen. Frauen strickten, häkelten oder lasen Zeitschriften oder Romane. Es herrschte eine lebhafte, amüsante und aufgeschlossene Atmosphäre. Man hörte verschiedene Sprachen und konnte schnell Freundschaften schließen. Außerdem kannte jeder jeden.

Am Nachmittag des sechsten September war Elefterios noch in Istanbul mit einigen Freunden zusammen. In der Stadt hatten die jungen Freunde eine merkwürdige Intuition, dass irgendetwas passieren könnte. Die Tageszeitungen berichteten mit aggressiven Nachrichten über die kritische Lage auf Zypern. Sie griffen die griechische Minderheit und das Patriarchat mit unverschämten Behauptungen massiv an. Man bemerkte schon eine gewisse Unruhe und Angst unter den Griechen.

Damals war es üblich, dass die Zeitungsverkäufer, meistens junge Leute, auf den Straßen die Zeitungen anboten. Sie liefen mit einem Stapel von Tageszeitungen unter dem Arm auf den Hauptstraßen von Istanbul und riefen laut den Namen der Zeitung, die sie gerade verkauften. Manche von diesen Zeitungsverkäufern riefen auch lautstark die Hauptthemen der Zeitung. Auf diese Weise lenkten sie die Aufmerksamkeit der Passanten auf ihre Zeitung und auf die brandneuen Nachrichten des Tages. Die Stimmen der Zeitungsverkäufer waren besonders laut, wenn es sich um Nachrichten über Zypern handelte. Die „brandneuen Nachrichten" der Tageszeitungen zur Zypernkrise an diesem Nachmittag signalisierten schon etwas Ungeheures.

Als der junge Grieche gegen 16.00 Uhr allein den Dampfer in Richtung Prinzeninseln bestieg, beobachtete er auf der Galata Brücke eine besondere Nervosität unter den vorbeigehenden Menschen. An Bord des Schiffes stellte er fest, dass die türkische

Bevölkerung mit großer Aufmerksamkeit die Nachmittagssonderausgaben der Tageszeitungen las. Dieses Verhalten der Menschen an diesem Nachmittag versetzte den jungen Mann intuitiv in große Sorgen. Er fühlte sich, als ob er sich in einem engen Raum befand, in dem eine elektrische Hochspannung installiert war.

Gegen Abend hatte seine Mutter beobachtet, wie ihr Vermieter die türkische Flagge draußen an der Tür des Hauses befestigte. Später klingelte er bei der Familie an der Tür, um sie über die bevorstehenden, angeblich „harmlosen Demonstrationen" zu informieren. Dabei versuchte er, die Mutter von Elefterios und deren ganze Familie zu beruhigen. Als Elefterios im Ferienhaus ankam, erzählte er seiner Mutter, seiner Schwester und seiner Patin alles, was er in Istanbul und an Bord des Schiffes beobachtet hatte. Daraufhin schilderte ihm seine Mutter, was sie heute im Haus erlebt hatte, und wie der türkischen Familie alles sehr peinlich gewesen war. Ferner sagte sie, dass der Vermieter nicht genau zu wissen schien, wie er diese unangenehme Nachricht der griechischen Familie vermitteln könnte. Sein unsicheres Verhalten hatte die Mutter aus dem Gespräch mit ihm wahrgenommen.

Alle diese Verhaltensäußerungen und die beunruhigenden Nachrichten versetzten die Familie in Angst und in Unruhe. Obwohl die Anwesenheit dieser freundlichen türkischen Familie ein gewisser Schutz und eine Beruhigung für sie bedeutete, war trotzdem alles für Elefterios und seine Familie ziemlich ungeheuerlich und beängstigend.

Wie zu erwarten war, blieb das Haus in dieser Nacht vor dem Pöbel verschont. Trotzdem konnte die Familie durch die Schreie und der Vandalen auf den Straßen kaum schlafen. Elefterios erzählte, wie seine Familie an diesem Abend die Wohnung abdunkelte. Die Familie hatte Angst, aus dem Fenster zu schauen.

Spontan erinnerte sich seine Mutter an die Nächte während des Zweiten Weltkrieges. Sie mussten jeden Abend sämtliche Fenster mit dicken Vorhängen abdunkeln. Damals war Elefterios ein kleiner Bub gewesen. Augenblicklich erinnerte er sich, wie er seiner Mutter dabei half. Obwohl sich die Türkei am Zweiten Weltkrieg nicht beteiligte, musste die Bevölkerung jeden Abend die Wohnungen abdunkeln. Es war eine strenge Vorschrift der türkischen Regierung. Die Alliierten flogen nachts oft über die Stadt Istanbul. Deswegen musste alles dunkel sein.

Der Vater und der Schwager von Elefterios waren an diesem Abend in ihrer Istanbuler Wohnung geblieben. Aufgrund der brutalen Überfälle auf den Straßen hatten sie Angst, aus dem Haus zu gehen. Außerdem wollten sie auch ihr Haus bewachen. Sein Schwager hatte aus dem Keller ein schärferes Beil geholt. Damit wollte er sich und seinen Schwiegervater verteidigen, falls diese Randalierer das Haus überfallen würden. Er war auf diese ungerechten und barbarischen Angriffe der Türken so wütend, dass er sogar zu solchen Mitteln greifen wollte.

Die Straßen waren voll mit Gruppen von Randalierern, die nicht nur schrien und gegen die Griechen mit bedrohlichen Parolen wetterten, sondern Geschäfte zerstörten oder sie in Brand steckten. Der Pöbel überfiel mit brutaler Gewalt griechische Passanten, die unterwegs zu ihren Wohnungen waren. In der Straße, in der die Familie in Istanbul wohnte, befand sich in der Nähe ein Reinigungsgeschäft. Dieses Geschäft gehörte einem Griechen. Die Randalierer zerstörten und plünderten dieses Geschäft in brutalster Weise. Sein Vater und sein Schwager haben später der Familie erzählt, wie sie die frisch gereinigten Kleider der Kunden auf die Straße warfen, schöne Stücke von Kleidern mitnahmen und das Geschäft gewaltsam und wütend zerschlugen.

Elefterios fuhr am nächsten Tag bereits mit einem der frühen Schiffe von Burgaz nach Istanbul. Er wollte sehen, was in der Nacht geschehen und was mit seinem Vater und seinem Schwager passiert war. An Bord des Schiffes herrschte unter den Fahrgästen (die meisten waren Griechen, Armenier und Juden) eine große Unruhe, Verzweiflung und Nervosität. Man konnte in den Gesichtern dieser Menschen Angst und Trauer ablesen. Jeder studierte die Tageszeitung aufmerksam, skeptisch und sorgenvoll. Kleine Gruppen von Menschen diskutierten sehr aufgeregt und lebhaft über die Ereignisse der vergangenen Nacht und über die Tagesnachrichten und die aktuellen Zeitungsberichte. Elefterios wusste bereits, was den Griechen geschehen war. Am Vorabend hatte er zusammen mit seiner Familie bereits aus dem Rundfunk über den brutalen Überfall auf die Griechen erfahren. Ferner hatte ihnen der Vermieter einiges mit Vorsicht und Zurückhaltung erzählt.

Mit einer gewissen Spannung, gemischt mit Angst und Verzweiflung verließ er das Schiff an der Galata-Brücke und versuchte mit schnellen Schritten durch die Menge der Menschen zu gelangen. Er hatte den Eindruck, dass heute entweder viele Menschen auf den Straßen waren, oder dass ihm die Straßen viel enger vorkamen. Alles, was er heute in Istanbul sah und erlebte, hätte er sich vorher nicht vorstellen könne. Es war ein trauriges Spektakel, ein Zustand wie nach einer Bombardierung, ein Bild wie nach einem starken Erdbeben, eine wirtschaftliche Katastrophe ... Die Straßen waren mit vielen Menschen und mit unwahrscheinlich vielem „Müll" regelrecht verstopft. Dieser Müll bestand aus den Waren, die überwiegend aus griechischen, jedoch auch aus jüdischen und armenischen Geschäften stammten. Die Straßen waren so verstopft, dass man kaum vorankommen konnte.

Die Straßenbahnen, die Busse und die Taxen konnten in die Stadtmitte, Beyoglu (griechisch: Pera), nicht fahren, da die Straßen unpassierbar waren. Überall lagen Gegenstände, umgekippte Autos, Kühlschränke, Stoffe jeder Qualität, Kleiderstücke, Schuhe, Schränke, Maschinen, Fensterrahmen, Lebensmittel, Elektrowaren, Scherben von wertvoller Keramik, Porzellan, Fensterscheiben von den Geschäften. Ein unangenehmer Geruch verbreitete sich, das Schreckensbild einer wirklichen Katastrophe! Als er auf diesem „Schutt" lief, dachte er im Stillen, dass Gott sei Dank noch keine Menschenleichen herumlagen. Die Straßen waren überfüllt mit Menschen, die hauptsächlich von dieser Katastrophe betroffen waren. Sie weinten vor ihren Geschäften, die fast leer, zerstört oder verbrannt waren. Alle Waren der Geschäfte lagen auf der Straße, zerschnitten, zertreten, verschmutzt, zerschlagen, in unbrauchbarem Zustand. Da die Straßen voll mit Gegenständen und Müll waren, konnte man nicht zügig laufen. Man konnte auch nur sehr mühsam versuchen, durch die Menge der Menschen, der Polizisten und des Militärs zu gelangen.

Als Elefterios vor diesem Chaos stand, dachte er daran, wie groß der Fanatismus, die Brutalität, das kriminelle Potenzial in dieser Nacht gewesen sein musste. Er stellte sich weiter vor, was passiert wäre, wie diese Straßen jetzt aussehen würden, wenn diese Verbrecher die Aufforderung bekommen hätten, auch die Griechen zu töten. Dann würde man jetzt neben herumliegenden Leichen laufen ...Hätte man die Sprüche auf den Transparenten und in der Stadt die verbreiteten Gerüchte ernst genommen, wäre man am nächsten Tag von diesem schrecklichen Straßenbild nicht überrascht worden. Denn die Griechen wussten aus Erfahrung, dass von den Türken alles erwarten wäre ...

Mit solchen und weiteren Gedanken, Vorstellungen und Ängsten lief Elefterios an dem „Müll" vorbei, verursacht durch den türkischen Fanatismus und Nationalismus, bis er an der griechischen Kathedrale Agia Triada (Dreifaltigkeits-Kirche) in Taksim (Stadtviertel von Istanbul) ankam. Dort traf er auf ein Bild des Wahnsinns und des Widerspruches zugleich. Hier fand er ein besonderes tragisches Bild, einen Höhepunkt dieser Gewalttaten. Als er diese schöne historische Kathedrale in heutigem Zustand sah, konnte er seine Seele nicht mehr trösten. Diese wunderschöne Kirche wurde in dieser „historischen" Nacht der Barbarei nicht nur gewaltsam ruiniert, sondern sie wurde sogar niedergebrannt. Eine große Menge von Gläubigen und Zuschauern standen weinend vor dieser Kathedrale, traurig und verzweifelt. Den Menschen fehlten die Worte, diese Katastrophe zu beschreiben.

Man fragt sich immer wieder, warum die Türken solch eine Weltreligion wie die Orthodoxie auf diese brutale Art und Weise immer wieder angreifen, zumal sie sich selbst als religiöse Muslime verstehen wollen. Laut ihrem heiligen Buch, dem Koran, sollten sie doch fremde Religionen respektieren. Auf der einen Seite sind die Türken stolz, dass sie dem Islam angehören, intensiv an ihren Allmächtigen glauben, ihn ehren und würdigen, vor ihm Respekt und Angst haben. Auf der anderen Seite ruinieren, verbrennen und zerschlagen sie respektlos und hemmungslos Gotteshäuser anderer Religionen, ohne Angst vor ihrem Allmächtigen zu empfinden. „Was für ein Widerspruch ist es, was für Gläubige sind diese Menschen" ... dachte Elefterios bei sich, als er vor der verbrannten Kathedrale stand. Später erfuhr er, dass diese Gewalttäter und Ungläubigen noch mehr Kirchen und Kapellen in solch einen ruinösen Zustand gebracht hatten. Der junge Grieche dachte sich im Stillen, wie primitiv, wie archaisch dieses Volk ist, solche Grausamkeiten zu begehen. Er fragte sich, ob dieses Volk tatsächlich schon im 20. oder noch in früheren Jahrhunderten lebte ...

Unterwegs traf Elefterios eine Menge Soldaten und Polizisten, die angeblich für die Ordnung in der Stadt eingesetzt waren. Viele Soldaten saßen auf Pferden und versuchten, die Straßen von der Menschenmenge zu befreien, damit die Autos und die Panzer durchfahren konnten. Er erinnert sich an zwei Polizisten auf Pferden, die ihn beinahe niedergetreten hätten, wenn er nicht schnell genug reagiert hätte. Dieses Bild ist bei diesem jungen Mann bis heute in seinem Gedächtnis präsent. Er sah, wie die Reiter, ohne die Menschen zu beachten,, brutal ihren Weg nahmen. Sie hatten lediglich den Auftrag, die Straßen für den Verkehr frei zu machen. Wie sie das machen sollten, hatte ihnen selbstverständlich niemand gesagt. Die nostalgische Pera-Straße (türkisch: Beyoglu- bzw. Istiklal-Caddesi) war in einen Kriegszustand verwandelt. Elefterios konnte viele bekannte Geschäfte nicht wiedererkennen. Dann ging er zum Geschäft seines Vaters, um zu sehen, was mit ihm und mit seinem Geschäft passiert war. Dort traf er seinen Vater in einer zutiefst traurigen Verfassung, hilflos und entsetzt.

Das Geschäft seines Vaters befand sich in einer großen Passage (syrische Passage) in der Nähe der ältesten U-Bahn-Station. Der Hausmeister, ein gläubiger Türke und ein guter Nachbar seines Vaters, hatte schon in den frühen Nachmittagsstunden dieses „historischen" Tages die riesigen Tore der Passage zugesperrt. So konnte keiner von diesen Randalierern, auch nicht mit Gewalt diese Tore öffnen. Selbstverständlich war auch er vorher über das Vorhaben seiner Regierung benachrichtigt worden. Allerdings, wie der Vater später erfuhr, war die Sperrung der Passage seine eigene Entscheidung gewesen. Infolgedessen wurde das Geschäft seines Vaters mit dem Willen Gottes nicht beschädigt.

Elefterios erfuhr von seinem Vater, dass das Geschäft seines Freundes total verwüstet worden war. Das war ein Lebensmittelgeschäft direkt an einer Hauptstraße in Tarlabasi (Stadtviertel von Istanbul). Elefterios war mit dem Sohn dieses Freundes sehr gut befreundet. Als der Freund von Elefterios mit seinem Vater am Morgen nach dieser Katastrophe, zu dem Geschäft ging, wäre der Vater beinahe zusammen gebrochen. Alle Lebensmittel lagen auf dem Boden, alle Regale wurden offenbar mit einem Beil zerschlagen, das Geld wurde aus der Kasse gestohlen, die Läden des Geschäftes lagen kaputt auf der Straße. Das war ein Schock für diesen über 60 Jahre alten herzkranken Mann. Am Nachmittag besuchte Elefterios diesen Freund bei ihm zuhause. Die jungen Menschen wussten schon seit Jahren, dass sie in der Türkei keine Zukunft hatten.

Am nächsten Tag, dem 07. September 1955 kam der Ministerpräsident Adnan Menderes angeblich unerwartet nach Istanbul, um diese Grausamkeiten zu „besichtigen". Während seiner Besichtigung riefen die Plünderer, wie der junge Grieche aus seinem Freundeskreis persönlich erfahren hat, ihm zu:

„Herr, wir haben keine Schlagstöcke mehr".

An diesem siebten September gab es Gerüchte, dass dieselben Plünderer diesmal die Griechen schlachten würden. Die Parole lautete:

„Gestern Euer Vermögen, heute Euer Leben".

Allerdings wäre ein solcher Überfall in den späteren Stunden des Tages wegen des Ausnahmezustandes praktisch nicht möglich gewesen. In den kommenden Tagen behauptete die türkische Regierung, dass dies Ereignisse in Konstantinopel und Smyrna angeblich von den Kommunisten geplant und ausgeführt worden wären. Selbstverständlich war es eine Lüge, wie sich später bei den Gerichtsverfahren herausstellte.

Wer sich mit der Wirtschaft und der Politik dieses Landes damals beschäftigte, wusste ganz genau, dass die Regierung von Adnan Menderes zu dieser Zeit mit wirtschaftlichen und finanziellen Problemen zu kämpfen hatte. Die Regierung war bankrott und korrupt. Um diesen Zustand auszublenden, suchte sie sich Sündenböcke unter der Minderheit aus. Die Zypernkrise war eine Inszenierung der Regierung. Im Grunde war alles, was die türkische Regierung der Presse demonstriert hat, eine Verleugnung, ein Betrug, eine Augenwischerei sowohl dem eigenen Volk als auch den Großmächten gegenüber.

Elefterios führte in diesen Tagen mit mehreren Augenzeugen aus dieser Nacht lange und intensive Gespräche. Alle erzählten ihm fast in gleicher Weise, wie sie diese Grausamkeiten erlebt und überlebt hatten. In Alt-Istanbul, wo die Familie seines Schwagers wohnte, erlebten die Menschen besonders schreckliche und dramatische Momente. Einige Familien, die er gefragt hatte, erzählten ihm, wie die schöne byzantinische Kirche Agios Konstantinos und Eleni in Samatia (griechisch, Psomathia, Stadtviertel von Istanbul), von diesen Verbrechern total ruiniert und verbrannt worden war. Da die Familie seines Schwagers in der Nähe dieser Kirche wohnte, konnte sie alles durch das Fenster ihrer Wohnung beobachten. Sie sahen, wie diese Plünderer die kostbaren Gegenstände dieser Kirche zerstörten und wie sie die Kirche in Brand setzten. Sie erzählten, wie diese Verbrecher mit Anleitung ihres Anführers in die Häuser der Griechen einbrachen. Alles, was sie vorfanden, warfen sie auf die Straße. Die Familie hörte Schreie von Frauen, von Kindern, von geprügelten Menschen. In ihrem Hause hatte dieser Pöbel ihr ganzes Mobiliar zerschlagen und den Vater sogar verprügelt. Die Eltern und die Schwester des Schwagers konnten monatelang nachts nicht mehr ruhig schlafen. Die Schwester seines Schwagers erzählte Elefterios ganz aufgeregt und immer noch in voller Angst, dass dieser Überfall bereits gegen 18.00 Uhr des 06. Septembers begonnen hatte. Die Familie hörte plötzlich laute Geräusche, die von weitem kamen. Die Schreie der Randalierer wurden immer lauter und schließlich sah man große Lastwagen, gefüllt mit bewaffneten Menschen, die aus diesen Lastern ausstiegen und schreiend und brüllend in Richtung Kirche marschierten. Ein Teil von diesen Horden überfiel die Wohnhäuser, wo nur Griechen wohnten, um sie zu zerstören und die Menschen zu verprügeln sowie die Frauen zu vergewaltigen. Die Schwester beschrieb weiter, wie ihre türkischen Nachbarn diesen Verbrechern geholfen hatten, die hintere Hoftür ihres Hauses zu finden. Diese Hoftür war relativ versteckt, sodass man sie nicht gleich sehen konnte. Die Schwester konnte ununterbrochen über diesen Abend reden. Zwischendurch weinte und seufzte sie fassungslos. Dieses Trauma hat sie bis zu ihrem letzten Atemzug begleitet. In späteren Jahren starb sie in einer psychiatrischen Klinik in Athen.

Nach dieser Pogromnacht war das Vertrauen der griechischen Minderheit zu den Türken wie Porzellan zerschlagen. Dieser brutale Überfall machte den Griechen bewusst, dass ihre Existenz und ihr Leben in der Türkei enorm gefährdet waren. Die Griechen verstanden, dass sie nicht mehr mit diesem primitiven Volk, mit dieser brutalen Kultur zusammen in Frieden leben konnten. Infolgedessen fingen sie an, systematisch ihr Eigentum gleich nach diesen Ereignissen zu veräußern und nach Griechenland oder in andere fremde Länder der Welt auszuwandern. Leider konnten sie ihre Immobilien nur zum halben Preis verkaufen, da die türkischen Käufer von der Notsituation bzw. dem Notverkauf dieser Griechen profitierten. Sie zahlten den Griechen für ihre Objekte nicht den realen Kaufwert. Dadurch haben diese Käufer sehr günstig schöne alte Häuser und Wohnungen der Griechen zu ihrem Besitz gemacht. Auch die Familie von Elefterios musste ihr Eigentum zu einem miserablen Preis verkaufen. Im Allgemeinen bekamen alle Griechen für ihre aus Generationen stammenden wertvollen Gegenstände von den türkischen Käufern immer den schlechtesten Kaufbetrag. Wenn die Türken erfuhren, dass die Immobilien einem Gavur gehörten, handelten sie situationsbedingt …

Viele griechische Familien schickten ihre Kinder zuerst zu Verwandten, Bekannten oder Freunden nach Griechenland. Viele junge Griechen fanden in anderen Ländern der Welt eine neue Heimat. Laut statistischen Angaben haben mehr als 100.000 Griechen nach dieser „Nacht des Schreckens und der Brutalität“ in den nächsten Jahren allmählich das Land verlassen. Die Griechen hatten sich zu diesem Exodus entschlossen, bevor sie eines Tages von den Türken massakriert würden. Sie erinnerten sich immer wieder an die früheren Zeiten (1915, 1922), wo etwa 1,5 Millionen Armenier, etwa 1,6 Millionen Griechen und mehr als 500.000 Assyrer und Chaldäer in Kleinasien brutal von den Türken umgebracht worden waren. Man trifft immer noch Griechen, die früher in der Türkei gelebt hatten, in verschiedenen Ländern der Welt und in Griechenland bis heute.

In den letzten Jahren ist der Druck der türkischen Regierung auf die übrig gebliebenen Griechen und vor allem auf die griechisch-orthodoxe Kirche in Istanbul deutlich gestiegen.

Die ganze Tragödie der griechischen Minderheit und der griechisch-orthodoxen Kirche in Istanbul ist ein chronisch übler Missstand und wird noch so lange andauern, bis die Türkei ihre geplante totalitäre ethnische Säuberung vollzogen hat. Es muss betont werden, dass nirgendwo in der Welt das Christentum auf diese Art und Weise vernichtet, verfolgt und massakriert worden ist, wie in der Türkei(37).

Eine charakteristische Aufnahme aus der Pogromnacht, entnommen aus dem Bilderarchiv des türkischen Militärrichters Fahri Coker

Türkische Straßenkehrer beseitigen die Scherben der zerstörten Geschäfte der Minderheiten am Tag nach der Pogromnacht im Stadtteil Galata

Ausgeplünderte Geschäfte der
Minderheiten in der Pogromnacht

Zwei zerstörte griechische Geschäfte in der Pogromnacht.
Das dritte Geschäft gehörte Türken und wurde nicht demoliert

Ein griechischer Geschäftsinhaber versucht nach der Verwüstung seines Hutmodengeschäftes den entstandenen Schaden einzuschätzen

Zerstörtes Möbelgeschäft nach dem Vandalismus des 6./7. September 1955

Eine von den zahlreichen demolierten und geplünderten griechisch-orthodoxen Kirchen während der Pogromnacht

Der verbrannte Gemeindesaal des griechisch-orthodoxen Klosters Zoothochou Pigis, im Stadtteil Balukli. Rechts die Klosterzelle, in der Pater Chrisanthos Mantas (92 Jahre alt) lebendig verbrannt wurde

11

Gerichtsverfahren gegen die Verantwortlichen

Eine kurze Übersicht

Der damalige Ministerpräsident der Türkei, Adnan Menderes, bezeichnete die tragischen Ereignisse vom September 1955 in Istanbul und Smyrna als eine Verschwörung gegen seine Regierung. Auf diese Weise versuchte er, die Verantwortung seiner Regierung für diese Gräueltaten auf andere abzuwälzen.

Bereits vor diesen Ereignissen herrschte in der Türkei eine große wirtschaftliche und innenpolitische Krise. Die Teuerungs- und Inflationsrate nahm im Lande kontinuierlich zu. Das Volk war mit der Arbeit der Regierung sehr unzufrieden. Die Regierung erhöhte ihre politische Macht und ihren Einfluss im Parlament und bei den staatlichen Institutionen. Menderes verletzte oft das Grundgesetz und regierte allmählich diktatorisch. Es gab zwischen der regierenden Partei – Demokratische Partei (DP) – des Ministerpräsidenten Menderes und der oppositionellen Volkspartei (CHP) von Ismet Inonü große politische Differenzen sowie erhebliche Auseinandersetzungen. Menderes versuchte, Inonü zu entmachten, um selbst der Mächtigste im Lande zu bleiben.

Zu dieser Zeit fanden auf Zypern blutige Kämpfe zwischen den griechischen Zyprioten, den Engländern und den türkischen Zyprioten statt. Die türkische Regierung nahm diese Kämpfe zum Anlass zu instrumentalisieren. Sie wandelte diesen Zustand auf Zypern, absichtlich und strategisch, in ein nationales, emotionales und politisches Konstrukt um. Dabei hatte die Türkei in diesen Jahren die Unterstützung von Groß-Britannien. In diesem

Zusammenhang wurden große Demonstrationen gegen die griechische Minderheit in Istanbul und in Smyrna organisiert und erfolgreich durchgeführt. Die Folge davon war, dass die türkische Bevölkerung auf einmal großes Interesse für die Zypernkrise zeigte. Es entstanden bei den Türken erwartungsgemäß Hass und feindliche Gefühle gegen die griechische Minderheit in Istanbul und Smyrna und gegen das orthodoxe Patriarchat in Istanbul. Durch diese strategischen Maßnahmen konnte die türkische Regierung die innenpolitische Krise im Lande ausblenden und alle Gräueltaten gegen die griechische Minderheit vor der Weltöffentlichkeit entsprechend rechtfertigen. Infolgedessen kann man sagen, dass die griechische Minderheit von der türkischen Regierung als Mittel zum Zweck benutzt wurde.

Das Pogrom und die dadurch entstandenen schweren finanziellen Folgen verschlechterten die wirtschaftliche Lage des Landes noch mehr. Die korrupte Wirtschaftslage und die diktatorische Politik von Menderes führten dazu, dass das Militär am 27. Mai 1960 putschte und die Macht im Lande übernahm. Gleich danach wurde das Komitee der nationalen Einheit unter General Cemal Gürsel gebildet und die demokratische Partei (DP) verboten.

Nach dem Militärputsch wurde Menderes mit seiner gesamten Regierung und seinen Parteimitgliedern (insgesamt 592 Menschen) verhaftet und auf der Prinzeninsel Yassiada (griechisch: Plati) inhaftiert. In 19 Strafprozessen und in 872 Gerichtssitzungen wurden alle Inhaftierten vor dem Militärgericht nach Artikel 517 des Strafgesetzbuches angeklagt. Das gesamte Gerichtsverfahren dauerte vom 14. Oktober 1960 bis zum 14. August 1961 an. Die Urteile wurden am 15. September 1961 verkündet. Der Präsident des hohen Gerichtshofes (türkisch: Yüksel Adalet Divani) war Salim Basol. In den Prozessen beschäftigten sich die Richter hauptsächlich mit der Verletzung des Grundgesetzes, mit der

Korruption und dem wirtschaftlichen Betrug der Regierung und mit der Bedrohung des Lebens des früheren Präsidenten Ismet Inonü. In einem Prozess (Pogrom-Prozess) beschäftigte sich das Gericht mit den antigriechischen Ausschreitungen vom September 1955 im Zusammenhang mit der Zerstörung des fremden Kapitals. Als fremdes Kapital war die Vernichtung des Vermögens der griechischen Minderheit während der Ausschreitungen in der Pogromnacht gemeint. Dies hatte zu einer katastrophalen finanziellen Situation der Staatskassen bzw. des Nationalkapitals geführt. Während der gesamten Gerichtsverfahren wurden zahlreiche Zeugen verhört. In diesem Zusammenhang wurde auch das „Pseudoattentat" auf das Geburtshaus von Atatürk in Thessaloniki aufgeklärt. Laut Gerichtsprotokoll hat die türkische Regierung den Brennstoff (eine Ladung mit Dynamit) für das Haus von Atatürk selbst organisiert und an die Täter geliefert. Der türkische Generalkonsul in Thessaloniki, Mehmet Ali Belin, hatte diese Ladung mit Dynamit dem türkischen Studenten Oktay Engin übergeben. Dieser legte die Bombe im Garten des Geburtshauses von Atatürk und richtete große Sachschäden durch die Explosion an. Zu dieser Zeit studierte Oktay Engin Jura an der Universität in Thessaloniki. Weitere Verantwortliche für dieses Attentat waren der stellvertretende Konsul Mehmet Ali Tekinalp und der Hausmeister des Geburtshauses von Atatürk, Hasan Ucar. Oktay Engin war der Sohn des Abgeordneten für die türkische Minderheit im griechischen Parlament, Faik Engin. Demnach wurde die Bombe am Abend des 05. Sept. 1955 von Oktay Engin im Geburtshaus von Atatürk gelegt. Vor den Gerichtsverfahren hatte die türkische Presse mit Polemik und Hasspropaganda berichtet, dass angeblich Angehörige der griechischen Regierung diese Bombe gelegt hätten.

Bemerkenswert ist, dass viele Verantwortliche dieses Attentats von Thessaloniki zum Schluss dieses Gerichtsverfahren freigesprochen wurden. Nur Menderes wurde zu sechs Jahren und der Außenminister Fatih Rüstü Zorlu zu vier Jahren Freiheitsstrafe verurteilt. In den späteren Jahren wurde der Student Oktay Engin zum Bürgermeister einer kleinen Stadt in Anatolien ernannt. Man fragt sich, ob diese Ernennung eine Rehabilitierung oder eine Würdigung bzw. eine Belohnung für seine Taten war ...

Am Ende der gesamten Gerichtsprozesse wurden letzlich der Staatspräsident Celal Bayar, der Ministerpräsident Adnan Menderes und der Außenminister Fatih Rüstü Zorlu, wegen Verletzung des Artikels 146, § 1 des türkischen Strafgesetzbuches zum Tode verurteilt. Das Urteil bezog sich unter anderem auf Korruption, Verrat und Verletzung des Grundgesetzes. Allerdings wurde die Strafe für den Staatspräsidenten auf Grund seines Alters, in lebenslange Freiheitsstrafe umgewandelt. Am 16. September 1961 wurden der Außenminister Fatih Rüstü Zorlu, der Innenminister Hasan Polatkan und am 17. September 1961 der Ministerpräsident Adnan Menderes auf der Insel Imrali hingerichtet. Weitere 31 Regierungsmitglieder erhielten lebenslange Haftstrafen. Die anderen Mitangeklagten wurden entweder zu mehreren Jahren Haftstrafe verurteilt oder freigesprochen. Viele Sicherheitsbeamte wurden vom Dienst suspendiert und mit Geldstrafen bestraft. Der Staatspräsident Celal Bayer wurde im Jahre 1966 begnadigt. In Anbetracht dieser Urteile fragt man sich, ob diese Prozesse lediglich eine politische Schau für die Weltöffentlichkeit waren.

Seither sind für die griechische Minderheit noch viele offene Fragen unbeantwortet geblieben. Einige davon:

- Wie hat die westliche Welt diese Gräueltaten in der Türkei beurteilt?
- Ist es der westlichen Welt tatsächlich gleichgültig, wenn das Christentum in der Türkei verschwindet?

- Welche Bedeutung haben Gesetze zu Menschenrechten, Menschenwürde, Gleichberechtigung, Religionsfreiheit und andere für die Türkei?
- Wieso haben bespielweise Amnesty International (ai) und die Human Rights Watch (HRW) (s. Glossar) nach ihren Gründungen in den späteren Jahren, hinsichtlich dieser Gräueltaten und Gerichtsbeschlüsse in der Türkei nicht Stellung bezogen?

Wie oben erwähnt, war das Ziel dieser Gräueltaten vom September 1955 die Zerstörung der griechischen Infrastruktur und die Vernichtung einer Weltkultur und -Religion in der Türkei. Allerdings hatte die damalige türkische Regierung nicht realisiert, dass alles, was den Griechen gehörte, auch ein Teil des türkischen Staates und der türkischen Wirtschaft war. Infolgedessen hat der Schaden, den die Regierung der griechischen Minderheit mit Freude und vollem Fanatismus zugefügt hat, gleichzeitig auch die Wirtschaft des eigenen Landes enorm belastet und beeinträchtigt.

Fazit nach etwa 56 Jahren:

Weder sind die weiteren Verantwortlichen dieses grausamen Genozid an der griechischen Minderheit vom September 1955, außer Bayar, Menderes, Polatkan und Zorlu, bisher identifiziert und bestraft, noch sind dessen Opfer rehabilitiert und finanziell entschädigt worden. Im Gegensatz dazu hat der türkische Staat das ganze Kapital der Griechen auf eine unehrliche Art und Weise kassiert und diese Menschen offiziell und inoffiziell aus dem Lande ausgewiesen und vertrieben. Die Vertreibung der griechischen Minderheit aus der Türkei ist seitdem für das Land nach wie vor ein Tabuthema und darf nicht offen und demokratisch diskutiert werden. Gegebenenfalls kann es bis zu schweren Strafprozessen und sogar zu Mordtaten führen. In den letzten Jahren haben einige Autoren und Journalisten gewagt, über die Gräueltaten aus dieser Zeit zu berichten und diese Taten der türkischen Öffentlichkeit zu visualisieren. Allerdings versuchen sie, alle ihre Berichtserstattungen mit großer „Vorsicht" zu verfassen und ihre Akzente weniger auf das Leid dieser Opfer zu setzen.

12

Das Leben der Griechen in den früheren Zeiten in der Türkei

Elefterios kam im deutschen Krankenhaus in Istanbul zur Welt. Seine Familie bestand aus mehreren Mitgliedern. Einige davon waren ältere Verwandte und wohnten im gleichen Haus, in dem er mit seinen Eltern zusammenlebte. Der restliche Teil der Familie wohnte in eigenen Wohnungen in unmittelbarer Nähe der Stadt. Die Familie hielt sehr eng zusammen. Infolgedessen musste er als Kind weder Großeltern noch Tanten, Onkel und Cousinen vermissen. Da er das jüngste Kind in der Familie war, genoss er eine besondere Zuneigung. Alle waren zu ihm sehr fürsorglich und liebevoll. Infolgedessen wuchs er sorgenfrei und wohlbehütet auf. Eine Kindergartenzeit nach dem heutigen Modell erlebte er nicht.

In den damaligen Zeiten war die soziale Struktur der türkischen Gesellschaft nicht so gut organisiert wie heute. Die Betreuung von kleinen Kindern funktionierte bei der griechischen Minderheit meist reibungslos zum Wohle der Mütter und Kinder. Es gab eine gewisse Anzahl von griechischen Familien mit kleinen Kindern, die tagsüber die Kinder anderer befreundeter oder bekannter Familien für einige Stunden zur Betreuung bei sich aufnahmen. Dieses Modell brachte sowohl für die kleinen Kinder als auch für deren Mütter Vorteile. Die Kinder konnten mit Gleichaltrigen zusammen spielen und auf diese Weise ihre kommunikativen Kompetenzen üben.. Während dieser Zeit konnten die Mütter ihre Hausarbeiten oder andere private Erledigungen relativ ungestört bis Mittag erledigen. Da fast keine der Griechinnen dieser Generation berufstätig war, funktionierte dieses Modell sehr gut. Außerdem gab es auch ein Art Kindergartenmodell, das jedoch mit dem Heutigen nicht zu vergleichen ist.

Der junge Grieche wollte gerne mit anderen Kindern zusammen sein, da er zuhause keine gleichaltrigen Geschwister hatte. Mit sechs Jahren wurde er in die griechische Volksschule seines Bezirkes eingeschult. Die Schule bereitete ihm viel Spaß. Obwohl die Klassen groß waren (ca. 40 Kinder in einer Klasse), kam er mit seiner neuen Umgebung sehr gut zu Recht. Im Grunde war er ein fleißiger und ehrgeiziger Schüler.

Damals war das Freizeitangebot für junge Menschen weder spannend noch interessant und für ihre geistige Entwicklung kaum förderlich. Für die Jugendlichen aus den Minderheiten kam noch hinzu, dass ihre Freiheit in der türkischen Gesellschaft ausgesprochen begrenzt war. Dies Situation wurde besonders in den fünfziger und in den folgenden Jahren noch schwieriger und problematischer. Die Jugendlichen mussten ständig Rücksicht auf die Türken nehmen und durften sich nicht frei bewegen. Es gab immer wieder Situationen, in denen sich die Türken an dem offenen oder freien Verhalten der Griechen oder anderer Nichtmuslime gestört fühlten. Es gab Bemerkungen von den Türken wie „hier ist kein Moskau“ oder „hier ist kein Griechenland“. Im Allgemeinen herrschten Angst und Furcht unter den griechischen Jugendlichen.

Elefterios hatte selbst in seiner Jugendzeit einige unangenehme Begegnungen mit Türken erlebt. Vor allem, wenn er mit seinen Freunden zusammen unterwegs war, wurde er oft mit solchen unerfreulichen Situationen konfrontiert. In der Regel vermieden die jungen Griechen, an solche Orte zu gehen, wo sich nur türkische Jugendliche versammelten. Falls sie in der Nähe solcher Begegnungsorte kamen, hatten sie Bedenken, ihre Muttersprache laut und offen zu sprechen oder sich wie normale Jugendliche zu verhalten. Wirkliche Freundschaften mit türkischen Jugendlichen waren selten. Aus psychologischer Sicht wirken solche Einschränkungen und Rücksichtnahmen auf die psychische Entwicklung eines jungen Menschen enorm nachteilig und demotivierend.

Infolgedessen waren die Jugendjahre von Elefterios wie auch bei den anderen Jugendlichen aus den Minderheiten wenig interessant und nüchtern. In der Regel traf er sich mit seinen griechischen Freunden in der Stadt oder bei sich zuhause. Weitere Begegnungsorte waren für ihn die griechischen Vereine und sonntags der Kirchhof. Im Allgemeinen gingen die jungen Menschen entweder ins Kino, ins Theater oder feierten ihre Feste im häuslichen Bereich. An den schönen Tagen des Jahres machten sie Tagesausflüge zu den Prinzeninseln oder zum Bosporus.

Noch schwieriger war das Leben der jungen Griechinnen. Sie wurden von den türkischen Jugendlichen oft absichtlich belästigt und manchmal sogar verfolgt. Die türkischen Jugendlichen bevorzugten Freundinnen aus der Minderheit, vor allem Mädchen aus der türkischen Bevölkerung, wenn es um vorübergehenden Spaß ging. Denn sie konnten sich von den Mädchen aus der Minderheit einfacher und ohne große familiäre Probleme trennen. Im Gegensatz zu den Mädchen aus der Minderheit mussten sie die türkischen Mädchen dann zwangsweise heiraten.

Elefterios erinnert sich an eine griechische Nachbarsfamilie in der Straße, in der er wohnte. Die Familie bestand aus Vater, Mutter und einer achtzehnjährigen Tochter. Diese Leute gehörten dem Mittelstand der Gesellschaft an. Sie waren solide und ruhige Menschen. Der Vater dieser Familie war ein Handwerker und die Mutter, wie es damals überall üblich war, Hausfrau. Die Tochter hatte die Realschule absolviert und machte eine Ausbildung als Friseurin. Sie war ein attraktives und gutherziges Mädchen. Neben ihrer Wohnung war eine Maßschneiderei, wo nur junge Türken arbeiteten. Einem von diesen Männern gefiel das Mädchen offenbar gut, sodass er versuchte, sie zu erobern.

Allerdings zeigte das Mädchen kein Interesse. Der junge Türke entschloss sich, sie mit Gewalt zu entführen. Eines Tages kam die Mutter des Mädchens weinend zu der Mutter von Elefterios. Sie erzählte ihr, dass ihre Tochter seit drei Tagen verschwunden sei und, dass die ganze Familie sich große Sorgen mache. Die Mutter von Elefterios versuchte sie zu beruhigen und zu trösten. Sie riet ihr zudem, nicht zu lange auf ihre Tochter zu warten. Sie solle lieber bald den Fall mit der Polizei besprechen. Die Mutter des Mädchens nahm diesen Rat zwar zur Kenntnis, aber diese Leute hatten eine Scheu vor der Polizei. Nach etwa 10 Tagen erfuhr die Familie, dass der junge Türke ihre Tochter entführt hatte. Wie diese Familie später erfahren hat, hatte er ihre Tochter mit einem Messer auf der Straße bedroht und sie nachhause mitgenommen. Nach einigen Wochen rief das Mädchen bei ihren Eltern an, um ihnen mitzuteilen, dass sie das Haus dieses Mannes nicht verlassen durfte. Der Türke hatte sie in seinem Hause eingesperrt. Die Folge davon war, dass die Familie ihre Tochter mehrere Monate nicht sehen konnte.

Von solchen unerfreulichen Episoden erfuhr man hin und wieder. Deswegen waren alle griechischen Eltern, die Töchter hatten, um sie besonders besorgt und vorsichtig. Im Allgemeinen war es für alle griechischen Familien eine Schande, wenn ihre Kinder sich mit Kindern von Muslimen bzw. mit Kindern von Ungläubigen verheirateten. In der Tat kamen solche Eheschließungen sehr selten vor. Ähnliche Einstellung herrschte umgekehrt auch unter den türkischen Familien.

13

Das Leben und die Religion der Minderheiten während des Osmanischen Reiches und danach

Nach der Eroberung von Konstantinopel am 29. Mai 1453 durch die Osmanen wurden die Byzantiner bzw. die Griechen Untertanen dieser Herrscher. Genau genommen waren die Griechen keine Zuwanderer, sondern sie waren die Eroberten und die Osmanen die Kolonisten. Der Eroberer von Byzanz, Fatih Sultan Mehmet II. (1453), machte die Stadt Konstantinopel zur neuen Hauptstadt des Osmanischen Reiches. Die Stadt blieb bis zum Zerfall des Osmanischen Reiches (1923) die Hauptstadt des Reiches. Die Osmanen hatten mit ihren Nachbarstaaten – Byzanz und andere nichtmuslimische Staaten – bereits vor der Eroberung von Byzanz, über 150 Jahre lang nebeneinander gelebt. Während dieser Zeit hatten sie von der Kultur und der Zivilisation dieser Staaten erheblich profitiert. Umgekehrt hatten auch die Nachbarstaaten von den Osmanen gewisse Vorteile genossen.

Bei den heutigen Türken stellen wir immer noch Werte, Traditionen und die Kultur der Osmanen fest. Allerdings kommen alle diese Eigenschaften in verschwindender Form vor. Ihr Erscheinungsbild hängt von einigen Faktoren ab. Wie zum Beispiel die geografische Verteilung innerhalb der Türkei, der Bildungsstand der Bevölkerung und das Alter der verschiedenen Generationen. Was den Phänotyp der Osmanen, nämlich den mongolischen Typ anbelangt, begegnen wir ihm im westlichen Teil der Türkei nicht so häufig wie in Ostanatolien. Die Polygamie, die Vermischung der Osmanen mit den Christen und das Vorhandensein von Harems in der damaligen Zeit hatten schon auf den Phänotyp des türkischen Volkes eingewirkt. In den Harems stammte die Mehrheit der Frauen aus den christlichen Minderheiten. Ausführlich schreibt Ismail Tokalak in seinem Buch über das äußere Bild der Osmanen in diesen Zeiten. In diesem Zusammenhang nennt er Ursachen der Auswanderung dieses Volkes aus Zentralasien. Er meint, dass die ungünstigen wirtschaftlichen und ökonomischen Bedingungen der Hauptgrund für das Verlassen dieses Gebietes waren. Gerade die Auswanderung in den Westen der Türkei und in anderen fremden Ländern, hatten, bedingt durch die Vermischung mit anderen Kulturen, auf den Phänotyp der Türken eine Rolle gespielt[(17)].

In den Anfangsjahren nach der Eroberung von Konstantinopel durch die Osmanen änderte sich für die Christen zunächst nicht viel. In den späteren Jahren hatten die Osmanen, die in ihrem Reich lebenden Nichtmuslime als gleichberechtigte osmanische Bürger anerkannt und respektiert. Die Religionszugehörigkeit dieser Menschen war für die Osmanen viel wichtiger als ihre ethnische Herkunft. Sie hatten diesen Minderheiten (Armenier, Griechen, Juden) eine gewisse „Toleranz“ mit eingeschränkter „Autonomie“ gewährt. Diese Autonomie entsprach jedoch nicht der europäischen oder gar der säkularisierten Moderne. Danach besaßen die Minderheiten den Autonomiestatus einer Religionsgemeinschaft, genannt Millet-System. Dieses System regelte das Verhältnis zwischen den Regierenden und den Nichtmuslimen. Ferner hatte jede nichtmuslimische Gruppe einen gegenüber dem Sultan verantwortlichen Vertreter. Dieser Vertreter verfügte über eine Autonomie, die sowohl politischen als auch religiösen Charakter hatte. Für die Verwaltung der Autonomiegemeinschaft der griechischen Gemeinde war das orthodoxe Patriarchat zuständig. Das Osmanische Reich hatte dieses System unterstützt und die Minderheiten rechtlich geschützt. Dieses Millet-System löste sich erst gegen Ende des 19. Jahrhunderts auf.

Ethnische Diskriminierungen in den anfänglichen Jahren des Osmanischen Reiches, d. h. in den Jahren nach der Eroberung der Stadt, gab es so gut wie gar nicht. Die Osmanen verlangten jedoch von ihren Untertanen eine Kopfsteuer und die Anerkennung der Oberhoheit des Sultans. So konnten diese Minderheiten während dieser Epoche als Menschen zweiter Klasse leben. Ferner durften sie ihre Kulturen und Muttersprachen weiter pflegen, ihre Religionen ausüben und im Allgemeinen relativ sicher leben. In dieser Zeit konnten sogar Bürger aus den Minderheiten führende Positionen einnehmen. Die höheren Posten im Staatsdienst erforderten jedoch das Konvertieren zum Islam. Zum Beispiel war der Großwesir unter dem Padischah Süleyman dem Prächtigen, Ibrahim Pascha, ein Grieche, der vorher zum Islam konvertierte. Der bedeutendste Architekt des Osmanischen Reiches, Mimar Sinan, war Sohn griechisch-armenisch-stämmiger Eltern christlichen Glaubens. Er wurde als Jugendlicher in die Janitscharen Truppe des osmanischen Sultans aufgenommen und zum Islam erzogen. Auch viele konvertierte Armenier und Juden besaßen ebenso einflussreiche Positionen und stellten alle gemeinsam für die Wirtschaft und für die Kultur des Landes ein bedeutendes Potenzial, eine Elite dar.

Die mit Geld gekaufte „Harmonie" zwischen den Osmanen und den anderen religiösen Völkergemeinschaften konnte später (vom 17. bis Anfang 19. Jahrhundert) nicht fortgesetzt werden. Während dieser Zeit entwickelten sich bei den Osmanen starke nationale und religiöse Gefühle. Leider hatten diese Gefühle auf die Minderheiten katastrophale Auswirkungen. Es wurden sowohl die Rechte und die Würde als auch die Religionsfreiheit dieser Untertanen von den Herrschern ständig verletzt, unterdrückt und verachtet. Erwähnenswert ist das große Massaker im Jahre 1843 an den Assyrern. Unter dem kurdischen Führer Badr Khan und den Truppen des Emirs von Hakkari kamen

Tausende Assyrer um. Geschichtlich gesehen wurden die Assyrer über viele Jahrzehnte mit Genozid verfolgt, unterdrückt und grausam ermordet. In den Jahren 1894 und 1896 fanden gegen diese christliche Minderheit auf Befehl des Sultans Abdulhamid II. erneut Ermordungen, Verschleppungen, Plünderungen ihres Vermögens u. a. statt. Der Erste Weltkrieg brachte für die Assyrer eine katastrophale Epoche. Sie erlebten im Jahr 1915 Überfälle, Massentötungen und Hinrichtungen. Um diese Zeit wurden alle Mönche des bekannten assyrischen Klosters Mor Gabriel umgebracht und ihre Kirche geplündert. Dieses Kloster wurde im Jahre 397 n.Chr. durch den Heiligen Samuel gegründet. An diesen Mordtaten waren neben den Osmanen auch die Kurden der Region beteiligt. Statistischen Schätzungen zufolge hatten von etwa mehr als 2 Mill. Assyrern, die 1915 existiert hatten, gegen Ende 1916 weniger als 500.000 Assyrer überlebt. Diese suchten in Syrien, Libanon und Irak eine neue Heimat. Der Vertrag von Sèvres vom 10. August 1920 räumte für die Assyrer eine Garantie und einen Schutz in einem autonomen Kurdistan ein. Allerdings wurde diese Klausel nicht realisiert, da die Türkei später den Vertrag annullierte. Mit dem Unterzeichnen des Vertrages von Lausanne (1923) wurde weder den Assyrern und den Armeniern noch den Kurden eine Autonomie zugebilligt. Im Gegensatz dazu hat die Türkei die Assyrer als Verräter bezeichnet. Nach diesem Vertrag hat der Exodus der Assyrer stärker zugenommen. In den Jahren 1924 und 1925 erlebten diese Menschen wiederum schreckliche Zeiten. Die Assyrer wurden von Tur Abdin, im Südosten Anatoliens und von Mardin verjagt. Währenddessen wurden viele von ihnen massakriert. Diese Ethnie erlebte im Herbst des Jahres 1933 erneut ein großes Massaker. Danach wurden Tausende Frauen, Männer und Kinder gefoltert, vergewaltigt und ermordet. Das Leid des assyrischen Volkes ist genauso unbeschreiblich, wie das der Griechen, der Armenier und der Juden

Mitte des 20. Jahrhunderts hatten ca. 2 Millionen aramäische Christen überwiegend im Südosten der Türkei gelebt. Heute leben in den gleichen Gegenden weniger als 2.000 Assyrer. Im historisch-christlichen Zentrum der Stadt Midyat zum Beispiel lebten zuvor etwa 450 Assyrer. Die meisten von ihnen mussten entweder wegziehen oder sie wurden durch den Krieg zwischen der Türkei und den Kurden vertrieben oder ermordet. Viele ihrer Dörfer wurden von den Kurden zerstört und ihre Häuser in Brand gesetzt. In den Achtziger und Neunziger Jahren wurden die Assyrer im Südosten der Türkei nochmals von den Türken angegriffen. Berichten der letzten Jahre zufolge werden die Assyrer in einzelnen Fällen weiterhin terrorisiert.

Das Osmanische Reich existierte von 1300 bis 1923. Während dieser Zeit expandierte das Reich über drei Kontinente. Allerdings hatte es in den letzten Jahrzehnten bzw. vor seinem Untergang erheblich an Stärke und Macht verloren. Die verlorenen Kriege und die territorialen Abgaben an die Siegerstaaten sowie die innenpolitischen Schwierigkeiten hatten den Staat in große Schwierigkeiten gebracht. Am Ende des 19. bis zu Beginn des 20. Jahrhunderts wurde der Zerfall des Osmanischen Reiches deutlicher. Die territorialen Verluste durch die verlorenen Kriege führten zur Schwächung des Reiches und zur Entstehung von Hassgefühlen und Diskriminierung gegenüber den Christen. Der Islam begann das Christentum zu verfolgen, zu bekämpfen und zu unterdrücken. Infolgedessen hatten die christlichen Religionen in den späteren Jahren keine freien Entfaltungs- und Entwicklungsmöglichkeiten mehr. Diese Situation führte dazu, dass auch der bedingt gewährte Autonomiestatus der Nichtmuslime mit dem Untergang des Osmanischen Reiches vollkommen zum Negativen verändert wurde.

Um diese Zeitperiode entstand die Partei der Jungtürken, die versuchte, den Zerfall des Reiches zu verhindern. Sie hatten sich mit ihrer Staatsideologie das Ziel gesetzt, aus einem multiethnischen Feudalstaat (Osmanisches Reich) einen monoethnischen, homogenen Türkenstaat (Nationalstaat) zu schaffen. Allerdings konnten sie ihre Ziele nur durch Pogrome, Völkermord, Vertreibungen und mit Zwangsturkisierung der im Lande lebenden Nichtmuslime erreichen. Man kann sagen, dass der Zerfall des Osmanischen Reiches den Abgrund des Christentums sowie das Flüchtlingsproblem ausgelöst hat.

Die Jahre zwischen 1908 und 1922 sollten für den osmanischen Staat eine sogenannte Demokratisierung seines Systems bringen. Während dieser Zeit wurden die Verfassung und das Parlament erneut etabliert und politische Parteien zugelassen. Die Jungtürken führten erfolgreiche Reformen durch. Zunächst schienen sie eine liberale und demokratische Einstellung zu haben. Dies versetzte alle Minderheiten und Religionsgemeinschaften in große Hoffnung. Später zeigte sich jedoch, dass alle Versprechen trügerisch waren. In den ersten Jahren der Machtübernahme begannen die Verfolgungen, Vernichtungen und Pogrome an Armeniern, Assyrern und Griechen. Allerdings fand das erste große Massaker an Armeniern, bereits in der Zeit des Osmanischen Reiches (1895-1896) statt. So kamen zwischen 100.000 und 200.000 Armenier etappenweise ums Leben. Daraufhin forderten die Großmächte das Osmanische Reich auf, ein neues Regiment für die armenischen Provinzen zu billigen. Der damalige Sultan Abdulhamid versprach später eine Verwaltungsreform in den armenischen Provinzen. Mehr als 100.000 Armenier konnten in die USA fliehen.

Dieses Massaker an Armeniern war der Vorläufer des Genozids von 1915/1916. Während des ersten Massakers waren zahlreiche Armenier auch zum Islam übergetreten, um dem sicheren Tod zu entgehen. Heute leben in der Türkei noch etwa 70.000 Armenier, die meisten davon in Istanbul. Anfang des 19. Jahrhunderts besaß diese Minderheit in Istanbul etwa 1000 Schulen. Heute im 21. Jahrhundert sind von diesen nur noch 21 übrig geblieben. Ebenso wurde die Anzahl armenischer Kirchen und Klöster innerhalb von 95 Jahren stark reduziert. In den früheren Jahren besaßen die Armenier mehr als 2000 Kirchen und über 200 Klöster. Gegenwärtig sind von diesen Einrichtungen insgesamt weniger als 200 übrig geblieben.

Die erste große Verfolgung gegen die griechische Minderheit begann bereits in den Jahren 1913/1914. Die Jungtürken hatten auch die Absicht gehabt, diese Ethnie in der gleichen Weise wie die Armenier und die Assyrer auszurotten. In den Jahren zwischen 1916 und 1918 wurden Griechen aus dem Gebiet des Schwarzen Meers (etwa 350.000), aus Ostthrakien (etwa 230.000) und aus Kleinasien (etwa 800.000) ermordet oder vertrieben. Ferner wurden ihre Häuser und ihre Kirchen geplündert und niedergebrannt, ihre Frauen vergewaltigt, ihr Gut geraubt. Überall in Kleinasien und in allen Gebieten, wo Griechen lebten, herrschte Verwüstung und Verzweiflung. Ferner wurden etwa 1,6 Millionen Griechen im Jahre 1922 zwangsumgesiedelt. Erwähnenswert sind in den späteren Jahren die Vertreibungen und die Verfolgungen der griechischen Minderheiten aus Konstantinopel. Damit ist es der Türkei seit ihrer Gründung gelungen, systematisch und strategisch die über 3.000 Jahre lang existierende griechische Geschichte, Kultur und Zivilisation in Kleinasien, in Anatolien und Thrakien auszurotten.

Die heutige Türkei benutzt die wertvollen unsterblichen kulturellen Bauten und Schätze der Byzantiner bzw. der Griechen, um Touristen aus aller Welt in ihr Land anzulocken. Bedauerlicherweise werden bei den touristischen Führungen in Orten, in denen die byzantinische und hellenistische Kultur existiert hat, deren wertvolle Bauten und Schätze den ausländischen Touristen entweder vorenthalten oder als Werke der Osmanen präsentiert.

Es ist noch erwähnenswert, dass mehrere wertvolle byzantinische Kirchen respektlos zu Moscheen umgewandelt wurden. Eine Art Konversion der kirchlichen Gebäude zum Islam. Die Umfunktionierung einer historischen byzantinischen Kirche, worin gläubige Christen seit Jahrhunderten gebetet haben, zu einer Moschee, oder sie zum Zweck öffentlicher Veranstaltungen zu wandeln, stellt eine Verachtung und eine Demütigung der orthodoxen Religion dar. So etwas dürften christliche Länder in Europa oder woanders in der Welt mit den Moscheen niemals machen. Im Falle solcher Entscheidungen müssen diese Länder mit katastrophalen Folgen, Morddrohungen, Überfällen und Übergriffen rechnen.

Eine bedeutende byzantinische Bischofskirche war die Kirche der Heiligen Irene (Agia Irini) in Konstantinopel. Sie ist die älteste byzantinische Kirche und wurde im 4. Jahrhundert von Kaiser Konstantin I. erbaut. In dieser Kirche fand im Jahre 381 das Zweite ökumenische Konzil statt. Diese Kirche wurde vor der Kirche der Heiligen Sophia (Agia Sophia) erbaut und hatte in Byzanz für die Patriarchen von Konstantinopel eine besondere Bedeutung. Nach der Eroberung von Konstantinopel durch die Osmanen im Jahre 1453 wurde diese Kirche für lange Zeit als Waffenarsenal der osmanischen Armee benutzt. Dann wurde sie im Jahre 1846 zum Museum und im Jahre 1908 zum speziellen Militärmuseum umgewandelt. Auf Grund ihrer besonderen akustischen Baustruktur und Architektonik finden in dieser Kirche seit 1973 klassische Konzerte statt. Ferner wurde diese Kirche von der UNESCO zum Weltkulturerbe erklärt. Wie in der Süddeutschen Zeitung in der Weihnachtsausgabe im Jahre 2006 zu lesen war, hatte in dieser ehemaligen byzantinischen Kirche sogar eine Mannequinshow stattgefunden. Dieses Sakrileg beleidigte weltweit Millionen orthodoxer Christen(23).

Nach Angaben von Ethnologen lebten im 13. Jahrhundert in Kleinasien um die 50.000 Osmanen. Zu der gleichen Zeit lebten in diesen Orten mehr als 20 Mio. Christen verschiedener Ethnien. Im Verlauf der Jahre hat sich dieses Bevölkerungsverhältnis rapid geändert. Am Anfang des 20. Jahrhunderts (um 1910) stieg die Zahl der Osmanen auf 9 Mio., wobei die Zahl der Christen auf ca. 5 Mio. bzw. der Griechen auf ca. 3 Mio. gesunken war. Mit dem Zusammenbruch des Reiches reduzierte sich die Zahl der Christen auf etwa 25 % und in den späteren Jahren nahm sie noch weiter ab. Zum Beispiel betrug die Anzahl der Christen, allein in Istanbul im Jahre 1952 um die 200.000, bei einer Gesamtstadtbevölkerung von etwa 1 Million Einwohnern. Heute hat diese Stadt über 15,8 Millionen Einwohner, davon sind nur noch etwa 100.000 Christen. Die Vertreibungen, die Ermordungen und der Bevölkerungsaustausch führten dazu, dass das Christentum in der heutigen Türkei zu etwa 0,1 % der Gesamtbevölkerung geschrumpft ist, sodass es keine nennenswerte Größe mehr darstellt. Man kann sagen, dass in den Vernichtungsjahren der griechischen, armenischen und assyrischen Minderheiten die Türkei zum Friedhof der gesamten christlichen Bevölkerung wurde.

Einige Faktoren, die bei dem Verschwinden des Christentums in Kleinasien eine Rolle gespielt haben, sind:

- Die massenhaft erzwungene Islamisierung bzw. Turkisierung der Christen, insbesondere im 17. Jahrhundert.
- 1325 bis 1721 wurden Kinder christlicher Familien von den Türken verschleppt und turkisiert.
- Die systematische Einwanderung von Osmanen in die Gebiete, wo Christen wohnten. Das hat zur Vertreibung bzw. Auswanderung der Christen aus diesen Gebieten geführt. Damals haben viele Griechen aus Kleinasien in Rumänien, im Kaukasus und in Russland eine neue Heimat gesucht.

Obwohl das Griechentum einen massiven Abbau in Kleinasien erfahren hat (bis auf ca. 3 Millionen Christen), war es diesen Menschen trotzdem gelungen, ihre Kultur und Zivilisation weiter zu pflegen und zu bereichern. Diese „Blütezeit“ der Griechen in Kleinasien dauerte bis zu der kleinasiatischen Katastrophe im Jahre 1922 an. Den Türken ist es gelungen, dieser unsterblichen Kultur und Zivilisation, mit dem asymmetrischen Bevölkerungsaustausch im Jahre 1922/1923 und mit weiteren Vertreibungen in späteren Jahren, ein Ende zu setzen[43][44].

Bemerkenswert ist, dass die Muslime sich im Laufe der Jahrhunderte überhaupt nicht bemüht haben, eine bessere Beziehung zu den Christen aufzubauen. Im Gegensatz dazu hat der Islam seine eigene Religion als die richtige Offenbarung behauptet und andere Weltreligionen verachtet und bekämpft.

Im Zusammenhang mit der Verfolgung und Ermordung des Christentums in der Türkei sind auch einige Episoden aus den letzten Jahren zu erwähnen, die von großer politischer und religiöser Bedeutung für das Christentum sind:

Im Februar 2006 wurde in Trabzon, einer Stadt am Schwarzen Meer, der katholische Geistlichen Pater Andrea Santoro in seiner Kirche während des Gebets von einem fanatischen Nationalisten getötet. Im gleichen Jahre wurde ein französischer Priester durch mehrere Messerstiche schwer verletzt. Im April 2007 wurden drei Christen in Malatya, einer Stadt in Anatolien, brutal massakriert. Mehrere Fanatiker fesselten sie und schnitten ihre Kehlen durch, als ob sie ein „Opferfest“ feiern wollten. Im Juni 2010 wurde der katholische Bischof, Luigi Padovese, in seinem Haus in Iskenderun (Süd/Ost Anatolien) ebenso mit einem Messer ermordet.

Aus religiöser Sicht sind solche Mordtaten unbegreiflich, denn alle diese Mörder riefen gleich nach ihren Taten den religiösen

Spruch „Allahu Akbar“ (Gott ist größer als alles Andere). Als ob es der Wunsch des Allmächtigen gewesen wäre, Menschen auf diese Weise umzubringen. Selbstverständlich haben solche Mordanschläge, die von „religiösen“ Fanatikern ausgeführt wurden, mit der islamischen Religion nichts zu tun. Solche Fanatiker benutzen die Religion, um feindliche Fronten zu bilden. Es ist in keiner Weltreligion bekannt (Christentum, Judentum, Islam, u. a.), dass die Ermordung von Menschen Gotteswunsch und Gottessegen ist. Infolgedessen sind diese Menschen eindeutig religionsfremde und potenzielle Mörder, mit politischen und fanatischen Motiven. Es ist ihnen völlig egal, ob ihre Religion dadurch einen schlechten Ruf in der Weltöffentlichkeit bekommt oder nicht. Hauptsache ist, dass sie die Mission ihrer krankhaften fundamentalistischen „Ideologie“ ausführen. Offensichtlich werden diese Mörder von Fanatikern manipuliert, fremdgesteuert. Sie benutzen ihre Religion lediglich als Mittel zum Zweck. Sowohl in der Bibel als auch im Koran werden neben barmherzigen Botschaften, wie Frieden und Liebe auch einige wenige Episoden erwähnt, die mit Rache, Wut und Aggression zu tun haben(19). Wenn jedoch Pseudogläubige solche Passagen in heiligen Büchern lesen, interpretieren sie diese, als ob Gott hauptsächlich Gewalt billigte. Infolgedessen reagieren diese Verirrten aggressiv und brutal, sie begehen Mordanschläge und Blutrache, und ihre Aggressivität reicht bis zum Selbstmord und zur Selbstzerstörung. Der Schriftsteller Zafer Senocak nennt diese Morde von Malatya eine moralische Katastrophe(52).

Die Zahl der Christen in der Türkei umfasst etwa 0,1 % der Gesamtbevölkerung. Bekanntlich leben diese Glaubensgemeinschaften in großen Rezessionen und ohne Religionsfreiheit. Infolgedessen sind die Bedenken und die Behauptungen der Türkei vollkommen sinnlos und absurd, dass diese Gemeinschaften angeblich für ihr Land eine große Gefahr und Bedrohung darstellten.

Hierbei muss angemerkt werden, dass die Zahl der Muslime in Europa dank der Liberalität, der Barmherzigkeit, der Toleranz und der demokratischen Grundlagen der europäischen Staaten, rapid ansteigt. Nach Angaben der statistischen europäischen Ämter leben derzeit in Großbritannien etwa 4 %, in Deutschland ebenso etwa 5 % und in Frankreich sogar um 10 % Muslime. Darüber hinaus ist die Geburtenrate dieser verschiedenen muslimischen Bevölkerung groß, sodass ihre Zahl rasch zunimmt. Beispielweise ist die Türkei europaweit das einzige Land mit einer bemerkenswerten dynamischen Bevölkerungsentwicklung. Laut Statistik lebten in der Türkei im Jahre 1923 nur ca. 13,5 Mio. Menschen. In den Sechziger Jahren stieg diese Einwohnerzahl auf ca. 28 Mio. Menschen. Heute leben in der Türkei über 72 Mio. und im Jahre 2050 sollen der statistischen Prognose zufolge über 93 Mio. Menschen (ohne die Auslandstürken) wohnen. Allein die Bevölkerungsentwicklung der Städte Ankara und Izmir in den Jahren zwischen 1950 und 2008 ist beeindruckend (Ankara: von 800.000 auf 4,2 Mio. und Izmir: von 250.000 auf 2 Mio.).

Wenn es so wäre, dann müssten sich die europäischen Länder sogar mit Recht vor dieser rapiden Invasion und Ausbreitung des Islams in ihren Ländern fürchten.

Im Allgemeinen werden in der Türkei alle nicht muslimischen Religionsgemeinschaften mit dem Schimpfwort Gawur „Ungläubige“ bezeichnet. Wenn ein Türke sich aufregt oder wenn er einen Nichtmuslime schimpfen und/oder beleidigen will, verwendet er das Wort Gawur. Auf diese Weise drückt er seine bösartigen und feindlichen Gefühle der Verachtung gegenüber dem Christentum aus. Im Allgemeinen bezeichnen die Muslime alle Christen als Ungläubige (z. B. in den Suren 9, 29; 2,191; 4,89; 98,6). Dieser Ausdruck des Korans ist inzwischen ein Kultwort in der Türkei geworden. Es wird heutzutage von einer Generation an die nächste weitergegeben. Bereits kleine Kinder werden in der türkischen Gesellschaft damit geprägt.

Der Geschichte zufolge verwendeten die Christen im Mittelalter ähnliche Bezeichnungen und Schimpfwörter gegenüber den Andersgläubigen. Allerdings werden solche Wörter in den späteren Jahrhunderten und vor allem in unseren heutigen hochzivilisierten Zeiten nicht mehr benutzt, da die christlichen Religionen während der Jahrhunderte grundlegende Reformen durchgeführt haben.

Zerstörte griechisch-orthodoxe Kirche im Stadtteil Samatya
(griechisch: Psomathia)

Geplünderter und zerstörter Altar
der griechisch-orthodoxen Kirche, Heilige Paraskewi

14

Beitrittswunsch der Türkei in die Europäische Union

Die Türkei strebt seit ihrer Gründung einen Platz in Europa an. Im Jahre 1949 wurde sie Mitglied im Europarat, 1952 Vollmitglied in der NATO und 1963 in der EWG. Im Jahre 1996 erzielte sie ihre Aufnahme in die Zollunion. 2004 begannen die Beitrittsverhandlungen mit der Europäischen Union. Allerdings verlangt die EU von der Türkei bis zur Vollmitgliedschaft die Erfüllung unzähliger Bedingungen.

Die Türkei hat viele ihrer Gesetze seit mehr als 45 Jahren kaum reformiert. Beispielsweise fehlen bis heute immer noch effektive Reformen und demokratische Anwendungen zu Menschenrechten, zu Frauenrechten, zur Religionsfreiheit, zur Meinungsfreiheit. Die jetzige türkische Regierung vom Ministerpräsidenten Tayyip Erdogan bemüht sich zwar, neue Gesetze zu verabschieden und bestehende zu reformieren. Dabei ist jedoch die Umsetzung dieser Gesetze in zeitgemäße Formen enorm schwierig. Deshalb können bisher keine effektiven und vor allem sichtbare Fortschritte im Lande erzielt werden.

Reformen sollen nicht nur auf dem Papier stehen. Vor allem sollen sie sich in den Köpfen der Bevölkerung einprägen, damit die Einstellung und die Mentalität der Gesellschaft geändert werden können. Außerdem können die Reformen eines Staates wenig bewirken, wenn die Traditionen übermächtig und im Glauben verankert sind. Der Gründer der türkischen Republik, Kemal Atatürk, hat in der Zeit der Gründung der türkischen Republik unter anderem auch die Rechte der Frauen in der türkischen Gesellschaft reformiert. Leider wurden diese Reformen seit über 80 Jahren noch immer nicht den heutigen Verhältnissen angepasst. Im Bericht von Kai Strittmatter in der Süddeutschen Zeitung vom 02./03. Juni 2007 ist diese Situation treffend geschildert. Er schreibt: „Wenn man die Lage der Frauen in der heutigen türkischen Gesellschaft betrachtet, stellt man fest, dass die Frauenrechte fast ins islamische Mittelalter zurückgedrängt werden. Die Frau in der Türkei und vor allem im anatolischen Teil ist immer noch der Besitz des Mannes und das Objekt der Küche. Dieser Stillstand ist Zeichen dafür, dass dieses Land nicht zeitgemäß wächst und sich entwickelt".[23]

Laut Bericht des Weltwirtschaftsforums von 2006 (WEF) herrscht in der Türkei eine Kluft zwischen den Geschlechtern. Mit den Beitrittsverhandlungen der Türkei in die Europäische Union entstehen mehrere offene Fragen, die bisher von den europäischen Politikern noch nicht richtig beantwortet werden konnten. Einige Wichtige davon sind:

- In der Türkei herrschen immer noch Traditionen und Sitten, die für die europäischen Länder nicht zeitgemäß sind. Denn Europa basiert auf demokratischen Grundlagen. Wie ist es folglich möglich, dass sich dieses Land innerhalb kurzer Zeit in Richtung Europa verändern kann?
- Die Türkei hat im Laufe der Jahrhunderte das Christentum stark bekämpft und in ihrem Land fast ausgerottet. Wie kann so ein Land trotzdem mit christlich-demokratischen Ländern in der Europäischen Union zusammenleben?
- Die Zahl der Türken, die heutzutage in den verschiedenen europäischen Ländern lebt, ist sehr hoch. Durch die relativ hohe Geburtenrate dieser Bevölkerung ist die Tendenz steigend. Allein in Deutschland wohnen über 3 Mio. Türken. Bekanntlich entstehen den Europäern bereits jetzt enorme religiöse und kulturelle Probleme durch einen Teil dieser

türkischen Einwanderer. In Anbetracht dieser Situation: Wie beurteilen die Europäer so eine Mitgliedschaft?

- Die Türkei hat immer noch nicht die Grundrechte und Grundwerte der Europäischen Union erfüllt. Wie wollen die Befürworter, die Sympathisanten und die Politiker den Türkeibeitritt in die EU begründen?
- Kann man so einen Beitritt unkritisch und einfach aus reiner Sympathie und Solidarität zu diesem Lande und / oder zu seinem türkischen Nachbarn befürworten? Kann man gleichzeitig das Leid anderer christlicher Nationen ignorieren, die in der Türkei seit Jahrhunderten, ja Jahrtausenden gelebt und unter den Türken gelitten haben?
- Bekanntlich gehört die Türkei weder geografisch noch kulturell zu Europa. Wie kann die Türkei zum europäischen Kontinent positioniert werden? Gegebenenfalls müssen die europäischen Länder die Grenzen des Kontinents neu bestimmen bzw. sie bis zum asiatischen Kontinent ausdehnen, damit der Türkei der Beitritt ermöglicht wird.

Zuerst sollte die türkische Regierung dafür sorgen, dass ihr Volk lernt, mit den fremden Völkergemeinschaften und deren Religionen im eigenen Lande offen, demokratisch, menschlich und tolerant umzugehen. Ferner muss die Regierung drastische Maßnahmen ergreifen, um den Nationalismus im eigenen Lande zu bekämpfen.

Wenn die Türkei in die EU will, braucht sie eine neue demokratische und liberale Verfassung. Derzeit kann sie keines der EU-Kriterien, wie Menschenrechte, Religionsfreiheit, Meinungsfreiheit, Minderheitenpolitik als Voraussetzung für ihren Beitritt erfüllen. Weitere Kriterien, u. a. sind:

- Die Anerkennung des Völkermordes an den Armeniern, an den Griechen und an den Assyrern.

- Die Wiederherstellung der Souveränität von Zypern.
- Die Klärung der Kurdenfrage und deren Souveränität.
- Die Abschaffung des Artikels 312 des Strafgesetzbuches.
- Die Rücknahme der Casus-Belli-Doktrin und der Gewaltverzicht an den NATO-Partner Griechenland.
- Die vollständige Abschaffung der Folter.

Bereits in den neunziger Jahren hatte das Anti-Folter-Komitee des Europarates der Türkei diesen Punkt vorgehalten. Die angewandten Methoden waren Schläge auf die Innenflächen der Hände und Fußsohlen, Aufhängen an den Armen und Schläge mit elektrischem Strom (siehe Süddeutsche Zeitung vom 7./8. Dezember 1996).

Wenn die Türkei sich als ein demokratisches und europäisches Land betrachten will, sollte sie zu ihren Fehlern und zu ihren Taten aus der Vergangenheit stehen. Das Land muss alle Tabus brechen und über die Vergangenheit offen sprechen. Die Aufarbeitung der Vergangenheit ist das Fundament für den Aufbau des Friedens und des Zusammenlebens mit den betreffenden Nationen in Gegenwart und Zukunft.

Bekanntlich nehmen in der Türkei Fanatismus und Nationalismus ständig zu. Ein echter Laizismus und die demokratischen, rechtstaatlichen Grundlagen sind noch nicht zu erkennen. Eine Gleichberechtigung zwischen Frauen und Männern auf dem Niveau von europäischen Werten existiert noch nicht. Der Wert der Frauen in der türkischen Gesellschaft wird immer noch missachtet. In Deutschland beschäftigen sich einige türkische Schriftstellerinnen intensiv mit der Problematik dieses Themas[(33)(41)]. Leider werden diese Autorinnen Türken bedroht. Beispiel: Die Autorin, Rechtsanwältin und Frauenrechtlerin, Seyran Ates aus Berlin bekam Morddrohungen und gewalttätige Angriffe durch ihre Prozessgegner. Die Türkei soll auf alle diese gesellschaftlichen und sozialen Faktoren achten. Solange sie es nicht tut, ist es sehr mühsam, solche „Träume“ bzw. „Hochzeiten“ mit den europäischen Ländern ohne weiteres zu realisieren. Außerdem kann ein solches Land im 21. Jahrhundert von den demokratischen Ländern der Welt nur schwerlich anerkannt werden.

Die herrschende politische Strategie in der heutigen Türkei verunsichert und sensibilisiert die Europäer. Sie erschwert eine Zusammenarbeit mit diesen Ländern und sie verzögert die Beitrittsverhandlungen mit der EU. Daher werden alle politischen Anstrengungen der türkischen Regierung mit der Europäischen Union und die verabschiedeten Reformen selbstverständlich erfolglos bleiben. Denn schließlich strebt nur dieses Land die volle Mitgliedschaft und nicht die EU mit der Türkei an. Die Türkei sollte sich viele Beispiele aus der Weltgeschichte und nicht zuletzt aus der europäischen Geschichte vor Augen führen. Diese Beispiele haben deutlich gezeigt, dass der Nationalismus und der religiöse Fanatismus die Menschen verschiedener Nationen auseinander getrieben und zu grausamen Kriegen geführt haben.

Der Beitritt der Türkei in die EU ist auch ein Wunsch gewisser Politiker und politischer Parteien in bestimmten europäischen Ländern. Deshalb muss auch die Europäische Gemeinschaft sich entsprechend bemühen, damit der demokratische Prozess in der Türkei wirksam eingeführt wird und funktionieren kann. Nur so kann dieses Land mit eigener und fremder Hilfe seine Orientierung in Richtung Europa und Demokratie besser umsetzen. Allerdings ist es ein langjähriger, schwieriger und harter Prozess.

In den fünfziger Jahren war Istanbul, genauso wie heute, eine multikulturelle und multireligiöse Stadt. Neben den Türken und den verschiedenen Minderheiten lebten hier außerdem viele Amerikaner, Europäer, Bürger aus arabischen Ländern, Russen und andere Nationen. Die meisten Türken waren westlich orientiert und gebildet. Allerdings lebten damals in Istanbul nicht so viele Türken aus Ost-Anatolien, wie es in späteren Jahren und vor allem in den heutigen Zeiten der Fall ist. Man beobachtet eine spürbare Zuwanderung von Türken aus Anatolien erst nach den massiven Deportationen und Vertreibung der griechischen Bevölkerung aus Konstantinopel. Dies ist eine strategische Maßnahme der türkischen Regierung, um die Stadt Istanbul zu turkisieren und zu islamisieren. Auf diese Weise werden die noch hier lebenden restlichen Christen vom Islam verdrängt. Trotz des Zusammenlebens verschiedener Religionen, Nationen und Kulturen spürte man damals schon eine Spannung zwischen den Türken und den Nichtmuslimen. Sowohl im täglichen Leben als auch bei politischen Auseinandersetzungen fanden immer Rivalitäten und Reibereien statt. Es zeigte sich deutlich, dass ein Zusammenleben mit den Türken zumindest in den Zeiten unter den damaligen Voraussetzungen schlecht möglich war.

Istanbul hat durch den massiven Verlust der griechischen und anderer Minderheiten seinen kosmopolitischen und europäischen Charakter verloren. Die Stadt wurde turkisiert, vor allem durch die massenhafte Zuwanderung der anatolischen Bevölkerung (über 70 % der Bevölkerung kommt aus Anatolien) gegen Ende des vergangenen Jahrhunderts. 1950 lebten in dieser Stadt etwa eine Million Menschen. Bis 1980 wurde die Einwohnerzahl verdoppelt. Dann kam die jährliche Einwanderung von ca. 450.000 bis 500.000 Anatoliern. Heutzutage hat Istanbul über 15,8 Mio. Einwohner. Tendenz steigend. Diese neue Struktur hat das Stadtbild deutlich verändert und stark orientalisiert.

15

Gründe der ethnischen Säuberung der griechischen Minderheit

Eine Übersicht

Verschiedene politische, nationalistische, religiöse und historische Faktoren haben bei der ethnischen Säuberung der griechischen Minderheit in der Türkei eine wesentliche Rolle gespielt. Einen Teil davon kann man folgendermaßen kurz zusammenfassen:

1. Das Byzantinische Reich wurde mit dem Schisma (Kirchenspaltung) der römischen Kirche im Jahre 1054 in Osten und in Westen geteilt. Trotz dieser Teilung machte sich der Einfluss von Byzanz im Mittelmeerraum weiterhin bemerkbar. Allerdings wurde die Existenz des Byzantinischen Reiches von verschiedenen Völkern wie zum Beispiel von den Venezianern, Normannen, Serben, Ungarn, Osmanen ständig bedroht und angegriffen. Konstantinopel blieb als politisches, kulturelles und diplomatisches Zentrum von großer Bedeutung, bis die venezianischen Kreuzfahrer (1204) kamen. Der Schlag der Venezianer schwächte den Staat deutlich, sodass er sich nie mehr ganz erholen konnte. Die innenpolitischen, sozialen und religiösen Kämpfe sowie die Grenzstreitigkeiten und Machtkämpfe mit den Barbaren führten allmählich zur Instabilität und zum Zerfall der Streitkräfte. Von diesem Zustand profitierten die Osmanen mit dem endgültigen Schicksalsschlag im Jahre 1453 durch die Eroberung der Stadt Konstantinopel. Damit wurde eine tausendjährige Dynastie beendet. Hier muss erwähnt werden, dass die Osmanen, vor der endgültigen Einnahme Konstantinopels, öfters, allerdings erfolglos, By-

zanz angegriffen hatten. Zum Schluss war es ihnen aber doch gelungen, durch massivere Kämpfe und vor allem durch den Erwerb von Kanonen, ihr Ziel zu erreichen. Allerdings war ihr Traum, nicht nur Byzanz zu erobern. Sie wollten auch einen Teil von Europa unter ihre Herrschaft bringen. Ihre Absicht war, den Islam dort auszubreiten und zu etablieren bzw. die Völker der eroberten Länder zu islamisieren und sich selbst als Weltmacht zu positionieren. Infolgedessen hatten die Osmanen eine große Idee bzw. ein strategisches Ziel gehabt.

Wie die Osmanen diese große Idee hatten, so hatten auch die Griechen im 19. Jahrhundert die Strategie gehabt, Konstantinopel und Kleinasien zurückzuerobern und das Byzantinische Reich zum Teil wiederherzustellen. Eigentlich hatten die Griechen mit Recht eine solche Vision, denn das eroberte Land war einmal das ihre gewesen.

Die Schwächung des Osmanischen Reiches, zuletzt durch den Verlust des Krieges mit Italien (1911/1912), war für die Balkanstaaten eine gute Gelegenheit gewesen, den Balkan von der osmanischen Herrschaft zu befreien. Die geführten zwei Balkankriege (1912/1913 und 1913) mit dem Osmanischen Reich führten dazu, dass das Osmanische Reich sein gesamtes europäisches Territorium an die Balkanstaaten (Serbien, Bulgarien, Montenegro, Griechenland und Rumänien) abgeben musste. Am Kriegsende eroberte Griechenland Saloniki und besetzte den Epirus. Später erhielt Griechenland die Insel Kreta und einen großen Teil von Makedonien.

In den damaligen Zeiten veranlassten generell innenpolitische und wirtschaftliche Schwierigkeiten eines Nachbarlandes den ambitionierten Feind zum Angriff und zum Landgewinn. Dementsprechend war die Strategie Griechenlands, die geschwächte Lage des Osmanischen Reiches zum Anlass zu nehmen und das im Jahre 1453 an die Osmanen verlorene Territorium zurückzugewinnen, keine Besonderheit und leicht nachvollziehbar.

Am Ende der Balkankriege wurden die Osmanen auf das Gebiet um Konstantinopel zurückgedrängt. Im Anschluss danach brach der Erste Weltkrieg (1914) aus, wonach das Osmanische Reich noch größere territoriale Verluste registrieren musste. Im Jahre 1918 besetzten die alliierten Siegermächte die Stadt Konstantinopel. Dann begannen innerhalb der Siegermächte die Verhandlungen über die Verteilung des osmanischen Territoriums und über das Schicksal des Osmanischen Reiches. Am 10. 08. 1920 unterzeichneten die Alliierten des Ersten Weltkrieges mit der Türkei in Sèvres einen Friedensvertrag. Dieser Vertrag löste das Osmanische Reich auf. Griechenland erhielt neben dem bulgarischen Teil von Thrakien auch noch die Stadt Smyrna (Izmir). Das türkische Territorium erstreckte sich auf die Stadt Konstantinopel sowie auf Teile von Kleinasien.

Die Alliierten wollten Kleinasien aufteilen. Demnach beabsichtigten sie, dass die Kurden und die Armenier je einen Staat gründen, und dass Smyrna (Izmir) durch Griechenland besetzt werde. Dieses Vorhaben der Alliierten hat die Türkei in großen Alarm versetzt. Das Land verlor allmählich seine Souveränität. Als Kemal Atatürk, der Gründer der türkischen Republik, diese schwierige Lage seines Landes erkannte, annullierte er den Vertrag von Sevres und besiegte im Unabhängigkeitskrieg alle Besetzer der Türkei (Franzosen, Italiener, Griechen, Engländer). Dann stürzte er die osmanische Regierung und gründete im Jahre 1920 die türkische Republik. Anschließend unterzeichnete er mit den besiegten Staaten im Jahre 1923 den Friedensvertrag von Lausanne.

Die Türkei hatte die Strategie Griechenlands, nämlich den Wiederaufbau des Byzantinischen Reiches, als „Megali Idea" (große Idee) bezeichnet. Mit diesem spöttischen Vorwurf wird Griechenland heute noch von der Türkei ständig attackiert und schikaniert. Offenbar haben die heutigen Türken die „große Idee" ihrer Vorfahren, nämlich der Osmanen, entweder vergessen, oder davon gar nichts gehört, oder sie verdrängen es.

Die türkischen Generäle und die damalige türkische Regierung waren von den Überfällen durch Griechenland hoch alarmiert. Sie befürchteten, dass die in ihrem Lande lebende griechische Minderheit – zu diesem Zeitpunkt etwa zwei Millionen Griechen – für die Türkei eine große Gefahr darstelle. Diese Griechen könnten möglicherweise die griechische Armee von innen heraus unterstützen. Dann würde die türkische Armee von beiden Fronten bekämpft werden. Infolgedessen wäre die klügste Lösung dieses Problems die Entfernung aller Griechen aus dem türkischen Territorium.

2. Die geführten Kriege zwischen Griechenland und dem Osmanischen Reich führten zur Entstehung einer feindlichen Atmosphäre. Die Osmanen hatten im europäischen Territorium ihres Reiches viel Land verloren. Durch diesen Verlust wuchsen bei den Osmanen noch mehr Hass und Neid gegen Griechen bzw. gegen die Christen.

   Im Allgemeinen hinterlassen alle Kriege große wirtschaftliche, menschliche und moralische Katastrophen. Es entstehen dadurch große Feindschaften und Hassgefühle, die weder schnell vergessen, noch spontan geheilt werden können. Vor allem, wenn die betroffenen Nationen weiterhin und unaufhörlich politische Streitigkeiten gegeneinander führen und wenn sie an der „Heilung" ihrer Wunden nicht gemeinsam arbeiten wollen und können. Infolgedessen ist es gut vorstellbar, dass diese Menschen sich immer wieder an ihre Hassgefühle erinnern und bei gegebenem Anlass darauf zurückgreifen. Bekanntlich werden solche „unbehandelten" Hassgefühle an die nächsten Generationen bewusst weiter gegeben.

3. Die existierenden kulturellen, religiösen und gesellschaftlichen Unterschiede zwischen den Griechen und den Türken führten gegenseitig zur Entstehung von Hass- und Neidgefühlen.

4. Der größte Teil der türkischen Wirtschaft und des Handels lag über lange Zeit in den Händen von Griechen, Armeniern und Juden. Alle drei Volksgruppen waren tüchtige Geschäftsleute, besaßen wichtige Positionen, waren Unternehmer, Wissenschaftler, Lehrer und im Allgemeinen hatten sie in der Gesellschaft einen höheren Lebensstandard als die einheimischen Türken. Infolgedessen stellten sie im Bereich der Wirtschaft, der Kultur und der Wissenschaft eine privilegierte Elite dar. Diese Situation löste mit der Zeit Neid, Hass und nationalistische Gefühle bei dem türkischen Volk gegenüber diesen erfolgreichen und privilegierten Minderheiten aus. Um diese dynamische Entwicklung zu verhindern, hat die türkische Regierung durch verschiedene strategische Maßnahmen versucht, den wirtschaftlichen Aufschwung der Minderheiten immer wieder zu bremsen. Dabei hat der türkische Staat nicht berücksichtigt, dass er mit diesen Maßnahmen gleichzeitig auch die eigene Volkswirtschaft schädigt. Denn dieser herrschende Aufschwung hatte sich selbstverständlich auf die gesamte Volkswirtschaft des Landes positiv ausgewirkt.

Natürlich war es von der türkischen Regierung strategisch unklug, eine für die Wirtschaft und überhaupt für die Infrastruktur des Landes potente Gesellschaft aus fanatischen und nationalistischen Erwägungen vernichten zu wollen. Darüber hinaus hatte diese Strategie auch eine negative Auswirkung auf das Wachstum des Inlandsozialproduktes.

In den späteren Jahren hatten zahlreiche Intellektuelle und gebildete Türken diesen gesellschaftlichen, kulturellen und wirtschaftlichen Verlust der griechischen Ethnie bedauert. Sie haben diese Haltung ihrer Regierung als eine falsche strategische und politische Entscheidung bezeichnet.

5. Die fehlende Religionsfreiheit für die Christen und die Zunahme der nationalistischen Bewegung in der Türkei.

   Die Türkei ist laut ihrer Verfassung ein laizistischer Staat. Allerdings kontrolliert der Staat sehr streng die Religionsgemeinschaften. Darüber hinaus gibt es in der Türkei laut Artikel 24 ihrer Verfassung keine explizite Religionsfreiheit für die Minderheiten. Die Regierung von Ministerpräsidenten Erdogan bemüht sich, im Zusammenhang mit den Verhandlungen des EU-Beitritts, Reformen auch zu Gunsten der christlichen Religionen zu verabschieden. Allerdings scheint die Implementierung dieser Reformen nicht einfach zu sein. Zum Beispiel muss die Türkei zur Einführung einer Religionsfreiheit sicherlich zuerst ihre Verfassung neu schreiben.

   Bekanntlich ist die Religionsfreiheit im Artikel 9 der europäischen Menschenrechtskonvention verankert. Ebenso ist die Religionsfreiheit im Artikel 18 des internationalen Paktes über bürgerliche und politische Rechte enthalten. Bei den EU-Beitrittsverhandlungen wird von der Türkei erwartet, dass das Land auch solche Artikel akzeptiert und übernimmt.

   Im August 1990 haben alle Mitgliedsstaaten der islamischen Länder bei der 19. Außenministerkonferenz in Kairo (OIC) eine islamische Menschenrechtserklärung beschlossen. Diese Erklärung definiert die Scharia als die einzige Grundlage dieser Menschenrechte (Artikeln 24 und 25). Die Türkei gehört auch zu den Mitgliedsstaaten der islamischen Länder. Wenn die Türkei auch an der Menschenrechtserklärung der Organisation der Islamischen Konferenz von Kairo festhält, wird die Implementierung der Reformen zur Religionsfreiheit nach den europäischen Grundlagen und Werten relativ schwierig sein.

Wie oben erwähnt, nimmt in den letzten Jahrzehnten der Nationalismus in der Türkei rapide zu. Dabei spielt die Religion bei diesem „Phänomen“ eine wichtige Rolle. Der Wissenschaftler Umut Özkirimli von der Universität Bilge in Istanbul hat zum Thema „Nationalismus in der Türkei“ eine interessante Beobachtung gemacht. Die Ergebnisse dieser Untersuchung ergaben, dass die Religion bei der Definition von Nationalismus und Türkentum eine große Rolle in der türkischen Gesellschaft spielt(48). Diese ideologischen Einstellungen erschweren zusätzlich die Realisierung der Reformen der türkischen Regierung. Die Folge davon ist, dass das Christentum in diesem Lande allmählich und systematisch verschwinden wird, wenn die Türkei nicht rechtzeitig Maßnahmen dagegen ergreift. Vom Stand der Religionsfreiheit anderer Nationen, ist die Türkei Meilen entfernt. Die Sprecherin der CDU/CSU-Bundestagsfraktion für Menschenrechte und humanitäre Hilfe, Frau Erika Steinbach, hat das bei einem Interview zum internationalen Tag der Menschenrechte am 10. 12. 2006 bestätigt. Sie sagte, dass in der Türkei die Religionsfreiheit nur auf dem Papier zugesichert ist. Sie sagte, jedes Land müsse die Standards der Europäischen Union erfüllen, wovon in der Türkei zurzeit noch keine Rede sein könne(30). Obwohl Istanbul seit ewiger Zeit eine multikulturelle und multireligiöse Stadt war und immer noch ist, konnten die Türken sich trotzdem nicht daran gewöhnen, mit dem Christentum ohne religiöshistorische Vorbehalte, zusammenzuleben.

6. Die ewige und krankhafte Phobie der Türkei gegen ihre Minderheiten.

In der Türkei existiert immer noch bis zu unseren Tagen eine Phobie, dass die griechische Minderheit das Land überherrschen könnte. Der Staat betrachtet diese Ethnie als einen Fremdkörper, als eine potente Gefahr und Drohung für die nationale Souveränität und Sicherheit des Landes. Aufgrund dessen hat sich die türkische Regierung die ethnische Säuberung auch für die restlichen Griechen, (derzeit etwa 1800) in Istanbul als Ziel gesetzt.

Statistischen Angaben zufolge betrug die Einwohnerzahl von Griechen im Jahre 1885 in Istanbul zwischen 17 % bis 22 % der gesamten Bevölkerung. Im Jahre 1914 registrierte das statistische Amt ca. 350.000 und nach dem Lausanne Vertrag etwa 120.000 Griechen in Istanbul. Weitere Repressalien gegen diese Minderheit stellen die Terrorisierung und die Turkisierung der Inseln Gökceada (griechisch: Imbros) und Bozcaada (griechisch: Tenedos), die Beraubung ihres Vermögens durch die ruinöse Vermögenssteuer (Varlik vergisi) im Jahre 1942, das Pogrom im Jahre 1955 und vieles mehr dar. Nach dem Pogrom von 1955 hatte die griechische Bevölkerung angefangen, in kleineren Gruppen die Türkei zu verlassen. Bei der nächsten ethnischen Säuberung im Jahre 1964 reduzierte sich die Einwohnerzahl der Griechen um ca. 48.000. Während des Jahres 1964 erfuhr die griechische Minderheit erneut Terror, Restriktionen und Übergriffe.

Infolge dieser strategischen Maßnahmen hat die türkische Republik allmählich die von ihrem Gründer angestrebte Turkisierung des Landes erzielt. Allerdings sind die Maßnahmen eindeutig ein Verstoß gegen den Vertrag von Lausanne und gegen die Menschenrechte und die Menschenwürde. Die Zahl der heutzutage in Istanbul (ca. 1800) und auf den beiden Inseln (Imbros und Tenedos, ca. 280) lebenden Griechen ist das Resultat dieser Vertreibungen. Diese deutliche ethnische Säuberung dauert seit der Gründung der türkischen Republik an. Anfang des 19. Jahrhunderts lebten (Statistik des Jahres 1912) auf beiden Inseln (Imbros und Tenedos) insgesamt um die 14.777 Griechen und um die 1299 Türken. Heutzutage leben auf beiden Inseln nur noch etwa 280 Griechen und mehr als 11.500 Türken.

Obwohl die Minderheiten – Griechen, Armenier, Assyrer und Juden – in der Türkei auf keinen Fall gegen den Islam und gegen die Türkei interveniert haben, behaupteten die Türken trotzdem immer wieder das Gegenteil. Auf Grund dessen entwickelten sie diesen Völkergruppen gegenüber mit den Jahren ein von Misstrauen geprägtes Feindbild. Sie betrachten und bezeichnen diese Volksgruppen als eine Bedrohung für ihr Land. Gegen Ende des 20. Jahrhunderts (1995) legte das Justizministerium dem Parlament einen Gesetzentwurf hinsichtlich der drohenden Gefahren für den türkischen Staat, vor. Zu diesen drohenden Gefahren zählten auch die Minderheiten, die als „einheimische Ausländer" bezeichnet werden[(35)]. Auch die liberalkonservative Mutterlandspartei (ANAP = Anavatan Partei) in der Türkei behauptete, dass die christlichen Minderheiten eine Bedrohung und eine Gefahr für die nationale Sicherheit darstellen.

Man fragt sich als Europäer mit Recht, wie will dieses Land der EU beitreten, wenn selbst seine eigene Politiker solche Ansichten vertreten?

Wie Umut Özkirimli von der Bilge Universität in Istanbul in einem Interview sagte, kann ein Demokratisierungsprozess nach den europäischen Grundlagen eine Gefahr der territorialen Integrität der Türkei darstellen. Dies könnte zum Verlust der nationalen Souveränität führen[(48)].

Selbstverständlich können alle politischen Mechanismen und Ängste der Türkei auch als ein Selbstschutz und als ein Vorwand erklärt werden. Sie können auch mit Neid, Hass und Fanatismus assoziiert werden. Allerdings haben sie mit Demokratie, Liberalität, Toleranz und Zivilisation nichts zu tun.

16

Die ethnische Säuberung

Eine der Strategien der türkischen Revolution (1908) war die ethnische Säuberung von Minderheiten. Die Methoden, die angewandt wurden, waren Verfolgungen, Völkermord, Vertreibungen, Deportationen und weitere vernichtende Maßnahmen. Die Folge davon war, dass von den etwa drei Millionen Griechen, die in der gesamten Türkei vor 1900 gelebt hatten, heutzutage nur noch ca. 1800 geblieben sind. Den größten Teil dieser Dezimierung hat der türkische Staat durch den Bevölkerungsaustausch im Jahre 1922, durch die Deportationen und die Vertreibungen dieser Ethnie in den Jahren 1955 und 1964 erzielt. Darüber hinaus haben sehr viele Griechen, bedingt durch die Schikanen, Erpressungen, Gewalt und Nötigungen der Türkei, das Land freiwillig verlassen.

Im Zusammenhang mit der ethnischen Säuberung der griechischen Minderheit in der Türkei zitiert die Soziologin Dr. Tessa Hofmann in ihrem Vortrag aus den Büchern von Bulut Faik und Akar Ridvan (siehe Seite 113): Diese Autoren erwähnen, welche Maßnahmen die Republikanische Partei (Cumhuriyet Halk Partisi, CHP) in ihrem Minderheitenbericht aus dem Jahr 1946 gegen die restlichen Griechen in Istanbul forderte. Die Partei sieht die Notwendigkeit, auch gegen die restlichen Griechen aktiv zu handeln genauso, wie es mit der Säuberung dieser Ethnie in Kleinasien nach dem Bevölkerungsaustausch im Jahre 1922, geschehen ist. Ferner verlangt sie, dass diese Säuberung spätestens bis zum 500. Jahrestag nach der Eroberung von Konstantinopel durch die Osmanen vollzogen werden sollte.

Die ethnische Ausrottung der griechischen Minderheit erstreckt sich auf mehrere Jahrzehnte mit wechselnden Schauplätzen. Daher wird die Art der Ausmerzung dieser Ethnie als kumulative Mischform bezeichnet, im Vergleich zu den Völkermorden an Assyrern im 19. und 20. Jahrhundert und an Armeniern (1915-1917). Die Griechen erlebten sowohl Mordtaten und Deportationen als auch Ausweisung und Verfolgungen(47).

Geschichtlich gesehen wurden das Leben und die Existenz aller Minderheiten, sowohl im Osmanischen Reich (1300 bis 1923) als auch in der Zeit der türkischen Republik (von 1923 bis heute), oft mit Repressalien konfrontiert. Das Ziel lautete inoffiziell, die Entchristianisierung sowie die Befreiung des Landes von diesen „Ungläubigen".

Nach der Niederlage der griechischen Armee im Jahre 1922 vollstreckte die Türkei eine große Vertreibung und Vernichtung der griechischen Minderheit. Mit der Eroberung von Smyrna (Izmir) durch die türkische Armee im Jahre 1922 wurden mehr als 200.000 Griechen aus dieser Stadt vertrieben und mehr als 25.000 Griechen brutal ermordet. Laut Behauptungen des damaligen türkischen Staates hätten angeblich die Griechen selbst ihre Stadt Smyrna in Brand gesetzt, bevor sie das Land verliessen. Allerdings waren solche Behauptungen reine Schikane, Lügen, Propaganda und Selbstrechtfertigungen. Berichten von Zeitzeugen zufolge, die heute noch am Leben sind und in der Diaspora leben, hatten die Türken selbst diese schöne Stadt, während der Vertreibung und Ermordung der Griechen im September 1922, in Brand gesteckt. Die Stadt brannte 5 Tage lang. Smyrna war in der damaligen Zeit eine blühende Handelsmetropole. In der Stadt lebten neben den Griechen noch Armenier, Juden und auch sehr viele Europäer. Die Türken hatten die Stadt am Morgen des 09. 09. 1922 besetzt. Vom 13.09. bis zum 17. 09. 1922 verbrannten sie gezielt die Wohn- und die Geschäftsviertel der Griechen und

Armenier. Tausende Einwohner starben in den Flammen. Wie die Zeitzeugen berichteten, wurde ein Fünftel der Bevölkerung verbrannt und getötet. Ein Bild des Hasses, eine antichristliche Aggression[(29)]!

Die Niederlage der griechischen Armee führte im Jahre 1923 zur Unterzeichnung eines Friedensvertrages in Lausanne zwischen den verfeindeten Ländern Griechenland und Türkei. Danach wurden etwa 1,6 Millionen Griechen aus Kleinasien, Smyrna und Ost-Thrakien nach Griechenland zwangsdeportiert. Bei dieser Deportation kamen unzählige Griechen ums Leben. Viele Tausende erlitten körperliche und seelische Schäden. Gleichzeitig wurden die auf griechischem Territorium lebenden Türken (ca. 550.000) in die Türkei umgesiedelt. Allerdings hatten diese Türken ihre Wohnorte in Griechenland ohne Gewalt und Furcht, im Gegensatz zu den Griechen in der Türkei, verlassen. Diese muslimische Bevölkerung aus Griechenland bestand überwiegend aus armen Bauern. Insofern kam der Vertrag von Lausanne diesen armen Türken zugute. Der türkische Staat hat das ganze Vermögen und Gut der vertriebenen Griechen beschlagnahmt und zum größten Teil dier türkischen Bevölkerung zur Verfügung gestellt.

Weitere ethnische Säuberungen wurden in den Jahren 1915/16 an 1,5 Mio. Armeniern verübt. Anlass dafür war die Verabschiedung des neuen Gesetzes über Bevölkerungsumsiedlung aller Armenier aus Anatolien. Während dieser Deportation kamen hunderttausende von Armeniern um. Bekanntlich leugnet der türkische Staat diesen Völkermord an den Armeniern bis heute energisch. Wer heutzutage in der Türkei wagt, darüber zu sprechen, zu berichten, zu schreiben oder zu referieren, wird entweder schwerwiegend bestraft, verfolgt oder sogar brutal umgebracht. An dieser Stelle ist an den Mordanschlag des armenischen Journalisten Hrant Dink zu erinnern. Er wurde am 20. Januar 2007 auf offener Straße in Istanbul ermordet. Er wurde hingerichtet, weil er in seiner Zeitung das Massaker an den ca. 1,5 Mio. Armeniern im Osmanischen Reich als Völkermord bezeichnet hatte. Ebenso wurden ausländische Regierungen, die diese Vernichtung des armenischen Volkes in der Türkei als Genozid anerkannten, von der türkischen Regierung mit ernsthaften diplomatischen Mitteln bedroht [(1)(42)].

In den gleichen Jahren erlitten die assyrischen Christen in ihren Heimatorten in Ostanatolien ebenso einen Völkermord. Ihr Verlangen nach Autonomie und Selbstbestimmung wurde nicht realisiert. Eine halbe Million Assyrer wurden massakriert oder verfolgt. Tausende davon sind ins Ausland geflüchtet. Im Südosten der Türkei lebten früher über 200.000 Assyrer. Durch die Vernichtungsmechanismen der Türkei ist diese Zahl sehr stark zurückgegangen, sodass heute in dieser Region weniger als 2000 assyrische Christen leben. Auch bei den Assyrern wurden viele mit Zwang und Gewalt turkisiert. Heutzutage trifft man Assyrer in der Diaspora nur mit türkischen Namen. Wir haben hier erneut eine ethnische Säuberung sowie einen absichtlichen Identitätsverlust durch eine zwanghafte Assimilation dieser christlichen Ethnie.

Damit realisierten die Kemalisten allmählich ihre Staatsideologie, nämlich den reinen Türkenstaat, was selbstverständlich gegen die Menschenrechte und die Freiheit des Individuums gerichtet ist. Nach dieser Ideologie soll im Lande keine Multi-, sondern eine monoethnische türkische Gesellschaft gegründet werden. Allein das gültige Motto in der Türkei; „Die Türkei gehört allein den Türken“ drückt unmissverständlich diese Ideologie des Kemalismus aus[(35)].

Im Zusammenhang mit dem griechischen Völkeraustausch der Jahre 1922/1923 erinnert sich der junge Grieche an die Tragödie seiner Familie, als seine Tante mit ihrem Ehemann in der genannten Epoche das Land verlassen musste. Sein Vater hatte ihm sehr oft ausführlich über diese grausamen Zeiten erzählt. Die Trennung von ihrer Familie war für seine Tante, die gerade frisch geheiratet hatte, sehr bitter und traurig. Aber durch diese Trennung war auch die gesamte Familie stark mitbetroffen. Obwohl sein Vater noch zwei weitere Brüder hatte, hing er trotzdem besonders an seiner Schwester. Bis er den Verlust seiner Schwester und seines Schwagers verarbeitet hatte, brauchte er viele Jahre. Genauso traurig waren auch die anderen Geschwister und alle Mitglieder der Familie. Das Schicksal seiner Tante war, dass sie ihre gesamte Familie und ihren Geburtsort verlassen musste. Gleichzeit verlor sie auch ihren Haushalt, ihre Umgebung und ihr Haus.

Die Tante und ihr Ehemann fanden zuerst in Nordgriechenland eine Notunterkunft. Die Leute waren in Griechenland in der ersten Zeit fast mittellos. Die kleine finanzielle Unterstützung des griechischen Staates reichte längst nicht aus, um diesen Verlust zu kompensieren. Sein Vater hatte mit seiner Schwester oft korrespondiert und sie gelegentlich auch finanziell unterstützt. Daher erfuhr er oft Details aus ihrem neuen Leben in Griechenland. Die Familie konnte am Anfang in der Tabakindustrie stundenweise eine Beschäftigung finden. Allerdings brachte dieser Job auf Dauer den Eheleuten keine finanziellen Vorteile. Sein Schwager versuchte immer wieder zwischendurch, kleinen Beschäftigungen nachzugehen. Bekanntlich war Griechenland damals wirtschaftlich nicht so gut gestellt wie in den späteren Jahren. Infolgedessen lebten sehr viele Menschen und vor allem die Flüchtlinge in Armut und Not.

Leider konnte damals sein Vater aus finanziellen Gründen seine Schwester in Griechenland nicht besuchen. Dasselbe galt auch für die Tante und ihren Mann. Erst 30 Jahre später hatte es die Tante geschafft, gemeinsam mit ihrem Sohn über einen Monat ihre Familie in Istanbul wieder zu sehen. Zum Glück lebten noch ihre Eltern, sodass sie zum letzten Male auch ihre Mutter und ihren Vater sehen konnte. Elefterios war damals 13 Jahre alt und er kann sich bis heute noch sehr gut an den Besuch seiner Tante und seines Cousins erinnern. Da er damals schon viel über diese Zwangsdeportationen wissen wollte, erfuhr er von seiner Tante sehr viele Einzelheiten über diese ungerechte und tragische Zeit des Völkeraustausches. Der junge Grieche erinnert sich noch gerne an den Aufenthalt seiner Tante und seines Cousins bei ihnen in Istanbul, an die Spiele mit dem Cousin, an die Ausflüge und Unternehmungen. Sie alle genossen die gemeinsame Zeit mit Reden, Lachen, Diskussionen. Vor allem sein Vater war sehr glücklich über den Besuch seiner Schwester. Er konnte mit seiner Schwester über frühere Zeiten reden. Sie sprachen darüber, was alles nach der Trennung passiert war und über ihre Schwierigkeiten in den ersten Jahren in Griechenland. Elefterios betrachtete später immer wieder Bilder aus der Besuchszeit seiner Tante und seines Cousins in Istanbul mit Freude.

Im Grunde war der Völkeraustausch, sicherlich für beide Nationen, Griechen und Türken, eine Tragödie und eine wirtschaftliche und soziale Katastrophe. Ferner war dieser Austausch ein Auslöser des Hasses und der feindlichen Gefühle, eine Entfremdung benachbarter Nationen, eine unkluge politische Strategie. Gleichzeitig war er ein Sieg für den türkischen Fanatismus und den Nationalismus.

Während des Zweiten Weltkrieges erlebten die Griechen sowie die anderen Minderheiten in der Türkei erneut Repressalien. Die damalige türkische Regierung des Ministerpräsidenten Ismet Inonü hatte per Gesetzeserlass alle Bürger der Minderheiten türkischer Staatsangehörigkeit zu den Waffen berufen. Diese „Soldaten" wurden in Bataillons aufgeteilt und in die tiefste Region Ost-Anatoliens, Askale, transportiert. Sie sollten dort, wegen der angeblichen Gefahr des Zweiten Weltkrieges, militärische Übungen absolvieren. Allerdings war dies eine Lüge, denn bekanntlich nahm die Türkei an dem Krieg nicht teil. Im Gegenteil, sie hatte mit einer klugen politischen und diplomatischen Strategie den Krieg aus ihrem Land ferngehalten.

Der Christenhasser Ismet Inonü, auch Ismet Pascha genannt, entwickelte einen vernichtenden Plan gegen die Minderheit in der Türkei. Er hatte ein Gesetz eingeführt, das mit einem Völkermord gleichzusetzen war. Am 28. April 1941 hatte er angeblich eine Generalamnestie ausgerufen. Danach sollten alle Männer zwischen 25 und 45 Jahre zu dem so genannten „Militärdienst" einberufen werden. In Wirklichkeit wurden nur Männer aus der Minderheit eingezogen. Im Grunde wurden alle diese Männer zu Märtyrern des türkischen antichristlichen Fanatismus.

In Ost-Anatolien mussten diese Bürger wie die Soldaten Uniformen anziehen und unter den schwersten militärischen Arbeits- und Lebensbedingungen Zwangsarbeit verrichten. Sie mussten neue Straßen bauen, die vorhandenen reparieren und große Gruben eröffnen. Gerüchten zufolge waren diese Gruben als Massengräber für diese Märtyrer selbst vorgesehen. Die Folge dieser ungünstigen Arbeitsbedingungen war, dass viele von ihnen dort an Kälte, Hunger und körperlichen Misshandlungen starben. Das war eine strategisch geplante „Hinrichtung" für diese Untertanen bzw. für diese „türkischen Bürger".

Als die Alliierten und Russland die bösen Absichten der türkischen Regierung erkannt hatten, reagierten sie sofort. Allerdings konnte diesem mörderischen Plan von Inonü nur einer im Lande entgegentreten, nämlich der Oberste der Armee, General Fevzi Cakmak. Er gehörte zu der Hierarchie der Regierung von Kemal Atatürk und Ismet Pascha. Er kündigte an, dass er den Genozid türkischer Bürger, sogar in Uniform des türkischen Soldaten, nicht zulassen werde. Er setzte in kurzer Zeit sein Vorhaben in die Tat um. Bereits im Dezember des gleichen Jahres wurden die Männer zwischen 38 und 45 Jahren entlassen. Ein halbes Jahr später folgte die Entlassung der restlichen „Soldaten".

Unter den Betroffenen war auch der Vater von Elefterios. Sein Vater musste ihn als kleines Kind, seine neun Jahre ältere Schwester sowie seine junge Ehefrau für mehrere Monate allein lassen. Denn dieser „Dienst" gehörte zu den strategischen Maßnahmen der ethnischen Säuberung. Die Familie wusste sehr wenig über das Leben des Vaters in Ost-Anatolien und über den genauen Ort der Verbannung bzw. des „militärischen Einsatzes". Ob der Vater wieder zurückkehren würde oder nicht, war der Familie unbekannt. Die Familie lebte so lange in psychischer Unruhe und Ungewissheit. Wie seine Mutter ihm später erzählte, war für sie diese Zeit sehr grausam, bitter und unvergesslich. Sie erinnerte sich später immer wieder daran. Dic Familic war auf ihr gespartes Geld angewiesen. Die Mutter konnte mit ihrem Mann keinen regelmäßigen Briefwechsel führen, da im Lager eine Nachrichtensperre herrschte. Jedoch dank der Initiativen von Fevzi Cakmak gehörte ihr Mann zu der ersten Gruppe der entlassenen Heimkehrer. Die Familie war selbstverständlich überglücklich über diese Nachricht und begann, wieder auf bessere Zeiten zu hoffen. Als der Vater aus diesem Zwangsarbeitslager zurück nachhause kam, war er sehr erschöpft und musste sich zuerst mehrere Wochen erholen. Dank des Familienzusammenhaltes konnte er sich diese Erholungszeit leisten und sein Geschäft erst später wieder öffnen.

Ein sehr guter Freund und Klassenkamerad von Elefterios, der heute in den Vereinigten Staaten von Amerika lebt, wurde durch diese vernichtende Strategie der türkischen Regierung Vollwaise. Als er drei Jahre alt war, wurde sein Vater zum Arbeitslager nach Askale eingezogen. Kurz vor seiner Entlassung im Jahre 1942 erkrankte er schwer an Typhus. Trotzdem wurde er in diesem Zustand mit hohem Fieber nachhause entlassen. Zuhause wurde er zwar von seiner Ehefrau gut gepflegt, steckte sie jedoch an. Die Folge davon war, dass beide in kurzer Zeit nacheinander starben. Sie hinterließen zwei Jungen im Alter von drei und acht Jahren! Zum Glück lebte noch die Mutter seines Vaters, sodass sie die Jungen zu sich nehmen konnte.

In Anbetracht der Methoden der Entchristianisierung und der ethnischen Säuberung, die der türkische Staat damals praktiziert hat und die er bis heute verleugnet, entstehen eine Menge von offenen Fragen:

- Welchen Nutzen und welche Vorteile haben die zahlreichen Vertreibungen der griechischen Minderheit und im Allgemeinen die Entchristianisierung der Türkei gebracht?
- Kann die Türkei sich nicht vorstellen, dass solche ethnischen Säuberungen für die eigene Landesgeschichte eine Schande darstellen?
- Ist es nicht naiv und lächerlich von der Türkei zu behaupten, dass die wenigen hunderte Griechen (etwa 1800 Menschen) und die griechische orthodoxe Kirche für ihr Land eine Gefahr darstellen?
- Kann die Türkei sich nicht vorstellen, dass sich solche Strategien, die sie betreibt, für ihre politischen Anstrengungen zum EU-Beitritt negativ auswirken könnten?
- Will die Türkei wirklich mit der Europäischen Union weiter verhandeln, obwohl im Lande noch solche fanatischen, nationalistischen und antichristlichen Handlungen praktiziert werden?
- Wie kann die Türkei mit solchen archaischen Einstellungen das Vertrauen der Europäer gewinnen und die Vollmitgliedschaft in die EU weiterhin anstreben?

- Wie kann die Türkei ihre Staatsideologie weiterhin propagieren und gleichzeitig mit einer multiethnischen und multireligiösen Gesellschaft, wie der Europäischen Union, zusammenarbeiten und zusammenleben wollen?

Eigentlich stellen ethnische und religiöse Verfolgungen sowie brutale Handlungen eine kulturelle Verarmung, eine soziale Isolation und eine schlechte Reputation für jedes Land dar, das solche Strategien praktiziert. Heutzutage bemühen sich alle Staaten um den Frieden und um bessere, kommunikative und kooperative Zusammenarbeit miteinander. Im Gegensatz dazu gedeiht in der Türkei der Nationalismus, der Fanatismus und die Verfolgung der Christen.

17

Der Vertrag von Lausanne und die ständigen Verstöße durch die Türkei

Der Friedensvertrag von Lausanne wurde am 24. Juli 1923 im Schloss von Ouchy in Lausanne durch die Regierungschefs von Griechenland, Elefterios Venizelos, und der Türkei, Ismet Inonü, als Stellvertreter von Kemal Atatürk, unterzeichnet. Als Garantieländer haben die Vertreter der Regierungen von Groß-Britannien, Frankreich, Italien und Japan mit unterschrieben. Ferner haben noch die Vertreter von Rumänien, Bulgarien, Russland, USA, Belgien, Portugal und des serbischkroatisch-slovenischen Staates teilgenommen. Dieses Abkommen akkreditierte den Sieg der Türkei im griechisch-türkischen Krieg (1919-1922). Darüber hinaus bestätigte die Unabhängigkeitsbewegung von Kemal Atatürk die Annullierung des Vertrages von Sévres im Jahre 1920 und die Gründung der türkischen Republik im Herbst 1923. Gemäß diesem Vertrag erhielt die Türkei den Großteil von Armenien, Südostanatolien, Ost-Thrakien, die Stadt Smyrna und die beiden Inseln, Gökceada (griechisch: Imbros) und Bozcaada (griechisch: Tenedos). Griechenland erhielt West-Thrakien. Weiter wurde mit diesem Vertrag die Vereinbarung über einen asymmetrischen Bevölkerungsaustausch zwischen der Türkei und Griechenland beschlossen. Etwa 1,6 Mio. Griechen aus Kleinasien und ca. 550.000 Türken aus Griechenland wurden gemäß Artikel 142 dieses Friedensvertrages zwangsumgesiedelt. Von diesen Zwangsdeportationen waren die Griechen in Istanbul (ca. 350.000 Menschen), die Griechen auf den beiden Inseln Gökceada und Bozcaada und die Türken in West-Thrakien ausgenommen. Zu dieser Zeit wohnten auf den beiden Inseln etwa

14.876 Griechen und etwa 1.299 Türken. Laut dieses Vertrages wurden den Griechen auf diesen beiden Inseln gewisse Rechte eingeräumt. Sie erhielten das Recht auf Selbstverwaltung und auf Erstellung ihrer eigenen Polizeikräfte. Die Verhandlungen zu diesem Vertrag begannen am 20. November 1922 und endeten am 24. Juli 1923.

Infolgedessen wurde der Türkei mit der indirekten Unterstützung und Zustimmung der Großmächte, die erste große ethnische Säuberung von griechischen Bevölkerung aus Kleinasien ermöglicht. Dies entsprach der Staatsideologie der neu gegründeten türkischen Republik. Es bedeutet die Gründung eines Türkenstaates bzw. weg vom Vielvölkerstaat, wie im Osmanischen Reich, hin zum monoethnischen Staat. Dieses Ziel der Gründung des Türkenstaates ist zu erreichen durch die „Säuberung" des Landes von „Ungläubigen" Nationen und durch die Homogenisierung der Bevölkerung in Anatolien. Das Motto lautete: „Die Türkei gehört allein den Türken" (türkisch: Türkiye Türklerindir) .

Laut diesem Vertrag verpflichtet sich die Türkei zunächst, ihren Minderheiten, ohne Ansehen der Religion, der Nationalität und der Muttersprache, einen umfassenden Freiheits- und Lebensschutz (Minderheitenschutz, Artikel dieses Vertrages 37-44) sowie eine Religionsfreiheit zu garantieren. Im Einzelnen verpflichtet sich die türkische Regierung, den Kirchen, Synagogen, Friedhöfen und anderen religiösen und gemeinnützigen Institutionen vollen Schutz zu gewähren. Allen gegenwärtig in der Türkei vorhandenen religiösen Stiftungen und gemeinnützigen Institutionen wird der Fortbestand garantiert (Artikel 43). Die Nichtmuslime werden nicht zur Verrichtung einer Handlung gezwungen, die eine Verletzung ihres Glaubens oder ihrer religiösen Vorschriften darstellt. Die Türkei erklärt sich damit einverstanden, dass alle Vorschriften den internationalen Verpflichtungen entsprechen.

Diese Vorschriften fallen unter die Garantie des Völkerbundes. Infolgedessen können sie auch ohne die Zustimmung des Völkerbundes nicht geändert werden. Im Falle einer Verletzung einer dieser Verpflichtungen hat jedes Mitglied des Völkerbundes das Recht, den Rat anzurufen. Weiterhin erklärt sich die Türkei damit einverstanden, dass jede Meinungsverschiedenheit zwischen der türkischen Regierung und einem der anderen Staaten als internationaler Streitfall behandelt wird. Darüber hinaus erhalten die Nichtmuslime die gleichen politischen und bürgerlichen Rechte wie die Muslime. Sie dürfen gleichberechtigt auf eigene Kosten religiöse und soziale Einrichtungen, Schulen und andere Bildungs und Erziehungseinrichtungen errichten. Sie dürfen ihre Religion frei ausüben und ihre eigene Muttersprache sprechen (Artikel 40 und 41). Sie werden vor dem Gesetz gleichgestellt.

Danach dürfen die griechische orthodoxe Minderheit in der Türkei und die muslimische Minderheit in Griechenland ihre Religionen frei und ungehindert ausüben. Ferner dürfen diese beiden Minderheiten eigene Schulen besitzen und ihre Muttersprache ungehindert unterrichten, religiöse bzw. kirchliche Einrichtungen und Gemeinden sowie Immobilien (Stiftungsgesetz von 1926) besitzen. Ebenso sollen ihre politischen und bürgerlichen Rechte gleichgestellt und die Priesterausbildung für das Patriarchat in Istanbul garantiert werden. Der Völkerbund, der diesen Vertrag mitunterschrieben hat, sollte überwachen, ob die Türkei und Griechenland diese Vereinbarungen einhalten. Darüber hinaus stimmte die Türkei der durch England am 05. 11. 1914 proklamierten Annexion Zyperns zu.

Bereits am 30. Januar 1923 wurde die Konvention zum Bevölkerungsaustausch zwischen Griechenland und der Türkei vereinbart. Im Grunde wurde diese ethnische Umsiedelung schon mit dem Abkommen von Mudanya am 10. Oktober 1922 beschlossen.

Von den ca. 1,6 Mio. Griechen trafen nur etwa 1.100.000 in Griechenland ein. Die restlichen Griechen wurden auf verschiedene Art und Weise während des brutal durchgeführten Austausches bzw. Transportes von den Türken gefoltert, vernichtet und massakriert. D. h., dieser Bevölkerungsaustausch wurde nicht sinngemäß und nicht unter humanitären und menschenwürdigen Bedingungen mit den Griechen durchgeführt.

Die Annahme der Großmächte, dass ein Bevölkerungsaustausch Völkerkonflikte lösen und dadurch den Frieden zwischen den verfeindeten Ländern sichern und stabilisieren könnte, hat sich später nicht bestätigt. Im Gegenteil entwickelten sich später die Konflikte noch größer und komplizierter.

Dieser Bevölkerungsaustausch war für die Griechen eine gewaltige Katastrophe, eine Entwurzelung von ihren sozialen, kulturellen und religiösen Wurzeln. Damit endete die etwa 3.000 Jahre alte griechische Geschichte in Kleinasien und Ost-Thrakien. In diesen Orten wurden früher die heiligen Stätten des Christentums gegründet. Sie wurden bis zur Ankunft der Araber im Jahre 634 und später der Osmanen von Christen bewohnt. Ferner brachte dieser Bevölkerungsaustausch für beide Nationen großes Leid, riesige Probleme und unendlichen Hass. Alle diese Menschen hatten dadurch ihre Heimatsorte und ihren Besitz zwangsweise verloren.

In den späteren Jahren hat die Türkei eigenmächtig zu ihrem Vorteil und zum Nachteil der griechischen Minderheit mehrere Regelungen dieses Vertrages verletzt. Sie hat mit der Verabschiedung eigener Gesetze viele Bedingungen des Vertrages abgeändert, missachtet oder gestrichen. Dabei wurden die im Abkommen verabschiedeten Rechte deutlich dezimiert. Heutzutage dürfen die Griechen weder eine religiöse Gemeinde neu gründen noch ihren Ritus frei praktizieren. Ihre Kirchen und ihr Eigentum sind nicht mehr rechtlich gesichert. In ihren Minderheitsschulen ist das Unterrichten ihrer Muttersprache und vor allem ihrer Religion durch griechische Geistliche untersagt. Ihre Schulen wurden der staatlichen Kontrolle untergeordnet und den Geistlichen das Tragen kirchlicher Kleidung außerhalb der Kirche verboten. Sie müssen zwar wie die Muslime Wehrdienst leisten, dürfen jedoch nicht höhere Offiziere werden. Im öffentlichen Leben wird ihnen verboten, ihre Muttersprache zu sprechen, und die Ausübung bestimmter Berufe ist untersagt. Außerdem wird auf sie ein außerordentlicher Druck ausgeübt. Durch eine neue Reform der Regierung Erdogan wurde ihnen in den letzten Jahren der Erwerb von Eigentum erlaubt. Allerdings ist diese Erlaubnis nicht bedingungslos.

Ein weiterer Verstoß dieses Vertrages durch die türkische Regierung ist die Turkisierung der überwiegend von Griechen bewohnten Inseln Gökceada (Imbros) und Bozcaada (Tenedos). Wie oben erwähnt wurden beide Inseln der Türkei zugeschlagen. Gemäß diesem Vertrag sollten diese Einwohner einen begrenzten Autonomiestatus erhalten. Die Türkei hat diese Regelung bereits im Jahre 1927 verletzt und durch ständige Repressalien und Diskriminierungen die griechischen Einwohner von diesen beiden Inseln systematisch vertrieben (s.u.).

Nach allen diesen eigenmächtigen Änderungen durch die Türkei kann man heutzutage den eigentlichen Sinn dieses Vertrages nicht mehr erkennen. Offensichtlich ist es das Ziel der türkischen Regierung, auch die restlichen Griechen aus Istanbul und diesen beiden im Vertrag festgelegten Inseln zu vertreiben. Diese und viele weitere Einschränkungen sind eindeutige Verstöße gegen das Lausanne-Abkommen, die europäischen Menschenrechtskonventionen und die Bestimmungen der Human Rights Watch (HRW)(16).

Bereits in den fünfziger Jahren wurde der Wirkungsbereich des griechisch-orthodoxen Patriarchats von Konstantinopel von der türkischen Regierung stark eingeschränkt. Im Jahr 1971 hat die türkische Regierung die Schließung der theologischen Akademie des Patriarchats auf der Prinzeninsel Chalki angeordnet. Damit hat sie den Priesternachwuchs dieser Kirche offiziell gestoppt. Die Regierung hat die Schließung dieser Akademie mit diversen bösartigen und absurden Argumenten begründet. Eins davon war, dass diese Akademie angeblich eine große Gefahr für die nationale Sicherheit des Landes darstelle. Ferner befürchtet die Türkei, dass das griechisch-orthodoxe Patriarchat allmählich eine mächtige Position wie die des Vatikans einnehmen könnte. Dadurch könnte ein zweiter Vatikan bzw. ein Staat innerhalb eines Staates entstehen. Es muss betont werden, dass diese Akademie vom 1844 bis 1971 insgesamt 127 Jahre in Istanbul existierte.

Im Rahmen der Reformen der Regierung von Erdogan plädiert angeblich die türkische Regierung für die Wiedereröffnung dieser theologischen Akademie. Dies teilte der Vizepräsident Bülent Arinc in Istanbul im März 2010 mit. Er räumte jedoch ein, dass das Verfassungsgericht dieses Vorhaben der Regierung einschränkt.

Ferner muss angemerkt werden, dass die Zahl der griechischen Minderheit vor der Unterzeichnung des Lausanner Vertrages (1923) um 350.000 und im Jahre 1955 um die 120.000 Einwohner betrug. Wenn diese Kirche tatsächlich den Status eines Vatikans anstreben wollte, hätte sie bis zum Jahre 1955 (etwa 111 Jahre nach der Gründung dieser Akademie) diesen Status realisiert. Damals lag die Zahl der griechischen Einwohner, verglichen zu heute (ca. 1800 Einwohner), ziemlich hoch. Außerdem soll die türkische Regierung wissen, dass die orthodoxe Kirche in Istanbul nie ein Interesse an der Gründung eines zweiten Vatikans gehabt hat.

Alle diese Argumente der türkischen Regierung sind nicht nur absurd und bösartig, sondern sie stellen einen ernsthaften Verstoß gegen das Lausanne-Abkommen (Artikel 40) dar. Sie richten sich auch gegen die türkische Verfassung (Artikel 24), welche die Freiheit von Religion und Ausbildung garantiert, und gegen den Artikel 9 der europäischen Menschenrechtskonventionen. Darüber hinaus bedeuten sie eine große Verleumdung und eine Schikane sowie eine Schmähung für das Patriarchat von Konstantinopel.

Wie oben bereits erwähnt, lebten in Istanbul vor dem Lausanne – Vertrag etwa 350.000 Griechen. Nach dem Inkrafttreten dieses Vertrages und nach den späteren strategischen Maßnahmen der Türkei, wie den ungerechten Zwangsausweisungen und den Deportationen im Jahre 1964, sank die Zahl dieser Minderheit allmählich von ca. 120.000 auf heute etwa 1800 Griechen. Im Gegensatz dazu nahm die Zahl der muslimischen Minderheit in Griechenland im gleichen Zeitraum ständig zu. Tendenz steigend. Dabei muss noch erwähnt werden, dass diese Muslime in Griechenland sogar das Recht haben, im griechischen Parlament Abgeordnete zu stellen. Aktuell sind im griechischen Parlament zwei türkische Abgeordnete vertreten.

In den späteren Jahren erlebte die griechische Minderheit in der Türkei weitere Ausweisungen, Massenvertreibungen, antichristliche Verfolgungen, Pogrome. Dadurch verletzte die türkische Regierung immer wieder die Regelungen dieses Friedensvertrages.

Heute, nach über 89 Jahren (1923-2012), seitdem dieser Vertrag unterzeichnet wurde, ist die Religionsfreiheit und die Sicherheit aller noch übrig gebliebenen Griechen in Istanbul ernsthaft gefährdet. Für die griechische Minderheit und für ihre Religion sind diese undemokratischen Maßnahmen Besorgnis erregend und schränken ihre Lebensqualität deutlich ein. Alle Regeln, die der türkische Staat der heute in der Türkei noch lebenden und stark reduzierten griechischen Minderheit (ca. 1800 Menschen) verordnet, sind mit einer angehenden Zwangstürkisierung nach üblicher türkischer Art zu vergleichen. Die Türkei verlangt indirekt von diesen Menschen einer Art „Assimilation". Dies widerspricht selbstverständlich den Grundlagen der Menschenrechte und verstößt eindeutig gegen die Regelungen des Vertrages von Lausanne.

Interessant ist, wie die türkische Regierung das Verhalten und die Lebensweise der türkischen Einwanderer in Deutschland und deren Integration in die deutsche Gesellschaft indirekt verhindert. Der Ministerpräsident der Türkei, Tayyip Erdogan, hat bei seinem Besuch im Februar 2008 in Deutschland der deutschen Regierung vorgeschlagen, in den deutschen Schulen türkischen Unterricht einzuführen. Er unterstützt auch den Bau von großen Moscheen und die Errichtung von Kulturzentren. Gleichzeitig warnte er seine Landsleute davon, sich in Deutschland zu „assimilieren". Erdogan wiederholte diese Formulierung auch im Jahre 2010 in Istanbul anlässlich eines Treffens mit deutsch-türkischen Politikern. Wie Spiegel online im März 2010 berichtete, sagte Erdogan, dass die Assimilation ein Verbrechen gegen die Menschlichkeit sei. Im Jahre 2009 äußerte sich der Minister für die Auslandstürken, Faruk Celik, auf einer internationalen Fachtagung in Ankara ähnlich, wie später sein Ministerpräsident. Ferner hat er die europäischen Staaten aufgefordert, die Identität seiner Landsleute im Ausland zu respektieren. Er sprach sich gegen die Assimilation, jedoch für die Integration der Auslandstürken ohne Identitätsverlust aus. Nach seiner Meinung werden seine Landsleute im Ausland benachteiligt. Deshalb forderte er die europäischen Länder auf, gegen solche Benachteiligungen Maßnahmen zu ergreifen.

Heutzutage trifft man in Deutschland an jeder Ecke türkische Restaurants, Lebensmittelgeschäfte, Sportvereine, Kaffeehäuser, Anwaltskanzleien, ärztliche Praxen, Moscheen. Im Allgemeinen alles, was die türkische Gesellschaft für das tägliche Leben benötigt. Wenn sich die türkische Infrastruktur weiterhin so organisieren wird, brauchen die Türken in Deutschland sich nicht unbedingt in die deutsche Gesellschaft zu integrieren.

Das ist selbstverständlich ein großer Widerspruch. Denn die türkische Regierung will mit den Griechen und mit den anderen Minderheiten in der Türkei seit Jahrzehnten das Gegenteil erzielen. Nämlich die „Assimilation" dieser Menschen in die türkische Gesellschaft.

Dem jungen Griechen waren in Istanbul Armenier und Assyrer aus den sechziger Jahren bekannt, die ihre eigene Muttersprache kaum mehr kannten. Ein armenischer Kommilitone von Elefterios erzählte ihm, dass er und seine Familie ihre Muttersprache nur mit großen Schwierigkeiten sprechen.

Zusammenfassend kann man sagen, dass der Vertrag von Lausanne nur der Türkei genutzt hat. Durch die Unterstützung der Großmächte konnte der Türkei geholfen werden, ihr Ziel, nämlich die Säuberung ihres Landes von den Griechen, zum größten Teil zu realisieren. Der Traum der Jungtürken, die Türkei zu einem monoethnischen Staat zu machen, ist dabei beinahe Realität geworden. Für die griechische Minderheit dagegen hatte diese Ideologie einen vernichtenden Charakter.

Einige ausländische Politiker hielten diesen Bevölkerungsaustausch für eine gute politische Methode, um ethnische Konflikte zu beenden und zu lösen. Allerdings hat die Weltöffentlichkeit sich später zu diesem Abkommen kritisch und negativ geäußert. Der damalige britische Außenminister George N. Curzon bezeichnete diesen Vertrag als eine schlechte und böse Lösung. Er sagte, dass die Welt in den nächsten hundert Jahren noch eine schwere Buße dafür bezahlen müsse[37].

Der Vertrag von Lausanne sollte das Leben der verbliebenen Griechen und des Patriarchats in Istanbul sowie das Zusammenleben mit der türkischen Bevölkerung harmonisieren und Frieden schaffen. Leider ist alles auf dem Papier geblieben und nicht Realität geworden. Später hat die Praxis gezeigt, dass diese Entwurzelung der griechischen Minderheit aus der Türkei zu keiner Lösung des griechisch-türkischen Konfliktes beigetragen hat. Darüber hinaus hat diese Praxis auch zu keinem ausgesprochenen Frieden geführt. Im Gegenteil wurden später die Konflikte noch größer und komplizierter. Fakt ist, dass die Türkei permanent und unmissverständlich gegen die Regelungen des Vertrages von Lausanne verstoßen hat. Dadurch hat sie ihre Verpflichtungen nicht eingehalten. Interessant ist jedoch die schamlose Behauptung der Türkei, dass es angeblich nur die griechische Regierung sei, die sich nicht an die Regelungen dieses Abkommens halte. Diese Behauptung ist lediglich eine zusätzliche Lüge und eine Täuschung der türkischen Regierung.

In diesem Zusammenhang frägt man sich, warum die Staatengemeinschaften und insbesondere die Garantiemächte bisher nicht interveniert haben. Schließlich hatten sie diesen Vertrag mitunterschrieben und sich für den Frieden in dieser Region verpflichtet. Eigentlich sollten sie laut Vereinbarung im Falle einer Verletzung der Vertragsregelungen Stellung nehmen. Im Gegenteil ignorieren und tolerieren sie seit nunmehr 88 Jahren, aus eigenen Interessen, immer noch diese inakzeptable Haltung der Türkei.

18

Die wichtigsten politischen Ereignisse im Leben der griechischen Minderheit in der Türkei

Kurze chronologische Darstellungen

1894

In den Minderheitsschulen wird Türkisch für bestimmte Fächer als Pflicht eingeführt.
Ab 1909 praktizierten die Jungtürken eine repressive Politik auf alle christlichen Minderheiten in der Türkei.

1912/1913

Seit den Balkankriegen werden alle christlichen Minderheiten in der Türkei als „Feinde“ des türkischen Staates betrachtet. Dieses Feindbild war der Nährboden für das Wachstum des Nationalismus und des antichristlichen Hasses gegen alle Nichtmuslime in den späteren Jahren.

1923

Die Unterzeichnung des Vertrages von Lausanne und der erzwungene asymmetrische Bevölkerungsaustausch. Die ethnische Säuberung für die griechische Minderheit wird deutlicher.

1941

21 Geburtsjahrgänge (Männer zwischen 18 und 45 Jahre alt) aus den Minderheiten werden im Mai dieses Jahres zu den Waffen gerufen. Diese „Soldaten“ wurden in Bataillons aufgeteilt und zu den Zielorten in Ost-Anatolien transportiert (türkisch: Amele taburlari).

1942-1943

Im Winter des Jahres 1942 verabschiedete die damalige türkische Regierung unter dem Staatspräsidenten Ismet Inonü und dem Ministerpräsidenten Sükrü Saracoglu die berühmte und ruinöse Vermögenssteuer (Varlik Vergisi) nur für die Nichtmuslime. Danach sollten alle Minderheiten, besonders diejenigen, die finanziell sehr gut gestellt waren, eine unangemessen hohe Vermögenssteuer an den Staat entrichten. Diese Steuer wurde absichtlich so hoch gesetzt, dass der Staat möglichst viel von dem Vermögen dieser Menschen sich aneignen und die Minderheiten in den Ruin treiben konnte. Ferner wollte die Regierung die Wirtschaft des Landes turkisieren. Denn damals lag dies zur Hälfte in den Händen der Nichtmuslime. Diejenigen, die diese Steuer nicht zahlen konnten, wurden ins Arbeitslager nach Askale, einen Ort im tiefsten Ostanatolien, transportiert. Dort mussten sie unter unmenschlichen Bedingungen arbeiten. Viele von ihnen überlebten diese Zwangsarbeit und das sehr harte Winterklima dieser Region nicht. Alle diese Menschen wurden Märtyrer des wahnsinnigen Fanatismus, Nationalismus und der Ausbeutung durch die damalige türkische Regierung.

> *Anfang der vierziger Jahre wurde den Minderheiten vorgeworfen, dass sie angeblich den Staat ausbeuten und das Staatskapital ruinieren würden. Mit solchen Argumenten und Lügen wurde am 12. November 1942 die ruinöse Vermögenssteuer (Varlik Vergisi) für die Minderheiten verabschiedet. So wollte die Türkei sich für diese ungerechte Steuereinnahmen bei der türkischen Öffentlichkeit rechtfertigen. An dieser Stelle muss erwähnt werden, dass diese Minderheiten beim Wachstum der türkischen Wirtschaft bereits seit vielen Jahrzehnten eine wichtige Rolle gespielt hatten. Allerdings wurde diese Tatsache aus strategischen Gründen der türkischen Öffentlichkeit vorenthalten.*

1950

Einschränkung des Einflussbereichs des griechisch-orthodoxen Patriarchen von Konstantinopel. Ausweisung von zwei bedeutenden Bischöfen des Patriarchats aus dem Lande. Diesen Geistlichen wird von den türkischen Behörden vorgeworfen, Landesverräter zu sein.

1954

Im ersten Quartal 1954 erneute feindlichen Handlungen des türkischen Staates gegen die griechische Minderheit in Istanbul. Angeblich war der Anlass dafür die Zypernkrise. Die Türkei hat diese politische Krise immer wieder benutzt, um die griechische Minderheit zu belasten und die ethnische Säuberung fortzusetzen. Gleichzeit lenkte sie von der herrschenden Wirtschaftskrise im Lande ab.

1955

Die Kristallnacht bzw. die Nacht des Schreckens (06. und 07. September 1955) veränderte die Einstellung und das Verhalten aller Griechen zu den Türken enorm. Auch andere Minderheiten, wie die Armenier und die Juden, waren von diesem Pogrom partiell betroffen. Dieses Jahr war auch der Beginn der Ausweisungen einzelner griechischer Bürger aus Istanbul. Diese Ausweisungen hatten den gleichen „Säuberungseffekt", wie in den Jahren 1923 und 1964. Darüber hinaus wurde allen Griechen wieder bewusst, dass sie in diesem Lande keine Zukunftsperspektiven mehr hatten. Infolgedessen verließen sehr viele Griechen freiwillig das Land.

1956

Im November dieses Jahres verhafteten die türkischen Behörden 30 Mitglieder des „Vereins der Istanbuler Griechen". Anschließend wurden sie ausgewiesen. Diesen Menschen wurde zu Unrecht vorgeworfen, dass sie diplomatische Agenten von Zypern wären. Insgesamt waren es 12 Griechen mit griechischer Staatsbürgerschaft und 18 Griechen mit türkischer Staatsbürgerschaft.

1960

Die türkische Regierung fasste den Beschluss, auf den beiden Inseln Gökceada (türkisch: Imbros) und Bozcaada (türkisch: Tenedos) türkische Bürger vom Festland anzusiedeln. Ihre Strategie war offensichtlich, die griechischen Einwohner von den Inseln zu vertreiben. In den späteren Jahren hat die Türkei auf der Insel Gökceada absichtlich ein offenes Gefängnis mit über 2000 schwer kriminellen Strafgefangenen eingerichtet. Die Absicht der Regierung war, die griechischen Einwohner der Insel zu terrorisieren und einzuschüchtern. Während dieser Zeit erlebten die griechischen Inselbewohner viele Grausamkeiten von den herumstreifenden Kriminellen. Zahlreiche Griechen wurden ermordet und griechische Frauen und Mädchen überfallen und vergewaltigt. Selbstverständlich wurden diese Täter nicht bestraft und ihre Taten abgestritten. Viele Kirchen und Kapellen wurden zerstört und in Brand gesetzt. Manche von diesen wurden zu Kuhställen oder zu öffentlichen Toiletten zweckentfremdet[(43)]. Griechische Schulen wurden geschlossen und dadurch der jungen griechischen Generation die griechische Schul-Bildung und -Erziehung entzogen. Auf diese Weise verstiess die Türkei erneut gegen die Regelungen des Vertrages von Lausanne und der Menschenrechtskonvention.

1961

In diesem Jahr wird die Autonomie der griechischen Schulen in Istanbul eingestellt. Gemäß dem Vertrage von Lausanne verpflichtete sich die Türkei, die Autonomie dieser Institutionen zu gewährleisten. Erneut ein Verstoß gegen diesen Vertrag.

1963

Der Staat schloss und versiegelte alle Geschäfte von Griechen mit griechischer Staatsangehörigkeit. Griechen mit griechischem Reisepass durften nicht mehr beschäftigt werden. Die Arbeitgeber mussten alle Griechen griechischer Staatsbürgerschaft entlassen. Die griechischen Vereine in Istanbul wurden verboten.

1964

Ab März dieses Jahres fand die massenhafte Ausweisung und Deportation von Griechen griechischer Staatsbürgerschaft aus der Türkei statt. Dieses Verfahren dauerte bis 1966 an. Betroffen waren etwa 12.000 Menschen ohne ihre Angehörigen. Griechen griechischer Staatsbürgerschaft, die sich wegen des Osterfestes 1964 im Ausland aufhielten, wurde die Rückreise in die Türkei verweigert.

In dieser Periode wird das Zypernproblem erneut akut. Selbstverständlich musste die Türkei ihre Wut und ihre Aggression an der machtlosen griechischen Minderheit in Istanbul auslassen. Die Regierung begann schon wieder, wie im Jahre 1955, die aktuelle Zypernkrise zu instrumentalisieren. Der damalige Ministerpräsident der Türkei Ismet Inonü kündigte eigenmächtig den Vertrag vom Oktober 1930 mit Griechenland, um diese Ausweisungen zu ermöglichen. Mit schwerwiegenden Beschuldigungen und Verleugnungen wurde diese unschuldige und für die Wirtschaft des Landes potente Minderheit aus den Staatsgrenzen deportiert. Die Gründe waren rein fanatisch, nationalistisch und wahnsinnig.

In diesem Jahre erlebte die griechische Minderheit in Istanbul wiederum eine bittere und unvergessliche historische Niederlage. Es war genauso wie in den Jahren 1918, 1922, 1942/1943, 1955 und später im Jahre 1974. Ferner verbot die türkische Regierung orthodoxen Priester den Zugang zu den griechischen Schulen. Damit wird die Religionserziehung bzw. der Religionsunterricht junger Griechen unterbunden. Die Schüler durften in den Schulpausen weder ihre Muttersprache sprechen, noch morgens christlich beten. Griechische Lehrer wurden entlassen und türkische Lehrer eingestellt. Die Regierung stellte keine Arbeitserlaubnis für alle aus Griechenland kommenden Lehrer aus. Damit erschwerte die türkische Regierung den griechischen Unterricht in den griechischen Schulen. Viele Fächer mussten in der türkischen Sprache unterrichtet werden. Die Einfuhr griechischer Schulbücher aus Griechenland wurde verboten. Auf diese Weise versuchte die Regierung, das Bildungsniveau der inzwischen zahlenmäßig stark reduzierten griechischen Schüler herabzusetzen. Im gleichen Jahr ordnete der türkische Staat an, dass in den griechischen Schulen bzw. Gymnasien neben dem griechischen Schuldirektor noch ein türkischer Konrektor eingestellt werde. Dadurch wollte der Staat die griechischen Lehrer und im Allgemeinen die Struktur der griechischen Schulen kontrollieren. Außerdem durften die griechischen Schulen keine Renovierungsarbeiten mehr veranlassen und keine Elternbeiräte mehr haben.

Die Schülerzahl an den griechischen Gymnasien und an den noch übrig gebliebenen griechischen Grundschulen ist (Jahr 2010) beträchtlich reduziert. Vor dem Lausanne Vertrag betrug die griechische Schülerzahl um die 16.000. Im Jahre 1959 besuchten diese Schulen etwa 10.000 griechische Schüler. Seit den Deportationen und den Ausweisungen zahlreicher griechischer Bürger mussten viele Schulen schließen. Infolgedessen beträgt heute die Schülerzahl der übrig gebliebenen griechischen Grundschulen und Gymnasien insgesamt um die 200 (!) griechische Schüler.

Dies war eine schikanöse Strategie, um die griechischen Schüler mit Zwang zu turkisieren. Die Folge davon war, dass die junge heranwachsende griechische Generation allmählich ihre Muttersprache verlernte bzw. sie nicht mehr richtig in der Zukunft sprechen konnte. Ähnliche Methoden hat die Türkei in der Vergangenheit an den jungen Armeniern und Assyrern angewandt. Sie hat diese Nationen von den Minderheitsschulen ferngehalten, um sie zu schließen. Das Land strebt offensichtlich die Assimilation bzw. die Turkisierung der übrig gebliebenen Griechen in Istanbul an. Diese Maßnahmen verletzen eindeutig die Menschenrechte und den Vertrag von Lausanne.

Im gleichen Jahr schlossen die türkischen Behörden das einzige griechische Waisenhaus. Dieses Heim wurde im Jahre 1853 gegründet.

Im April 1964 werden zwei enge Mitarbeiter des Patriarchen von Konstantinopel ausgewiesen. Die Ausweisung dieser Geistlichen wird mit den üblichen Menschen entwürdigenden Vorwürfen begründet. Sie hätten angeblich gegen den türkischen Staat gearbeitet.

Griechische Studenten werden an der Istanbuler Universität sowohl von den Hochschullehrern als auch von den türkischen Studenten erneut bedroht, schikaniert und äußerst schlecht behandelt. Griechische Abiturienten werden an den türkischen Universitäten bedingt zugelassen. Die jungen Abiturienten durften nicht mehr alle Fächer studieren, obwohl sie die Aufnahmeprüfung zum Studium bestanden hatten.

In diesem Jahr wird die Druckerei des ökumenischen Patriarchats von Konstantinopel von den türkischen Behörden geschlossen. Diese Druckerei wurde im Jahre 1627 gegründet. Noch eine Einschränkung der Religionsfreiheit und Verstoß des Vertrages von Lausanne. Durch die EU Beitrittsverhandlungen hat die amtierende Regierung von Ministerpräsident Erdogan im Jahre 2006 per Gesetz versucht, dieses Urteil aufzuheben. Allerdings scheiterte es damals am Veto des früheren Staatspräsidenten.

1965

Fortsetzung der Ausweisungen mehrerer griechischer Journalisten, Rechtsanwälte, Professoren aus Istanbul. Die historische Kirche in Galata (Stadtteil von Istanbul), St. Joannis, im Besitz des Patriarchats, wurde gewaltsam konfisziert.

1967

Die Grundstücke der karitativen Stiftungen der griechischen Gemeinden durften nicht mehr verwendet werden.

1971

Die Türkei schließt im Juli dieses Jahres die theologische Akademie des ökumenischen Patriarchats von Konstantinopel. Diese Akademie residiert auf der Prinzeninsel Heybeliada (griechisch: Halki).

Sie wurde als Hochschule im Jahre 1844 mit Genehmigung der osmanischen Herrscher gegründet. Seit dieser Zeit war sie für den Nachwuchs von orthodoxen Priestern zuständig. Mit der Schließung dieser Akademie geriet das Patriarchat von Konstantinopel in ernste Nachwuchsschwierigkeiten von Theologen. Das türkische Präsidium für religiöse Angelegenheiten, Diyanet, verteidigt immer noch bis heute die Schließung dieser Akademie.

Mit Erlass des türkischen Obersten Gerichtshofes wird das Erbrecht für die Angehörigen von Minderheiten untersagt.

1974

Der türkische Staat beschlagnahmte alle Immobilien (etwa Tausende von Gebäude und Grundstücken) der christlichen und jüdischen Gemeinden, die sie nach 1936 erworben hatten. Dies erfolgte aufgrund eines Gerichtsurteils. Dieses Urteil war auch für die griechischen Gemeinden eine bittere Entscheidung. Denn diese Gemeinden finanzierten bisher durch die Mieten dieser Immobilien ihre privaten Institutionen, wie Schulen und religiöse Einrichtungen.

1991

Islamisten und Nationalisten terrorisieren das Patriarchat von Konstantinopel und die griechischen Gemeinden in Istanbul.

1992

Über 35 Gräber des griechischen Friedhofs in Büyükdere (Stadtteil von Istanbul) werden zerstört und verwüstet.

1993 und **1998**

Verwüstung und Schändung von zwei griechischen Friedhöfen, einer in Neochori am Bosporus und der Zweite in Kurtulus (griechisch: Tatawla, Stadtteil von Istanbul). Im März 1993 wird die Kathedrale der Jungfrau Maria auf der Insel Gökceada (Imbros) überfallen. Es wurden wertvolle byzantinische Ikonen gestohlen und der Altar brutal verwüstet.

Der demokratische und zivilisierte Geist fragt, **warum**? Wo bleibt die Religiosität der Türken?

1994

Zwei Brandbomben wurden in den Hof des Patriarchats von Konstantinopel eingeworfen. Die Täter konnten nicht gefasst werden.

Die byzantinisch-orthodoxe Kirche Agia Irini (heilige Irene) in Istanbul wird als Bühne eines Schönheitswettbewerbs benutzt.

2004

Der türkische Staat schikaniert und terrorisiert weiterhin das Patriarchat von Konstantinopel. Durch verschiedene erzwungene Gründe werden viele byzantinische Kirchen durch die türkischen Behörden entweder enteignet, abgerissen oder zum Verkauf angeboten. Die Türkei behandelt die Orthodoxe Kirche ohne Respekt und Achtung. So werden auch im Jahre 2004 vom türkischen Staat zwei byzantinische Kirchen und ein byzantinisches Kloster zum Verkauf angeboten.

2007

Völlige Zerstörung der Kapelle des theologischen Priesterseminars auf Chalki. Diese Kapelle wurde im 17. Jh. erbaut.

Bemerkenswert ist, dass jede politische Auseinandersetzung zwischen Griechenland und der Türkei sofort eine negative Auswirkung auf die griechische Minderheit in Istanbul hat. Was hatte diese Minderheit eigentlich mit den damaligen politischen Auseinandersetzungen zwischen den Regierungen der Türkei, Zyperns und Griechenlands zu tun? Selbstverständlich gar nichts, zumal sie auch Bürger des türkischen Staates waren. Dieses Verhalten ist lediglich eine türkische Schikane, Provokation und Diskriminierung. Ebenso unverständlich ist die widersprüchliche, politische Haltung der türkischen Regierung zu den Griechen, die im Ausland mit türkischem Reisepass lebten. Wenn diese Menschen ihre türkische Staatsangehörigkeit aus bestimmten und berechtigten Gründen abgeben wollten, lehnte der türkische Staat ihre Ausbürgerungsanträge absichtlich ab. Obwohl die Türkei diese unerwünschte griechische Minderheit allmählich gezielt und brutal aus ihrem Lande vertrieben hat.

Ein türkisches Paradoxon.

19

Das Leben der übrig gebliebenen Griechen im heutigen Istanbul und die Lage des Christentums in der Türkei

Eine Zusammenfassung

In der Türkei leben seit vielen Jahrhunderten, ja sogar Jahrtausenden verschiedene Ethnien, wie Griechen, Armenier, Assyrer, Israeliten, Kurden, Tscherkessen, Araber, Aleviten und viele mehr. Diese unterschiedlichen Kulturen und Religionen das multikulturelle Bild des Landes.

In der osmanischen Zeit hatten die christlichen Ethnien sowie die Juden keinen ausgesprochen rechtlichen Status. Mit der Unterzeichnung des Vertrages von Lausanne im Jahre 1923 wurde jedoch nur für die als Minderheiten bezeichneten Ethnien ein rechtlicher Status definiert. Allerdings war dieser Status eingeschränkt. Gemäß dem Lausanne-Abkommen hat die Türkei sich verpflichtet, nur die ethnischen Gruppen der Armenier, Griechen und Juden als Minderheiten anzuerkennen. Diese rechtliche Anerkennung existierte jedoch nur auf dem Papier. Im alltäglichen Leben wurden diese Minderheiten vom türkischen Staat in jeder Hinsicht regelrecht unterdrückt, schikaniert, diskriminiert, ihrer Freiheit beraubt, ihre Menschenwürde ihre Menschenrechte verletzt. Diese Haltung der Türkei ist gut zu erklären, da im Lande weder Menschenrechte und Minderheitenschutz, noch Religionsfreiheit und Meinungsfreiheit, wie es in den demokratischen Rechtsstaaten der Fall ist, existieren. Darüber hinaus hat die Türkei in den späteren Jahren gegen das Lausanne-Abkommen wiederholt und eigenmächtig verstoßen. Infolgedessen lebten diese

Minderheiten unter großen Einschränkungen und politischem Druck.

In den letzten Jahren wurde zwar durch die Einführung bestimmter Reformen der Regierung Erdogan eine Bewegung hinsichtlich der Menschenrechte beobachtet. Allerdings lassen die eingefahrenen fanatischen und nationalistischen Einstellungen bestimmter Bewegungen im Lande die Implementierung dieser Reformen nicht zu. Daher scheint der Weg zu demokratischen Grundrechten in der Türkei immer noch mühsam und steinig zu sein.

Die Türkei betrachtet die noch übrig gebliebenen restlichen Griechen als eine große nationale Gefahr, als einen inneren Feind und eine Bedrohung für ihre Souveränität. Es muss betont werden, dass die griechische Ethnie weder Territorium in der Türkei beanspruchen noch einen eigenen Staat gründen wollte. Sie hat nie das Land terrorisiert und finanziell ausgeraubt. Im Gegenteil hat sie zum Wirtschaftswachstum des Landes beigetragen. Lediglich wollte sie wie eine Minderheit mit der türkischen Bevölkerung zusammen in guten nachbarschaftlichen und demokratischen Verhältnissen im Frieden leben. Dabei sollte dieses Zusammenleben ohne Identitätsverlust und mit Religionsfreiheit gestaltet sein. Insofern sind die oben erwähnten Behauptungen und angeblichen Ängste der Türkei gegenüber der griechischen Minderheit eine totale Absurdität. Denn die in Istanbul noch verbliebenen etwa 1800 restlichen Griechen – überwiegend ältere Menschen – können auf keinem Fall als ein gefährliches Potenzial für das Land angesehen werden. Im Gegenteil benutzt die Türkei diese Menschen und das Patriarchat wie ein politisches Druckmittel für ihre Beitrittsverhandlungen in die EU und für ihre Außenpolitik gegenüber Griechenland und Zypern. Daher sind diese Menschen eher als Märtyrer denn als Angreifer und Aggressoren zu bezeichnen. Die Ausrottung dieser Minderheit aus der Stadt Istanbul wird vermutlich beschleunigt, wenn die

Europäische Union der Türkei irgendwann eine endgültige Absage erteilen wird.

Bedauerlicherweise hatten alle türkischen Regierungen den Nutzen sowohl der Griechen als auch der anderen Minderheiten vollkommen verkannt. Die Türkei wollte durch den blinden Nationalismus und den krankhaften Fanatismus von der Dynamik und dem Nutzen dieser Menschen nicht profitieren. Sie hat diese Menschen nie als gleichwertige Bürger betrachtet. Sie hat sie sowohl aktiv als auch passiv bis zur Vernichtung und Vertreibung verfolgt, bekämpft und vertrieben. Hinzu kommt noch die wachsende Religiosität der Türken und dadurch die Abwertung der christlichen Religionen.

Erfreulich ist, dass die zahlreichen intellektuellen und demokratisch denkenden Türken mit solchen leichtfertigen und eher provokativen Behauptungen ihrer Regierung nicht einverstanden sind. Sie bezeichnen diese ethnischen Säuberungen, im Falle der griechischen Minderheit, als einen gesellschaftlichen, kulturellen und wirtschaftlichen Verlust für ihr Land. Ferner verurteilen sie die Minderheitspolitik ihres Landes und bezeichnen sie als einen großen Fehler. Allerdings brachten diese Menschen ihr Leben in große Gefahr, da in der Türkei, wie oben erwähnt, keine demokratischen Grundlagen und keine Meinungsfreiheit herrschen.

Beeindruckend waren die Appelle des türkischen Ministerpräsidenten Erdogan und des Ministers für Auslandstürken Faruk Celik an ihre in Deutschland lebenden Landsleute. Wenn die Türkei Angst vor Assimilierung und vor Identitätsverlust ihrer Landsleute hat, dann ist für diesen Staat der Beitritt in die Europäische Union ziemlich unvorstellbar. Im Allgemeinen ist mit dem Beitritt in die Europäische Union gleichzeitig auch mit einer Akzeptanz der Globalisierung und teilweise auch mit einem unvermeidlichen Identitätsverlust der Ethien zu rechnen. Infolgedessen können die Politiker der Türkei ihre Landsleute im Ausland weder davon abhalten noch entmündigen.

Auf der anderen Seite ist der Umgang der Türkei mit ihrer griechischen Minderheit widerspruchsvoll. Sie übt immer noch auf die stark reduzierte griechische Minderheit und auf das griechisch-orthodoxe Patriarchat in Istanbul einen politischen und psychologischen Druck aus. Sie erzwingt indirekt die Turkisierung dieser Ethnie. Ähnliche strategische Beispiele haben wir aus der Vergangenheit, wie dieser Staat mit den Armeniern und den Assyrern umgegangen ist. Allerdings ist eine solche Strategie in der heutigen Zeit und Zivilisation nicht mehr denkbar.

Seit der Unterzeichnung des Vertrages von Lausanne sind inzwischen 89 Jahre (1923-2012) vergangen. In Anbetracht des oben erwähnten Umgangs mit der griechischen Minderheit ist deutlich zu erkennen, wie die Regelungen dieses Abkommens während der Jahre vom türkischen Staat missachtet wurden. Zumal die Türkei sich als ein europäisches, zivilisiertes und demokratisches Land der Weltöffentlichkeit positionieren will.

Wenn ein Staat zu den europäischen Staaten dazugehören will, dann muss dieser Staat sich an die Regelungen dieser Gemeinschaft halten. Er muss andere Religionen und Kulturen vollständig akzeptieren, tolerieren, und die europäischen Werte vollkommen respektieren, sogar sie zum Teil übernehmen. Alles gehört zum Integrationsprozess der Türkei in die EU.

Wie oben erwähnt war das Ziel aller türkischen Regierungen die Ausrottung der griechischen Minderheit und ihrer Religion aus der Türkei. Durch verschiedene strategische Methoden hat das Land im Laufe der Jahrzehnte mit der Ausweisung der griechischen Minderheit sein Ziel zum größten Teil realisiert. Es bleibt noch die griechisch-orthodoxe Kirche bzw. das Patriarchat,

das vermutlich auch mit dem nachfolgenden strategischen Plan, aus dem Land entfernt wird:
Die Türkei hat im Jahre 1971 die theologische Akademie des Patriarchats auf der Prinzeninsel Chalki geschlossen. Damit will die Türkei den Priesternachwuchs dieser Institution verhindern und in absehbarer Zeit auch die Schließung des Patriarchats und die Beendigung der Existenz der griechisch-orthodoxen Kirche in der Türkei bezwecken. Selbstverständlich ist ein solcher Plan eine Zwangsmaßnahme, ein Verstoß gegen das Abkommen von Lausanne und die europäische Menschenrechtskonvention Artikel 9 sowie eine Verachtung dieser Weltreligion.

Bis 1971 ersetzten die Absolventen dieser theologischen Akademie, die älter gewordenen Bischöfe und Theologen des Patriarchats. Somit konnten die Stabilität und die Balance des kirchlichen Personals erhalten bleiben. Seit der Schließung der theologischen Akademie sind für das Patriarchat ernsthafte Nachwuchsschwierigkeiten aufgetreten. Die meisten im Patriarchat tätigen Geistlichen sind ältere Menschen. Wenn dieses kirchliche Personal in absehbarer Zeit in den Ruhestand geht und wenn es keinen Nachwuchs mehr gibt, muss das Patriarchat aus Personalmangel gezwungenermaßen schließen. Wie man jedoch die Strategien dieses Landes gegenüber seinen Minderheiten aus der Vergangenheit gut kennt, wird die Türkei mit gesetzlichen Argumenten versuchen, diese Schließung zu rechtfertigen. Mit ähnlichen Argumenten hat sie auch die Enteignung vieler Immobilien und kirchlicher Gebäuden des Patriarchats begründet.

Auch wenn das Patriarchat versucht, seinen Personalmangel mit Theologen aus dem Ausland zu kompensieren, blockiert der türkische Staat mit üblen Maßnahmen diesen Schritt. Die Türkei verlangt, dass alle im Patriarchat tätigen Geistlichen die türkische Staatsangehörigkeit besitzen. Der Erwerb der türkischen Staatsangehörigkeit für die orthodoxen Priester, die aus dem

Ausland kommen, wird von den türkischen Behörden absichtlich erschwert. Die Einbürgerungsanträge dieser ausländischen Priester werden durch unvorstellbare Begründungen abgelehnt. Ein Synergieeffekt zwischen den Behörden und der Regierung. Infolgedessen können diese Theologen die türkische Staatsangehörigkeit nicht ohne Weiteres erwerben. Das heißt, dass die türkischen Behörden auch dafür sorgen, dass das Patriarchat keinen Nachwuchs, auch nicht aus dem Ausland, bekommen darf. Dies ist eindeutig eine hinterhältige Taktik dieses Staates, damit diese religiöse Institution in Istanbul nicht weiter existieren kann. Es muss angemerkt werden, dass das Patriarchat ein Wert der Weltkultur und ein uraltes Zentrum der orthodoxen Christenwelt, seit der Gründung von Konstantinopel, ist.

Die oben erwähnte böswillige Strategie gegen die griechisch-orthodoxe Kirche in Istanbul ist auch im Bericht der EU-Kommission vom 2005 nachzulesen. In diesem Bericht werden auch deutlich und unmissverständlich das Verbot von Immobilieneigentum dieser Glaubensgemeinschaften und die nicht vorhandene Rechtslage der Christen in der Türkei dargestellt.

Wie oben aufgeführt, sind keine der christlichen Kirchen vom Staat als Körperschaften des öffentlichen Rechtes anerkannt. Sie stehen streng unter behördlichen Restriktionen. Sie dürfen weder neue Liegenschaften erwerben, ihre Kirchen und ihre religiösen Stiftungen selbst verwalten, noch Bankkonten führen. Alle diese türkischen Maßnahmen verstoßen gegen den Artikel 40 des Vertrages von Lausanne.

Im Rahmen der EU-Beitrittsbemühungen der Türkei hat das türkische Parlament im Jahre 2008 erneut das Stiftungsgesetz verabschiedet. Danach erkennt die Türkei das Eigentumsrecht für die christlichen und die jüdischen Minderheiten an. Dieses Gesetz sieht die Rückgabe des enteigneten Eigentums dieser Minderheiten vor. Diese Entscheidung der Regierung von Erdogan blieb selbstverständlich nicht ohne Kritik und Widerstand. Sowohl die nationalistische wie auch die kemalistische Oppositionspartei warfen der Regierung den Ausverkauf nationaler Interessen an die Minderheiten vor. Allerdings handelt es sich nach diesem Stiftungsgesetz nicht um die gesamte Rückgabe des enteigneten Eigentums aus dem Jahre 1974, sondern nur um das, was kürzlich beschlagnahmt wurde. Insofern entspricht dieses Gesetz nicht den Anforderungen der Europäischen Union an die Türkei und es stellt lediglich eine Vortäuschung gegenüber der EU dar.

Im Jahre 1974 hat die damalige türkische Regierung alle Immobilien der christlichen und der jüdischen Minderheiten auf Grund eines Gerichtsurteils beschlagnahmt. Diese Immobilien bestanden aus Tausenden von Grundstücken und Gebäuden, die diese Minderheiten nach 1936 erworben hatten. Der gesamt Wert diese Immobilien wird auf etwa 150 Milliarden Dollar geschätzt.

Die Regierung von Erdogan hat das Stiftungsgesetz erst im Jahre 2006 verabschiedet. Allerdings konnte dieses Gesetz nicht umgesetzt werden, da es der damalige Staatspräsident Ahmet Necdet Sezer mit seinem Veto blockiert hat.

Die Kirchenimmobilien sind für die griechisch-orthodoxe Kirche von großer Bedeutung. Denn sie sind eine Einnahmequelle für den Unterhalt aller kirchlichen Gemeinden. Infolgedessen ist das Verbot zum Immobilienbesitz im Jahre 1974 für das Patriarchat ein Hindernis geworden. Ferner sind viele byzantinische Kirchen und Kapellen vom türkischen Staat beschlagnahmt oder abgerissen worden. Die Abrisse wurden von den türkischen Behörden mit angeblichen straßenbaulichen Maßnahmen der Stadt Istanbul begründet. Kirchen, die renovierungsbedürftig sind, dürfen von ihrem Eigentümer, nämlich dem griechisch-orthodoxen Patriarchat, nicht renoviert werden. Dies ist auch eine hinterlistige Strategie der Regierung, damit diese Kirchen irgendwann abrissreif werden. Andere, dem Patriarchat zugehörige byzantinische Kirchen werden durch fragwürdige Regierungsbeschlüsse enteignet und veräußert. Alle diese Maßnahmen gegen die Orthodoxe Kirche kommen dadurch zustande, dass der Islam, wie oben erwähnt, die christlichen Religionen nicht toleriert und akzeptiert.

Bekanntlich werden in der Türkei alle Christen und Nichtmuslime, als Nichtgläubige „Heiden", „Unreine" (Koran, Sure 9,29, alle Nichtmuslime sind Ungläubige) bezeichnet. Wenn in der Türkei eine Religionsfreiheit nach den europäischen Grundlagen existiert hätte, wären die Christen vielleicht gleichberechtigt. Dann wären sie vielleicht mit solchen Provokationen, Beleidigungen und Herabwürdigungen nicht konfrontiert worden.

Sowohl in Deutschland als auch in anderen europäischen Ländern genießen die Muslime Religionsfreiheit. Wenn man an diese Religionsrechte denkt, kann man nur die Liberalität, die Toleranz und den demokratischen Geist der christlichen Welt bewundern. Leider werden diese Liberalität, Toleranz und Barmherzigkeit der Christen von den Muslimen deutlich ausgenutzt. Zum Beispiel dürfen die muslimischen Theologen aus der Türkei ohne den Besitz der deutschen Staatsangehörigkeit in Deutschland in den Moscheen oder in den Koranschulen arbeiten. Dagegen dürfen christliche Theologen in den islamischen Ländern, beispielsweise in der Türkei, ohne den Besitz der Staatsangehörigkeit des Landes nicht arbeiten. Neuerdings befürworten auch christliche Bischöfe in Deutschland im Rahmen des Integrationsprozesses den Bau von Moscheen und die Einrichtung von Kulturzentren. Sogar Gelder aus der Europäischen Union werden für den Bau von Moscheen zur Verfügung gestellt. Ein Beispiel davon ist den Bau der Moschee in Duisburg Maxloh (Baukosten etwa 7,5 Mio. €), wo die EU und das Land Nordrhein-Westfalen sich mit einer Beihilfe in Höhe von 3,2 Mio. Euro beteiligt haben. In den muslimischen Staaten ist eine Teilfinanzierung für den Bau einer christlichen Kirche undenkbar.

Die jahrelange Erfahrung mit den muslimischen Ländern wie der Türkei und den arabischen Ländern hat gezeigt, dass der Islam nicht bereit war, freiwillig mit den Christen zu kooperieren. Es ist ebenso bekannt, dass die Christen in den islamischen Ländern brutal verfolgt, vertrieben und ermordet werden(5)(49). Beispielweise versucht die Türkei mit Pseudobehauptungen diese herrschende Tatsache zu verleugnen. Die Reporterin für Menschenrechte, Frau Marianne Brückl, hat in ihrem Vortrag im Februar 2010 das Zitat aus dem Spiegel-Interview mit dem Ministerpräsidenten der Türkei Recep Tayyip Erdogan im Jahre 2007 wiedergegeben. Der Premier sagte wörtlich: „In der Türkei haben die religiösen Minderheiten mehr Rechte als in Europa. Was können sie hier nicht ausleben in ihrem Glauben? Reißen wir etwa ihre Kirchen ab?“(11)(28) Auch die Äußerungen des Religionsamtschefs der Türkei Ali Bardakoglu – Präsident der türkischen Religionsbehörde, Diyanet – bei seinem Besuch in Deutschland im Jahre 2008 sind unerhört und widersprechen vollkommen der Wahrheit und der Realität. Er hat behauptet, Zitat: „Die Türkei hat eine lange Geschichte des friedlichen Zusammenlebens unterschiedlicher Kulturen und Religionen“(11). Dieses Zitat ist offensichtlich eine Selbsttäuschung dieses Herren und entspricht nicht der Realität. Wahrscheinlich denkt er, dass die Europäer so ahnungslos sind, dass sie nicht genau wissen, wie der Islam über die Jahrhunderte hinweg das Christentum in der Türkei verfolgt und vernichtet hat. Er hat offenbar die Staatsideologie des Gründers der türkischen Republik vergessen. Allein die Statistik dieses Landes zeigt deutlich, wie die Zahl der Christen während der Vernichtungsjahre massiv zurückgegangen ist.

Exkurs zur Vorgeschichte

Die Urtürken waren Nomadenstämme und lebten bereits mehrere Jahrhunderte vor Christus in Zentralasien in den Gebieten des Altai-Gebirges zwischen Pamir und der Wolga, östlich vom Aralsee. Sie waren Krieger und Viehzüchter. Ihre Lebensart war mit Viehwirtschaft und mit nicht sesshafter Lebensweise verbunden. Auch ihre späteren Nachfolger waren ebenso Krieger (türkisch: Gazi, s. Glossar) geblieben. Im Allgemeinen waren sowohl die Osmanen als auch ihre Vorfahren, die Seldschuken und ihre Nachfolger, die Türken von dem Einfluss der Armee stark geprägt.

Diese Urtürken wanderten in den späteren Jahren nach Christus von ihren Ansiedlungen aus und gründeten in den eroberten Gebieten verschiedene Völkerstämme. Die Führer dieser Stämme nannten sich Fürsten. Ein Stamm davon waren die Ogusen (s. Glossar), die im 6. Jahrhundert in Westturkestan ein erfolgreiches Fürstentum namens Gökturk mit der Hauptstadt Samarkand gründeten. Zu Beginn des 8. Jahrhunderts waren sie zum Islam übergetreten. Zuvor war ihre Religion überwiegend der Schamanismus (s. Glossar). Mit dem Übertritt zum Islam waren sie mehrheitlich Sunniten hanefitischer (s. Glossar) Rechtsschule.

Diese Völkergruppe wurde in den späteren Jahren von einem anderen Ogusenstamm, den Seldschuken besiegt und eingenommen. Im Jahre 1040 gründete der Fürst Seldschuke, ein turkmenischer ogusischer Stammesführer, die Seldschuken-Dynastie. Die Seldschuken wollten ihre Staatsgrenzen erweitern und dadurch mehr Macht gewinnen. Infolgedessen drangen sie bis an die Ostgrenzen des Byzantinischen Reiches vor und besiegten im Jahre 1071 unter der Führung von Khan Alp Arslan (1063-1072) in der Schlacht bei Mantziker den byzantinischen Kaiser Romanos IV Diogenes. Damit ging das Innere Kleinasien des Byzantinischen Reiches endgültig an die Seldschuken verloren.

Der Nachfolger von Alp Arslan, Süleyman, gründete das anatolische Seldschuken-Sultanat, auch Rum-Seldschuken genannt (1075-1308) und ernannte sich zum Sultan der Seldschuken (1078). Er machte die Stadt Nicäa (türkisch: Iznik) zur Hauptstadt des Reiches. Nach der Eroberung dieser Stadt durch die Kreuzfahrer (1094) verlegten die Rum-Seldschuken ihre Hauptstadt in die Stadt Ikonion (türkisch: Konya). Das große Seldschuken-Reich erstreckte sich nun vom Indus über den Persischen Golf bis zum Mittelmeer. Dieses Reich endete durch den Vorstoß der Mongolen nach Kleinasien und nach ihrer Niederlage am Kösedag im Jahre 1243. Danach zerfiel das Reich in kleinere türkische Fürstentümer (türkisch: Beylik), auch Emirate genannt. Der Führer eines dieser Emirate, der Gazi-Emir Osman I., hatte um das Jahr 1300 das osmanische Fürstentum in den Gegenden um Eskisehir und Bursa gegründet. Aus diesem Fürstentum entstand später das Osmanische Reich. Der Nachfolger von Osman I., Orhan (1326-1359), konnte den ersten Stützpunkt in Gallipoli (türkisch: Gelibolu) auf europäischem Boden errichten und die Stadt Bursa zur Hauptstadt des Reiches machen. Später hat der osmanische Sultan Murat I. im Jahre 1365 die Hauptstadt von Bursa nach Adrianopel (türkisch: Edirne) verlegt. Edirne blieb bis zur Eroberung von Konstantinopel Hauptstadt des Reiches.

Infolgedessen kam die Ansiedlung der Turkvölker in Anatolien mit der Niederlage der Byzantiner bei Mantzikert im Jahre 1071. Die Folgen davon waren der Zerfall des Byzantinischen Reiches und der Vormarsch der Türken nach Europa. Daher liegen die Wurzeln des Unterganges und des allmählichen Verschwindens des Christentums in der Türkei sowie in den arabischen Ländern viel tiefer als man vermutet. Fakt ist, dass der Gewinn von Macht des Islams in den christlichen Gebieten das Leben der dort lebenden christlichen Minderheiten stark erschüttert hat.

Die Invasion und die Ausbreitung des Islams nach Westen waren für die damalige türkische Bevölkerung von volkswirtschaftlichen Vorteilen. Die Schwierigkeiten für die christliche Welt lagen vor allem darin, dass diese Religion weder fremde Religionen anerkannt noch sie toleriert hat. Der Islam hat die fremden Religionen immer als ein Feindbild betrachtet. Auf diese Weise entstanden der Fanatismus und der Hass und so begann auch die Vernichtungsstrategie der islamischen Länder gegenüber dem Christentum. Ferner wurde die Entchristianisierung von Kleinasien durch eine Spezialeinheit in der Türkei (Teskilati Mahsusa) gefördert. Diese Einheit wurde im Osmanischen Reich gegründet. Ihre Aufgabe war unter anderem, den arabischen Separatismus und den westlichen Imperialismus zu bekämpfen.

Die Tragödie des Christentums in der Türkei ist in den Geschichtsbüchern der Weltliteratur und in den Kommentaren von zahlreichen Journalisten sowie von Kennern dieser Region sehr gut dokumentiert. Allerdings hat das Ausland, aufgrund eigener politischer und wirtschaftlicher Interessen, gegen die Gräueltaten, die in der Türkei gegen die Minderheiten stattfanden, wenig unternommen. Im Gegenteil sorgen die Industrieländer dafür, dass die Türkei sich wirtschaftlich noch besser entwickeln kann. Geschichtlich gesehen hat zum Beispiel Deutschland seit 1880 in diesem Lande sehr viel investiert.

Für die Industrieländer geht es hauptsächlich darum, dass sie von diesem Wirtschaftsmarkt profitieren und ihre Produkte dort vorteilhafter absetzen können. Das Kulturelle, das Religiöse und die Humanität sind für die Wirtschaft und die Politik dieser Länder offensichtlich uninteressant. Diese strategische Haltung des Auslands hat die Türkei ermutigt, ihre Vernichtungsstrategie gegen die Minderheiten ungestört und ohne Hindernisse weiter fortzusetzen.

Wegen des EU-Beitritts hat die türkische Regierung, wie oben erwähnt, in den letzten Jahren zahlreiche Reformen verabschiedet. Das Land hat auch Reformen eingeplant, die den Rechtsstatus der christlichen Religionsgemeinschaften verbessern sollten. Die Implementierung dieser Reformen wäre jedoch viel effektiver, wenn die Regierung zuerst dafür sorgte, dass sich die Mentalität des Volkes grundsätzlich änderte und dessen historischen Kenntnisstand erweiterte. Das türkische Volk soll über die dunklen Kapitel der Beziehungen zwischen seiner Regierung und den Minderheiten erfahren. Nur so können die Mentalität und die Denkweise der türkischen Gesellschaft geändert werden. Sonst bleiben alle Reformen einfaches Konstrukt und wirkungslos.

Man erfährt heutzutage in der Türkei immer wieder von antichristlichen Aktionen, von der Ermordung und Bedrohung von Priestern, von der brutalen Schlachtung von Christen. Man fragt sich jedoch nicht, ob die Implementierung dieser Reformen in der Türkei tatsächlich ernst genommen wird. Oder wurden diese Reformen deshalb verabschiedet, um den Europäern zu zeigen, dass das Land sich doch anstrengt, die Anforderungen der EU-Konventionen zu erfüllen? Oder ist die türkische Regierung nicht stark genug, um die Implementierung dieser Reformen durchzusetzen? Oder ist der Widerstand im Lande so groß, sodass diese Reformen zum Teil wirkungslos bleiben? Darüber hinaus entstehen viele weitere offene Fragen, die fast keiner richtig beantworten kann. In Anbetracht dieser Tatsache erscheint der aufdringliche Wunsch der heutigen Türkei der Europäischen Union beizutreten widersprüchlich.

Wie oben erwähnt, wachsen in der Türkei der Fanatismus und der Nationalismus gegen das Christentum und die Minderheiten unaufhörlich. Ein Beispiel stellt das Gerichtsurteil der türkischen Justiz aus dem Jahre 2007 dar. Es wurde dem Ökumenischen Patriarchen Bartholomaios I. verboten den Titel „Ökumenisch" zu führen. Solche Schikanen gegen den Patriarchen von Konstantinopel sind auch aus früheren Jahren bekannt. Es ist weltweit anerkannt, dass alle Patriarchen von Konstantinopel seit dem 5. Jahrhundert (Beschluss des Konzils von Chalkedon 451, die Verleihung des Ehrentitels „Ökumenischer Patriarch") diesen historischen Ehrentitel führen. Ferner ist ebenso weltweit anerkannt, dass das Patriarchat von Konstantinopel der Hauptsitz der Orthodoxen Kirchen ist und dass es eine fast 2000 jährige Geschichte geistlicher Leitung repräsentiert. Infolgedessen ist diese Haltung der türkischen Regierung eine absolute Beleidigung, Schikane, Verachtung und Demütigung für den Patriarchen von Konstantinopel und der Welt der Orthodoxie. Darüber hinaus hat diese Haltung sicherlich auch einen bösartigen strategischen Hintergrund. Dieses Gerichtsurteil der Türkei hat eine massive Kritik sowohl von Griechenland als auch vom Vorsitzenden der Europäischen Volkspartei im Europäischen Parlament Wilfried Martens ausgelöst. Ebenso sprach die Konferenz Europäischer Kirchen (KEK) ihre Unterstützung für das Recht des Patriarchen, den Ehrentitel „Ökumenisch" zu führen, aus. Das hat der Generalsekretär des Ökumenischen Rates der Kirchen (ÖRK), Pfarrer Dr. Samuel Kobia, in einem Brief am 29. August 2007 an Patriarch Bartolomäus I. unmissverständlich zum Ausdruck gebracht. Nach Berichten der Kommission der Orthodoxen Kirchen in Deutschland (KOKID) hat die türkische nationalistische Gruppe „Verband nationaler Kräfte" unter der Leitung von Bekir Oztürk einen Anschlag auf den Ökumenischen Patriarchen von Konstantinopel geplant. Auf diesem Mordplan standen noch der armenische Patriarch und ein jüdischer Banker. Die türkische

Zeitung Aksam hat zu diesem Thema am 1. August 2007 über die Ermittlungen der Staatsanwaltschaft von Istanbul berichtet.

Bekanntlich hat die Türkei fast alle Christen von ihrem Boden vertrieben, massakriert und vernichtet. Infolgedessen fragt man sich, wie es möglich ist, so ein rein muslimisches Land (99,8 % Muslime) in die christliche Europäische Union zu integrieren? Zumal in diesem Lande festgefahrene Traditionen und starke religiöse Eigenschaften herrschen, die nicht mehr zeitgemäß sind und den europäischen Werten widersprechen. Außerdem existiert im Lande immer noch eine ausgeprägte antichristliche Einstellung.

Nach der Eroberung von Konstantinopel im Jahre 1453 haben die Osmanen den Sitz des Oberhauptes der griechisch-orthodoxen Kirche längere Zeit bedingt anerkannt und toleriert. Nach dem Tod Mehmet II. dem Eroberer (1451-1481) und viele Jahren danach verschlechterte sich allmählich diese „friedliche Toleranz". Die Christen wurden oft schikaniert, sie durften keine öffentlichen Ämter bekleiden, nicht dem Militär beitreten, ihre Kirchen durften keine Kreuze verwenden und es gab noch viel mehr Restriktionen. Die Konversion von Muslimen zum Christentum war verboten. Die Konvertierten mussten mit der Todesstrafe rechnen. Zahlreiche Christen wurden zwangsislamisiert. Diejenigen, die den Islam verweigerten, bekamen die Todesstrafe. Mehrere Kirchen wurden in Moscheen umgewandelt. Reparaturbedürftige Kirchen wurden gleich niedergerissen. Seit dem Untergang des Osmanischen Reiches und der Gründung der türkischen Republik kämpft das Christentum in der Türkei immer härter, um seine Existenz und sein Überleben zu sichern.

Die Kriterien des Europäischen Rates beinhalten die Wahrung der Menschenrechte, Schutz der Minderheiten, die demokratische und rechtsstaatliche Ordnung und die institutionelle Stabilität. Außerdem ist noch die Ratifizierung des internationalen Paktes über bürgerliche und politische Rechte und die Religionsfreiheit nach europäischen Maßstäben zu erwähnen. Interessant ist, dass die Türkei im Jahre 1950 die Menschenrechtskonvention unterschrieben hat. Darin ist die Religionsfreiheit im Artikel 9 verankert. Leider hat das Land seit über 50 Jahren diese Konvention noch nicht umgesetzt.

Unerhört, unethisch und unmoralisch sind die Haltungen der verschiedenen türkischen Regierungen, alle in der Vergangenheit begangenen Gräueltaten an den Minderheiten vollkommen zu tabuisieren und zu leugnen. Sie bezeichnen sogar alle diese Brutalitäten und das Leid von Millionen Menschen als „unwahre Erzählungen" und als Lügen. Sie ignorieren diese Märtyrer sowie die Zeugnisse der Zeitzeugen, die selbst alles erlebt und überlebt haben. Sie gehen sogar noch weiter und werfen diesen Menschen ohne Respekt und Reue vor, dass sie angeblich den türkischen Staat und das Türkentum durch ihre Aussagen beleidigen. Falls ein europäischer Staat die Brutalitäten und die Grausamkeiten in der Türkei z. B. an Armeniern in seinem Parlament thematisiert oder sie als Genozid anerkennt, wird dieser sofort von der türkischen Regierung gewarnt, bedroht und sogar erpresst.

Anlässlich des 90.Jahrestages der Massaker an den Armeniern hat die CDU im April 2005 im Bundestag einen Antrag gestellt. Damit wollte die Partei die Türkei anregen, sich der eigenen Geschichte zu stellen. Der Redner war der Parlamentarier Christoph Bergner. Für die Formulierung dieses Themas benutzte er eine sehr diplomatische und behutsame Sprache. Er erwähnte sogar ausdrücklich die Mitschuld des damaligen Deutschen Reiches während dieser Gräueltaten. Ebenso waren die Abgeordneten der anderen Parteien der gleichen Meinung. Daraufhin hat die Türkei dagegen, wie zu erwarten war, in undiplomatischer, unsensibler und heftiger Sprache protestiert. Der Botschafter der Türkei in Berlin, Mehmet Ali Irtemcelik, warnte sogar die deutsche Regierung vor Konsequenzen und Belastungen der diplomatischen Beziehungen beider Länder, falls diese Debatte fortgesetzt werde[(18)]. Auch andere türkische Diplomaten ärgern sich, wenn sie erfahren, wie die demokratischen Institutionen in Europa die Massenvernichtung an Armeniern darstellen. Ein Beispiel dafür ist das Bundesland Brandenburg, das den Genozid an Armeniern im Lehrplan des Geschichtsunterrichtes aufgenommen hat. Ein türkischer Diplomat hatte Anfang des Jahres 2005 massiv beim Ministerpräsidenten dieses Bundeslandes gegen diese angebliche „Lüge" protestiert[(7)].

Ebenso protestierte die Türkei massiv gegen die griechische Regierung und drohte ihr durch ihren früheren Außenminister Abdullah Gül mit politischen Konsequenzen. Der Anlass war, dass das Land seiner in der Türkei ermordeten und massakrierten Landsleute, der Pontos-Griechen, gedacht hatte. Anlässlich dieses Massakers wurde im Jahre 2006 in Thessaloniki, Griechenland, ein Denkmal zeremoniell eingeweiht.

Der Völkermord an den Griechen wurde von dem damaligen türkischen Regime gezielt organisiert, um diese ethnische Bevölkerung aus ihrem Lande zu entfernen und alle Gebiete Kleinasiens zu turkisieren und zu islamisieren. So wurden diese überwiegend an der Schwarzmeerküste lebenden Griechen in den Jahren zwischen 1916 und 1923 systematisch abgeschlachtet. Dabei kamen mehr als 350.000 Griechen während dieser Zeit um. Dieser Völkermord wird von Griechenland und von den Menschenrechtsorganisationen als Genozid anerkannt.

Man fragt sich, ob die Türkei überhaupt das Recht hat, die demokratischen Gesetze und die Grundlagen fremder Länder anzugreifen.

Die amerikanische Schriftstellerin Tia Hilow hat in einem Interview mit der griechischen Zeitung „Kathimerini“ im Dezember 2000 berichtet, dass amerikanische Universitäten, wie Harvard, Briston u. a., von türkischen Unternehmern große Summen an Geldspenden erhalten haben. Die Gelder waren dafür gedacht, dass diese Universitäten neue Lehrstühle für das Fach Turkologie und Geschichte einrichteten. So soll die türkische Geschichte im Sinne der Türkei unterrichtet werden. Diese Angabe bestätigte auch der amerikanische Historiker Prof. Vrionis in einem anderen Interview mit der gleichen Redaktion(22).

Die Türkei verwendet solche strategischen Maßnahmen, damit die Weltöffentlichkeit von den Gräueltaten ihrer Geschichte möglichst gar nichts erfährt. Sie verachtet und ignoriert auch gleichzeitig die Aussagen von zahlreichen Zeitzeugen, die diese Gräueltaten persönlich erlebt haben und heute noch in der Diaspora leben.

Der Schriftsteller und Publizist, Zafer Senocak hat in einem Interview gesagt, dass die Türkei sich zu ihrer eigenen Geschichte und Vergangenheit bekennen muss. Ferner darf dieser Staat seine Geschichte nicht falsch weitergeben. Andernfalls ist er zum Wandel nicht in der Lage und hat somit auch keine Zukunft. Zu einer besseren und demokratischen Entwicklung und Zukunft eines Landes gehört auch die unverfälschte und wahre Darstellung seiner Geschichte. Das gehört zu den Grundlagen der Demokratie(52).

In diesem Zusammenhang kann man den Spruch von Hundertwasser anbringen:

> Wer die Vergangenheit nicht ehrt, verliert die Zukunft.
> Wer seine Wurzeln vernichtet, kann nicht wachsen.

Die Verfolgungen und Vernichtung der Minderheiten, wie es in der Türkei mit den Griechen, Armeniern und Assyrern der Fall war, entsprechen nicht mehr den heutigen demokratischen und menschenrechtlichen Rahmenbedingungen der Europäischen Union und müssen deshalb offen diskutiert und aufgearbeitet werden. Heutzutage versuchen die Nationen und die verschiedenen Religionen miteinander Frieden zu schließen und zu kooperieren. Daher sind sie näher zusammen gerückt. Sie haben den konstruktiven und sachlichen Dialog miteinander gesucht, aufgebaut und ihn weiter fortgeführt. Somit ist eine effektive und produktive Zusammenarbeit zwischen diesen Religionsgemeinschaften und diesen Staaten zustande gekommen. Das Hauptziel war, die seit Jahrhunderten herrschenden Feindschaften zu beenden und sich miteinander zu versöhnen. Alle diese Religionen und Nationen arbeiten heutzutage intensiv daran, diesen Versöhnungsprozess zu stabilisieren, damit ihre Nachkommen in Frieden miteinander leben können. In den letzten Jahren versuchen die Christen auch mit dem Islam einen Dialog zu führen, um diesen Prozess auszubauen.

Aus der Geschichte ist uns bekannt, dass das Christentum sich im Laufe der Jahrhunderte ständig weiter entwickelt und reformiert hat. Diesen Prozess setzt das Christentum heute weiterhin fort, obwohl es zwischen den christlichen Religionen noch viele Differenzen gibt. Die westliche Welt hat schon längst erkannt, dass die Rückständigkeit der Religionen und der festgefahrenen Traditionen Hindernisse für die Entwicklung, für den Fortschritt und für den Frieden in der Welt darstellen. Außerdem wollen alle Mitglieder dieser Staaten gemeinsam den Fanatismus, den Terrorismus, die Kriege, die Feindschaften, den Hass aktiv bekämpfen. Das Ziel ist, dass wir alle gemeinsam endlich in Frieden leben wollen. Das Verschweigen, das Verleugnen, die Verfälschung der Geschichte bringen weder Frieden noch Zufriedenheit unter den

Nationen. Im Gegenteil fördern sie den Hass, die ewigen feindlichen Gefühle und sie stoßen die Nationen voneinander ab.

Wenn die Türkei tatsächlich der europäischen Wertegemeinschaft beitreten und mit den christlichen Ländern zusammenleben und arbeiten will, muss sie umgehend die Realisierung der Globalisierungs- und Demokratisierungsprozesse in ihrem Land vorantreiben. Wichtig ist, dass sie u.a. die politischen Kriterien des Europäischen Rates von Kopenhagen aus dem Jahr 1993 erfüllt. Sie muss von rückständigen, fanatischen und nationalistischen Auffassungen Abschied nehmen und nicht ihre frühere Geschichte leugnen. Sie muss das Leid ihrer Minderheiten respektieren und über alles offen und sachlich sprechen. Ferner muss sie die Religionen ihrer Minderheiten akzeptieren und respektieren. So kann sie gemeinsam mit den europäischen Nationen und Weltreligionen an diesem Friedensprozess erfolgreich teilnehmen und sich behaupten. Die Türkei muss erkennen, dass wir alle im Jahrhundert der Globalisierung und des Ethnomix leben. Mit dieser Globalisierung entsteht eine neue multikulturelle und multireligiöse Gesellschaft mit einer neuen Dynamik, Toleranz und gegenseitig Reflexion und Respekt.

Epilog

In der Weltgeschichte begegnen wir unzähligen Grausamkeiten, wie Terror, Massaker, Vertreibungen, Deportationen, Vergewaltigungen, Verfolgungen u. a., die das Leben von Millionen unschuldigen Menschen gekostet haben. Vor allem in den letzten Jahrhunderten kamen solche Menschen vernichtende und Menschen entwürdigende Gewalttaten oft vor. Offensichtlich versagten während dieser Gewalttaten zum größten Teil die Zivilisation, die Demokratie und die Vernunft der Menschen. Gleichzeitig hat die Macht der Stärkeren über die Schwachen geherrscht.

Leider wiederholen sich oft solche Schaubühnen, auch in unseren so genannten hochzivilisierten und hoch entwickelten Zeiten. Wahrscheinlich bewirkten die Gewalt und die Gräueltaten aus den früheren Zeiten auf die nachfolgenden Generationen weder Furcht noch Abscheu. Im Gegenteil haben die Menschen solche Taten als „Vorbilder" betrachtet und bei gegebenen Anlässen entsprechend angewandt. Leider will kein Mensch von den guten und vorbildlichen Seiten der Geschichte profitieren, solange es um seine Macht und Interessen geht.

Im 20. Jahrhundert wurden zahlreiche Menschenrechtsorganisationen gegründet, Konventionen und Gesetze zum Schutz der Völkerrechte verabschiedet. Der Zweck dieser Institutionen ist, die bösartigen und aggressiven Taten – Ausgeburten menschlicher Fantasie – zu bekämpfen. Leider waren ihre Einsätze und ihre angewandten Methoden in vielen konkreten Situationen wenig erfolgreich.

Wir leben im Jahrhundert der Globalisierung, der Völkerwanderung und der international herrschenden Wirtschaftskrise. Zahlreiche politische und wirtschaftliche Beweggründe veranlassen die verschiedenen Völker ihre Heimatländer zu verlassen. Allerdings entstehen durch diese Völkerbewegung enorme soziale, kulturelle Konflikte, Revierverteidigung, Arbeitsplatzängste, Rivalitäten und harte Widerstände. Man bekommt den Eindruck, dass das Zusammenrücken der Nationen dem oft latent existierenden Nationalismus und Fanatismus einen Nährboden bereitet. Die Folge davon ist die Potenzierung einiger ideologischer Gruppierungen und dadurch das Erwecken vieler Grausamkeiten des menschlichen Geistes.

Diese Menschen- und Völkerkatastrophen sowie die Entwurzelung und die Vernichtung Jahrtausende lang existierender Kulturen und Zivilisationen müssen immer wieder thematisiert und visualisiert werden. Es geht darum, den Effekt und die Folgen dieser bösartigen und abscheulichen „Vorbilder" zu bekämpfen, zu vernichten, zu eliminieren, ihre Wiederholungen zu verhindern. Außerdem muss den heranwachsenden Generationen gezeigt werden, dass diese Gräueltaten der Menschheit früher viele Nöte brachten und dass deren Auswirkungen heute noch zu spüren sind. Die Thematisierung und die Visualisierung solcher Katastrophen sollten als ein „Alarmsignal", sowohl für die Gegenwart als auch für die Zukunft verstanden werden.

Diejenigen jedoch, die diese historischen Grausamkeiten der vergangenen Jahrhunderte noch verleugnen, verfälschen, verharmlosen oder nach ihrem „Geschmack" interpretieren wollen, denken offensichtlich nationalistisch und fanatisch. Durch ihre Denkweise verhindern sie die Entwicklung der Demokratie und des Fortschrittes in ihren Ländern. Wahrscheinlich konnten diese Menschen selbst keine persönliche und zeitgemäße Entwicklung durchmachen. Sie haben keine Einsicht für das Leid und das Elend anderer Menschen und anderer Nationen. Kurzum verachten sie die Menschenrechte, die Menschenwürde und alle demokratischen Grundlagen. Ebenso haben sie keinen Respekt und kein Mitleid mit den Ermordeten und deren Hinterbliebenen.

In solchen Situationen sind Ignoranz, Verleugnen und Verfälschung der tatsächlichen historischen Ereignisse tragische Fehler, die man niemals machen sollte. Wenn ein Land seine eigene Geschichte verfälscht und leugnet, ist dieses Land unseriös und kann sich auch nicht weiter demokratisch und zivilisiert entwickeln. Außerdem betrachtet ein solches Land die fremden Nationen und Religionen wie „Feinde". Dies hat wiederum die Entstehung und die Förderung des Nationalismus und Fanatismus zur Folge.

In den früheren Jahrhunderten fanden in Europa viele Gräueltaten statt. Betroffen waren zahlreiche Ethnien mit unterschiedlichen Religionen, politischen Einstellungen und Hautfarbe. Sowohl die Religionskriege als auch die Wirtschafts- und National-Kriege aus diesen Epochen waren sehr heftig und verursachten damit die Vernichtung von Millionen von Menschen. In den späteren Jahren hatten die Vernunft und die Einsicht der Menschen gesiegt und wurde das Verlangen nach Frieden und Zusammenarbeit erweckt. Viele europäische Staaten fingen an, ihre Geschichte aufzuarbeiten und über ihre Gräuel der Vergangenheit offen, sachlich, demokratisch und mit Toleranz zu diskutieren. Dabei haben sie ihre Fehler anerkannt und sich für ihre bösartigen Taten bei dem damaligen „Feind" entschuldigt. Dies führte unter anderem dazu, dass die europäischen Länder einen vielfältigen Verband miteinander schlossen und somit später die Europäische Union gründeten. Diesen Prozess macht jedes demokratische und liberale Land durch, das fremde Kulturen und Ethnien in der Vergangenheit ungerecht und grausam behandelt hat.

Mit den Beitrittsverhandlungen der Türkei in die Europäische Union wird erwartet, dass dieses Land sich auch mit seiner Vergangenheit auseinandersetzt und seine Geschichte aufarbeitet. Erst dann kann es mit seinen verfeindeten Nachbarländern Frieden schließen und sich mit ihnen versöhnen. Insbesondere mit solchen Ethnien, die im 19. und 20. Jahnhundert in der Türkei gelebt haben und die während dieser Zeiten von den Türken verfolgt, vertrieben und brutal ermordet wurden.

Der Staatspräsident von Armenien, Sersch Sarkissjan hat seinen türkischen Amtskollegen, Abdullah Gül anlässlich eines Fußballspieles nach Armenien eingeladen. Dieser Besuch des türkischen Politikers am 07. 09. 2008 in Armenien war ein sehr gutes Zeichen für den Frieden und für den Beginn eines konstruktiven Dialoges zwischen diesen beiden Ländern. Bekanntlich sind diese Länder seit Jahrzehnten miteinander verfeindet. Nun müssen die Türkei und Armenien diesen historischen Schritt als einen ernsthaften Anlass zu einem konstruktiven Frieden nehmen. Sie sollten diesen angefangenen Dialog fortsetzen, um den zwischen diesen Ländern seit Jahrzehnten existierenden hartnäckigen Eisberg zu brechen.

Erfreulicherweise sind uns heute viele intellektuelle Türken bekannt, die sich intensiv mit der Aufarbeitung der Geschichte ihres Landes beschäftigen. Es ist zu wünschen, dass dieser Personenkreis auch weiterhin ungehindert seine Aufklärungsarbeit bei den falsch informierten türkischen Bürgern in ihrem Lande erfolgreich fortsetzt und weitere Intellektuelle dazu ermutigt. Selbstverständlich müssen sich alle diese Anstrengungen und Vereinbarungen nicht allein auf den intellektuellen Bereich beschränken. Sie müssen vielmehr durch die Presse und durch die weiteren öffentlichen Medien der türkischen Bevölkerung aktiv vermittelt und in den Köpfen „installiert“ werden. Es geht hauptsächlich darum, dass die türkische Bevölkerung ihre Vorurteile und ihre fanatische und nationalistische Einstellung zu den Minderheiten abbaut. Denn das türkische Volk hat durch verfälschte geschichtliche Vermittlung seitens seiner Regierung eine solche Einstellung entwickelte.

Während der Jahre der Vernichtung und Verfolgung erlitt die griechische Minderheit in der Türkei auch enorme materielle, finanzielle und existenzielle Verluste. Infolgedessen wünschen sich heute diese betroffenen Menschen von dem türkischen Staat lediglich eine angemessene Entschädigung dafür. Außerdem verlangen sie von diesem Staat eine faire Anerkennung ihrer Leiden.

Ein gutes Beispiel dafür stellt die Bundesrepublik Deutschland dar. Dieses Land hat das Leid, die Qual, den Schmerz und die Trauer der jüdischen Bevölkerung anerkannt, gewürdigt und finanziell entschädigt. Ferner haben alle deutsche Regierungen seit Jahrzehnten wiederholt an diese Gräueltaten erinnert und sie würdig thematisiert.

Nur durch die Anerkennung, die Erinnerung und die Aufarbeitung der Vergangenheit kann dauerhafter Frieden zwischen den Nationen entstehen. Ferner führt dies zu konstruktiven Dialogen und zu guten nachbarschaftlichen Beziehungen. Mit gegenseitigem Verschweigen und / oder andauernden Provokationen, Diskriminierungen, Schikanen und absichtlichen Verletzungen der zwischenstaatlichen Vereinbarungen baut man feindliche Gefühle niemals ab. Ignoranz führt zum Trotz, zum Hass, zum Krieg und im Endeffekt zum Wachstum des Nationalismus und Fanatismus.

Fazit:

Nur über die Wahrheit, die Akzeptanz und die Aufarbeitung der Vergangenheit kann die Gegenwart zur Ruhe kommen und die Zukunft mehr Frieden bringen.

Demolierte und verbrannte griechisch-orthodoxe Kirche, Heilige Theodoren

Geschändete Gräber des griechischen Friedhofs im Stadtteil Sisli

Zerstörte griechisch-orthodoxe Kirche im Stadtteil Samatya
(griechisch: Psomathia)

Ausgebranntes und zerstörtes griechisches Gymnasium, Zappion, im Stadtteil Taksim

Der Kirchenturm derselbe Kirche nach den Vandalen in der Pogromnacht

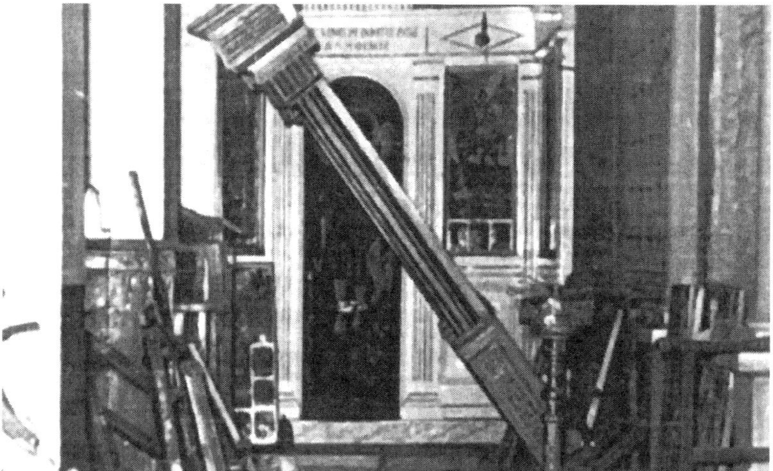

Zerstörte griechisch orthodoxe Kirche in der Progromnacht

Zerstörte und geplünderte griechisch orthodoxe Kirche am 6. September 1955

Der Zustand der Druckerei der griechischen Tageszeitung „Embros“
nach dem Vandalismus vom 6. September 1955

Eindrucksvolles fanatisches Verhalten des türkischen Volkes
gegen die griechische Minderheit

Patriarch Athenagoras betend vor dem Altar einer zerstörten Kirche
nach der Pogromnacht

Glossar

Aphasie: Medizinischer Ausdruck. Es bedeutet der Verlust der Sprachfähigkeit durch eine Krankheit oder durch einen Unfall. Im Text (politische Aphasie) hat es einen übertragenen Sinn.

Arianismus: Theologische Lehre, deren Vertreter, der Priester Arius aus Alexandria war. Er vertrat die Ansicht, dass Christus mit Gott nicht wesensgleich, sondern dessen Geschöpf ist. Auf dem Konzil von Nizäa im Jahre 325 hat Kaiser Konstantin der Große diesen Priester und seine Lehre streng verurteilt. Arius wurde exkommuniziert.

Bilderstreit in Byzanz: Der byzantinische Kaiser Leon hatte im Jahre 730 die Bilderverehrung verboten. Alle Mönche und Anhänger der Bilderverehrung wurden verfolgt. Das Konzil von Nizäa (787) hob dieses Verbot durch Rechtsbeschluss auf. Danach durften die Ikonen von Christus und von den Heiligen wieder verehrt werden.

Casus Belli: Es ist lediglich ein subjektiver Grund des Angreifers, einen Krieg zu führen.

Dhimmi: Territorien der christlichen und judischen Bevölkerung, die durch die arabische Herrschaft erobert wurden. Die Dhimmis waren die Besiegten und die arabisch-muslimische Herrschaft die Sieger.

E.O.K.A.: National Organization of Cypriot Fighters. Es war eine griechisch-zypriotische Untergrundorganisation. Sie wurde in den fünfziger Jahre von General Grivas gegründet. Diese Organisation hat für den Anschluss Zyperns an Griechenland und gegen Großbritannien hart gekämpft. Im Jahre 1974 wurde die Organisation verboten.

Fatih: Eroberer.

Genozid: Die Generalversammlung der UNO hat am 9. Dezember 1948 in ihrer Resolution 260, die „Konvention über die Bestrafung des Völkermordes" beschlossen. Diese Resolution trat am 12. Januar 1951 in Kraft. Danach wird jeder Völkermord als internationales Verbrechen verurteilt. Die Bundesrepublik Deutschland hat diese Konvention im Jahre 1955 ratifiziert.

Janitscharen: Sie waren eine speziell Elitetruppeneinheit der Infanterie des Osmanischen Sultans. Im Jahre 1330 hat der Sultan Murad I. diese Truppe gegründet. Sie bestand aus zum Islam konvertierten christlichen männlichen Jugendlichen. Diese Jugendlichen wurden von ihren christlichen Familien verschleppt, nach verschiedenen Kriterien rekrutiert und zum lebenslangen Dienst des Sultans verpflichtet (davon ca. 30 %). Sie stellten eine Sondermacht im Osmanischen Reich dar und konnten auch höchste Positionen innerhalb des Reiches erwerben. Diejenigen, die nicht für diese Elitentruppe taugten, wurden entweder als Sklaven verkauft (ca. 60 %), oder innerhalb des Palastes beschäftigt (ca. 10 %). Diese Elitentruppe wurde im Jahre 1826 vom Sultan Mahmud II. aufgelöst.

Gazi: Es ist ein Ehrentitel bei den Osmanen. Dieser Titel wurde demjenigen verliehen, der einen Krieg gewonnen hat. Infolgedessen waren alle Besitzer dieses Titels Krieger. Der Gründer der türkischen Republik, Kemal Atatürk, bekam auch diesen Ehrentitel nach seinem Sieg über die Griechen.

Gavur: Ungläubig, unbarmherzig. Alle Christen, die nicht Muslime sind, werden somit bezeichnet. Der Begriff hat auch eine herabwürdigende Bedeutung für die Nichtmuslime.

Glaubensbekenntnis: Bekenntnis zur christlichen Glaubenslehre. Es stellt die Formulierung der christlichen Glaubensinhalte dar.

Hanifen (arab. hanif): Es war eine religiöse Bewegung in der vorislamischen Zeit. Ihre Anhänger waren Monotheisten und verehrten den Glauben Abrahams. Sie stellten nach ihrer Überzeugung den reinen unverfälschten Glauben dar. Die Hanifen bezeichneten sich als Muslime (arab. Untertanen des Gottes schon vor dem Islam). Von den 6 bekannten Hanifen hat einer auf Muhammed einen bedeutenden Einfluss gehabt.

Helsinki Watch: Eine Organisation, die sich um den Schutz der Menschenrechte kümmert. Sie wurde im Jahre 1978 gegründet. Sie vereinigte sich im Jahre 1988 mit anderen internationalen Organisationen. Daraus entstand die Organisation Human Rigths Watch, die ihren Hauptsitz in New York hat. Zu den Aufgaben dieser Organisation gehört auch, die geschlechtsbezogenen Diskriminierungen, die Korruptionen und den Missbrauch staatlicher Gewalt, Menschenrechtsverletzungen an Frauen u. a. zu verhindern.

Kemalismus: Es ist die Staatsideologie des Gründers der türkischen Republik, Kemal Atatürk. Sie bringt zum Ausdruck die Ideen und Prinzipien von Atatürk und besteht aus sechs Pfeilern. Diese Pfeiler sind: Nationalismus, Populismus, Republikanismus, Laizismus, Etatismus und Revolutionismus.

Konsubstanzialität: Es bezeichnet die sakramentale Einheit von Leib und Blut Jesu Christi. Wesenseinheit der göttlichen Personen, die sich im Geheimnis der Konsubstanzialität der menschlichen Personen widerspiegelt.

Kopfsteuer: Auf Arabisch, Dschizya und auf Türkisch Harac. Das Millet-System (s.u.) garantierte den Nichtmuslimen bestimme Rechte. Allerdings mussten die männlichen Angehörigen jeder Nichtmuslimischen Religionsgemeinschaft dem Osmanischen Reich eine sogenannte Kopfsteuer entrichten. Ausgenommen von dieser Steuer waren die Alten, die Invaliden und die Sklaven. Diese Steuererhebung diente als eine Einnahmequelle für den Staat. Gleichzeitig symbolisierte sie für die Nichtmuslime auch eine Demütigung und eine Unterwerfung. Sie gründete sich auf den Koran (Sure 9, Vers. 29, Reue). Diese Steuer wurde innerhalb des Reiches und unter den islamischen Juristen kontrovers diskutiert. Im Jahre 1857 wurde die Kopfsteuer für die Nichtmuslime abgeschafft.

Kryptochristen: Kreis von Personen, die ihren christlichen Glauben heimlich ausübten, obwohl sie offiziell der muslimischen Glaubensgemeinschaft angehörten. Ihren christlichen Glauben mussten sie durch Zwang abgeben.

Makarios III.: Er war Erzbischof und vom 16. August 1960 bis 3. August 1977 mit einer Unterbrechung (er wurde am 15. Juli 1974 gestürzt und lebte bis 07. Dezember 1974 im Exil) Präsident auf Zypern.

Metropolit: In der Orthodoxen Kirche ist der Metropolit, der Oberbischof. Zu ihm gehören mehrere Bistümer (Metropolien).

Millet-System: Mit diesem System regelten die Osmanen den religiösen Status und die Autonomie der Nichtmuslime. Allerdings galt es nur für solche Nichtmuslime, die als Minderheiten vom Osmanischen Reich offiziell anerkannt waren. Diese Minderheiten organisierten sich in Religionsgemeinschaften und standen unter der Autorität ihrer kirchlichen Führer. Sie genossen von den Osmanen gewisse Autonomierechte. Die Osmanen behielten stets die staatliche Kontrolle. Demnach haben die Osmanen die Nichtmuslime nur nach ihren religiösen Gemeinschaften, jedoch nicht nach ihrer ethnischen Herkunft behandelt. Dieses System dauerte zwischen dem 16. und dem Anfang des 20. Jahrhunderts an.

Minarett: Der Turm einer Moschee. Aus seiner Brüstung ruft der Muezzin (Gebetsrufer, s.u.) den Gebetsruf aus. Auf diese Weise werden die Muslime fünfmal am Tag zum Gebet aufgerufen.

Monotheletismus: Es war die Lehre der Zweinaturen Christi. Sie besagt, dass der Christus die göttliche und die menschliche Natur besitzt. Allerdings verfügt er über einen Willen, der von dem Gott vollständig geprägt sein soll. Diese Lehre wurde auf dem Konzil im Jahre 451 von Chalkedon festgelegt.

Später wurde sie auf dem Konzil von Konstantinopel im Jahre 680 als Häresie verurteilt und abgeschafft.

Muezzin: So heißt der Gebetsrufer, der fünfmal am Tag zu bestimmten Tageszeiten die Muslime zum Gebet zusammenruft. Er ist kein Geistlicher, sondern er gehört zum Personal der Moschee.

Ökumenisch: Bezeichnung der Gesamtheit der Christen in der Welt. Seit dem 5. Jahrhundert gemäß Beschluss des Konzils von Chalkedon (451) bezeichnet sich der Patriarch von Konstantinopel als Ökumenisch. Es ist ein Ehrentitel und betont seine Vorrangstellung unter den verschiedenen östlichen Kirchen.

Ogusen: Im 7./8. Jahrhundert in Zentralasien lebende Turkvölker oder Stämme. Im 10./11. Jahrhundert hat ein Teil von ihnen den Islam angenommen und gehörte dem sunnitischen Glauben an. Die heute gesprochenen Turksprachen beinhalten noch sprachliche Besonderheiten aus den ogusischen Dialekten dieser Zeiten. Zum Beispiel die heutige türkische, die gagausische und die aserbaidschanische Turksprachen gehören zu den Gruppen der West-Ogusten.

Patriarch: Er ist das Oberhaupt der griechisch-orthodoxen Kirche. Patriarchen gibt es heute auch in der römisch-katholischen Kirche, wie die Westkirche und die mit Rom unierten Kirchen. Seit 2006 führt das Oberhaupt der römisch-katholischen Kirche, der Papst, den Titel Patriarch nicht mehr.

Pogrom: Ausschreitungen mit Plünderungen und Mordtaten gegen ethnische Minderheiten. Die Ursachen haben in den meisten Fällen religiöse, rassistische, politische und fanatische Hintergründe.

Schamanismus: Es ist keine eigenständige Religion, sondern eine magisch-ekstatische Meditation.

Scharia (Schari´a): Religiöses Recht des Islams. Es entstand im 7. bis 10. Jahrhundert und basiert vor allem auf dem Koran.

Quellen

1. **Annette Schaefgen:** Schwieriges erinnern: Der Völkermord an den Armeniern. Metropol Verlag Berlin 2006.
2. **Ania Skliar:** Faszination der Kultur Byzanz. Prisma Verlag Gütersloh 1987.
3. **Aziz Nesim:** Salkim Salkim asilacak Adamlar. Istanbul, Adam 1987.
4. **Basilis Kiratsopoulos:** Unregistered Genocide, Constantinople September 1955. Tsoukatos Verlag Athen 2006.
5. **Bernard Lewis:** Die Juden in der islamischen Welt. C.H.Beck Verlag, 2004.
6. **Clément Alzonne:** Istanbul. Fernand Nathan Verlag, Paris 1936.
7. **Constanze on Bullion:** Süddeutsche Zeitung, Nr. 2, Seite 2, 22. April 2005.
8. **Die Verbannungen im Jahre 1964:** Selbstzeuge von Griechen aus Konstantinopel. Tsoukatos Verlag Athen 2004.
9. **Dido Sotiriou:** Verblutete Erde. ISBN 960-04-0083-0, Kedros Verlag Athen 1983.
10. **Dilek Güven:** 6-7 Eylül Olaylari Cumhuriyet Dönemi Azinlik Politikalari ve Stratejileri Baglaminda (Nationalismus, Sozialer Wandel und Minderheiten: Die Ausschreitungen gegen die Nichtmuslime der Türkei, 6./7. September 1955). Iletisim Yayinevi, Istanbul 2005. ISBN: 9789750504365.
11. Evangelische Wochenzeitung für Bayern, Sonntagsblatt. 64 Jahrgang, Seite 6 vom 02. November 2008, Nr. 44.
12. **Fahri Coker:** 6-7 Eylül Olaylari, Fotograflar-Belgeler. Fahri Coker Arsivi; Istanbul, 2005; ISBN 975-333-197-5.
13. **Georg Brunold:** Europas Erfinder v on der traurigen Gestalt. Eurozine 2005.
14. **Gerhard Schweizer:** Die Türkei – Zerreißprobe zwischen Islam und Nationalismus. Klett-Cotta Verlag Stuttgart 2008.
15. **Griechische Zeitung „Kathimerini"**, Magazin-Epta Imeres, vom 10.09.1995.
16. **Human Rights Watch:** The Greeks of Turkey, New York 1992, pp. 6-8.

17. Ismail Tokalak. Bizans-Osmanli Sentezi. Bizans Kültür ve Kurumlarinin Osmanli Üzerindeki Erkisi. Verlag Güler Boy, 2006, ISBN: 9944547204.
18. **Jens Schneider:** Süddeutsche Zeitung, Nr. 92, ite 2, 22. April 2005.
19. **Jochen Paulus:** Gefährliche Bibel. Psychologie Heute. August 2007, Seite 17.
20. **Johannes Zeilinger:** Cypern Orient und Okzident. Matthes & Seitz Verlag München 1997.
21. **Jörg Lau:** Massaker für den Islam. Die Zeit, Nr. 18 vom 26.04.2007, Seite 14.
22. a) **Kathimerini.gr / Poli 1955:** i anatomia enos pogrom: Bericht von Elia Magklini, erschienen am 05.06.2005.
    b) Ereignisse im September, Magazin 2010
23. **Kai Strittmatter:** Süddeutsche Zeitung, Nr. 125, Seite15, 2./3. Juni 2007.
24. **Klaus Gallas:** Zypern. Belser Verlag 2004
25. **Lambros Sawidis:** Minderheitsschutz in Europa – das Beispiel Türkei – die griechische Minderheit in der Türkei heute. Auszug aus dem Vortrag. Berlin 2006.
26. **Ludwig Wamser:** Die Welt von Byzanz – Europas Östliches Erbe. Theiß Verlag 2004.
27. **Marianna Koromila:** Heureux qui, comme Ulysse, a fait un beau voyage. 11. Ausgabe, Pa-norama Athen 1998.
28. a) **Marianne Brückl:** Mor Gabriel – die aktuelle Situation der Christen in der Türkei. Vortrag im Februar 2010. In Christian Solidarity International (CSI) Referat, München 2010
    b) Spiegelinterview mit Recep Tayyip Erdogan, Spiegel Online 2007
29. **Marjorie Housepian Dobkin:** Smyrna 1922 the destruction of a City. Dilos Verlag Athen 1998.
30. **Märtyrer 2007:** Das Jahrbuch zur Christenverfolgung heute, idea-Dokumentation.Märtyrer 2008: Das Jahrbuch zur Christenverfolgung heute, idea-Dokumentation.
31. Minister lobt Vertreibung von Griechen und Armeniern. Spiegel Online vom 11.11.2008.

32. **Miriam Meier:** Faszination der Kultur Islam. Prisma Verlag Gütersloh 1987.

33. **Necla Kelek:** Die fremde Braut. Goldmann Verlag, München 2006.

34. **Norman M. Naimark, Fires of Hatred:** Ethnic Cleansing in Twentieth-Centur Europe. Havard 2001. ISBN 06-740-031-36, S. 55.Olivier Roy: Der islamische Weg nach Westen. Pantheon Verlag 2006 München.

35. **Rainer Hermann:** Wohin geht die türkische Gesellschaft? Kulturkampf in der Türkei.
Deutscher Taschenbuch-Verlag GmbH & Co. KG, München 2008.

36. **Ralph Raymond Braun:** Zypern. Michael Müller Verlag 1993.

37. **Rudolf Grulich:** Ethnische Säuberung und Vertreibung. Internationales Institut für Nationalitäten Recht und Regionalismus, München 2002.

38. **Rudolf Grulich:** Konstantinopel. Ein Reiseführer für Christen. Hess Verlag 1998.

39. **Rudolf Grulich:** Christen unterm Halbmond. Sankt Ulrich Verlag, 2008.

40. **September 1955:** Die Kristallnacht der Griechen in Istanbul. 2. Ausgabe, Tsoukatos Verlag Athen 1999.

41. **Serap Cileli:** Wir sind eure Töchter, nicht eure Ehre. Blanvalet München 2006.

42. **Severin Weiland:** Türkischer Botschafter droht dem Bundestag. Spiegel Online, 21. April 2005.

43. **Speros Vryonis:** The Mechanisme of Catastrophe. The Turkish Pogrom of September 6-7.1955 and the Destruction of the Greek Community of Istanbul, greekworks.com. New York 2005.

44. **Stathis Pelagidis:** Das Griechentum von Kleinasien und Pontos – Historische Besichtigung – auf Griechisch. Malliaris Verlag, Thessaloniki 2001, ISBN 960-239488-9, www.malliaris.gr

45. **Stephane Yerasimos:** Konstantinopel, Istanbuls historisches Erbe, Könemann Verlagsgesell-schaft mbH Köln 2000

46. **Susanne Güsten und Thomas Seibert:** Was stimmt? Türkei. Die wichtigsten Antworten, Herder Verlag Freiburg 2007.

47. **Tessa Hofmann:** Wer in der Türkei Christ ist, zahlt einen Preis dafür. In: Märtyrer 2007. Das Jahrbuch zur Christenverfolgung heute, idea-Dokumentation Wetzlar 10/2007.

48. **Umut Özkirimli:** Interview mit Nese Düzel von Radikal,15.Mai2006, www.nadir.org/nadir/periodika/kurdistan_report/2006/11.htm

49. **Ursula Spuler-Stegemann:** Feindbild Christentum Islam, Eine Bestandsaufnahme. Herder Verlag, Freiburg 2009.
50. **Wilhelm Baum:** Die Türkei und ihre christlichen Minderheiten. Kitap Verlag Klagenfurt-Wien 2005.
51. **Wilhelm Baum:** Die christlichen Minderheiten der Türkei in den Pariser Friedensverhandlungen (1919-1923) Kemal Atatürk und der Genozid. Kitab Verlag Klagenfurt-Wien 2007.
52. **Zafer Senocak:** Nationalismus in der Türkei. Öffnung oder nationalistische Behaarung. Ein Interview mit dem Autor. F.A.Z./Quantara.de 2005, übersetzt ins Englisch von Michael Lawton.
53. **Zafer Karaca:** 6-7 Eylül Olaylari Fotograflar-Belgeler/Fahri Coker Arsivi. Tarih Vakfi Yurt Yayinlari, Istanbul 2005, ISBN: 97533331975.

Zitate nach anderen Autoren:

Faik Bulut: Kürt Sorununa Cözüm Arayislari (Suche nach einer Lösung zur Kurdenfrage). Ozan Yayincilik Istanbul 1998, S. 178.

Ridvan Akar: Birikim Sayi 110, Inhaltsverzeichnis aus dieser Seite 110: Resmi Ideoloji: Bir Heyülâ (Offizielle Ideologie, ein Traum) (68-75), „Bir Resmi Metin“den Planli Türklestirme Dönemi (Aus einem amtlichen Text zur geplanten Türkisierungswende). Birikim Yayinlari, Istanbul, Juni 1998.

Stichwortverzeichnis

Danksagungen

Der Autor bedankt sich bei den nachstehenden griechischen Verlagshäusern in Athen, Griechenland für die freundliche Überlassung des zahlreichen Bildermaterials zur Pogromnacht in Konstantinopel im Jahre 1955 aus ihren Buchveröffentlichungen:

Verlagshaus Tsoukatou, Athen, Griechenland
Aus dem Buch: Septembriana 1955:
„Die Kristallnacht des Griechentums in Konstantinopel"
Erschienen im Jahre 1999

Verlagshaus der Tageszeitung „Kathimerini", Athen, Griechenland
Aus dem Sonderheft ihrer Zeitung:
Die Ereignisse im September
Die Vertreibung der Griechen aus Konstantinopel
Erschienen im September 2010

Vom selben Autor bereits erschienen

Elias Basilio analysiert und diskutiert kritisch, praxisnah und aus eigener Sicht die Problematik der Integration. Er beschreibt strategische Wege, die er selbst erfolgreich gegangen ist. Zusätzlich schildert er Integrationsbeispiele, die er während der Jahre in Deutschland kennenlernte. Seine Darstellungen und Beispiele sind alle authentische Erfahrungswerte. Selbstverständlich sind sie auf keinen Fall für alle Migranten und deren spezifische Situation gültig. Sie stellen lediglich einen Bruchteil des ganzen Integrationsverfahrens dar. Denn die Integration ist ein multifaktorieller Prozess. Der Autor ist allerdings der Überzeugung, dass der Erfolg der Integration zum größten Teil beim Integrationssuchenden selbst liegt.

Elias Basilio

Integration

Aus der Sicht eines Migranten –
ein authentischer Fall

ISBN 978-3-87336-412-7

14,80 EUR